Eigenkapitalersetzende
Gesellschafterdarlehen

Europäische Hochschulschriften

Publications Universitaires Européennes
European University Studies

Reihe V
Volks- und Betriebswirtschaft

Série V Series V
Sciences économiques, gestion d'entreprise
Economics and Management

Bd./Vol. 2656

PETER LANG
Frankfurt am Main · Berlin · Bern · Bruxelles · New York · Oxford · Wien

Kai-Uwe Matthes

Eigenkapitalersetzende Gesellschafterdarlehen

PETER LANG
Europäischer Verlag der Wissenschaften

Die Deutsche Bibliothek - CIP-Einheitsaufnahme

Matthes, Kai-Uwe:

Eigenkapitalersetzende Gesellschafterdarlehen / Kai-Uwe Matthes. - Frankfurt am Main ; Berlin ; Bern ; Bruxelles ; New York ; Oxford ; Wien : Lang, 2000
(Europäische Hochschulschriften : Reihe 5, Volks- und Betriebswirtschaft ; Bd. 2656)
Zugl: Frankfurt (Main), Univ., Diss., 1999
ISBN 3-631-36205-6

D 30
ISSN 0531-7339
ISBN 3-631-36205-6

Vorwort

Die vorliegende Arbeit wurde im Herbst 1999 vom Fachbereich Wirtschaftswissenschaften der Johann Wolfgang Goethe-Universität in Frankfurt am Main als Dissertation angenommen. An dieser Stelle möchte ich denjenigen danken, die mich bei der Anfertigung der Arbeit in vielfältiger Weise unterstützt haben.

Mein Dank gilt in erster Linie meinem sehr verehrten Doktorvater, Herrn Prof. Dr. Hans G. Bartels, für die hervorragende Betreuung dieser Arbeit. Die ausführlichen Diskussionen, für die er jederzeit zur Verfügung stand, haben wertvolle Impulse geliefert und wesentlich zum Gelingen der Arbeit beigetragen.

Herrn Prof. Dr. Winfried Mellwig danke ich für die Übernahme und zügige Erstellung des Zweitgutachtens. Die kritischen Anmerkungen und fruchtbaren Diskussionsbeiträge in seinem Doktorandenkolloquium haben das Vorankommen nachhaltig gefördert.

Ausdrücklich danken möchte ich Corinna Blattmann sowie meinen beiden Freunden, Dr. Arne Brüsch und Dr. Marc Cezanne, die mir nicht nur bei der Durchsicht des Manuskripts mit bewundernswerter Energie und Ausdauer zur Seite standen.

Herrn Manfred Conrad von der Commerzbank Frankfurt am Main und Herrn Georg Jürgen Hofferberth von der Volksbank Ober-Ramstadt/ Mühltal danke ich für die hilfreichen Anregungen aus der Bankenpraxis.

Besonderer Dank gebührt schließlich meinen Eltern, Anneliese und Heinrich Matthes, deren Rat und unermüdliche Unterstützung mich auf meinem ganzen Lebensweg begleitet haben.

Dr. Kai-Uwe Matthes

Abkürzungsverzeichnis

a.A.	andere Auffassung
AB	Anfangsbestand
Abb.	Abbildung
Abs.	Absatz
a.F.	alte Fassung
AG	Die Aktiengesellschaft (Zeitschrift)
AktG	Aktiengesetz
AnfG	Anfechtungsgesetz
Anh.	Anhang
Anm.	Anmerkung
BB	Betriebs-Berater (Zeitschrift)
Bd.	Band
ber.	berichtigt
Bes.	Beschluß
BFH	Bundesfinanzhof
BFHE	Entscheidungssammlung des Bundesfinanzhofes
BFuP	Betriebswirtschaftliche Forschung und Praxis (Zeitschrift)
BGB	Bürgerliches Gesetzbuch
BGBl.	Bundesgesetzblatt
BGH	Bundesgerichtshof
BGHZ	Entscheidungen des Bundesgerichtshofes in Zivilsachen
BJM	Bundesjustizministerium
BR	Bundesrat
BStBl.	Bundessteuerblatt
BT	Bundestag
BVerfG	Bundesverfassungsgericht
BVerfGE	Entscheidungen des Bundesverfassungsgerichts
BWA	Betriebswirtschaftliche Auswertungen
bzw.	beziehungsweise

DB	Der Betrieb (Zeitschrift)
DBW	Die Betriebswirtschaft (Zeitschrift)
d.h.	das heißt
Diss.	Dissertation
DJT	Deutscher Juristentag
DM	Deutsche Mark
DStR	Deutsches Steuerrecht (Zeitschrift)
DSWR	Datenverarbeitung in Steuer, Wirtschaft und Recht (Zeitschrift)
EB	Endbestand
EDV	Elektronische Datenverarbeitung
EGInsO	Einführungsgesetz zur Insolvenzordnung
Einf.	Einführung
EK	Eigenkapital
etc.	et cetera
EuroEG	Gesetz zur Einführung des Euro
EWiR	Entscheidungen zum Wirtschaftsrecht
f.	folgende
FAR	Fachausschuß Recht
FK	Fremdkapital
Fn.	Fußnote
FS	Festschrift
GD	Gesellschafterdarlehen
GE	Geldeinheiten
GenG	Gesetz betreffend die Erwerbs- und Wirtschaftsgenossenschaften
GesO	Gesamtvollstreckungsordnung
GesZ	Der Gesellschafter (Zeitschrift)
ggf.	gegebenenfalls
ggü.	gegenüber
GmbH	Gesellschaft mit beschränkter Haftung

GmbHG	Gesetz betreffend die Gesellschaften mit beschränkter Haftung
GmbHG-E.	GmbHG-Entwurf
GmbHR	GmbH-Rundschau (Zeitschrift)
HFA	Hauptfachausschuß der Wirtschaftsprüfer
HGB	Handelsgesetzbuch
h.M.	herrschende Meinung
hrsg.	herausgegeben
Hrsg.	Herausgeber
HSW	Hamburger Stahlwerke
HypBankG	Hypothekenbankgesetz
i.d.F.	in der Fassung
IDW	Institut der Wirtschaftsprüfer in Deutschland e.V.
i.e.S.	im engeren Sinne
INF	Die Information über Steuer und Wirtschaft (Zeitschrift)
InsO	Insolvenzordnung
InVo	Insolvenz & Vollstreckung (Zeitschrift)
i.S.d.	im Sinne des (der)
i.V.m.	in Verbindung mit
Jg.	Jahrgang
JuS	Juristische Schulung (Zeitschrift)
JW	Juristische Wochenschrift (Zeitschrift)
JZ	Juristenzeitung (Zeitschrift)
KAGG	Gesetz über Kapitalanlagegesellschaften
KapAEG	Kapitalaufnahmeerleichterungsgesetz
KG	Kommanditgesellschaft
KO	Konkursordnung
KonTraG	Gesetz zur Kontrolle und Transparenz im Unternehmensbereich
KP	Kreditpraxis (Zeitschrift)
KTS	Zeitschrift für Insolvenzrecht, Konkurs, Treuhand, Sanierung

KUW	Kreditunwürdigkeit
KVStÄndG	Gesetz zur Änderung des Kapitalverkehrsteuergesetzes
KVStG	Kapitalverkehrsteuergesetz
KWG	Gesetz über das Kreditwesen
mbH	mit beschränkter Haftung
Mio.	Millionen
m.w.N.	mit weiteren Nachweisen
NJW	Neue Juristische Wochenschrift (Zeitschrift)
Nr.	Nummer
NZG	Neue Zeitschrift für Gesellschaftsrecht
ÖStKVStG	Österreichisches Kapitalverkehrsteuergesetz
ÖStVerfGH	Österreichischer Verfassungsgerichtshof
ÖStVerfGHE	Entscheidungen des Österreichischen Verfassungsgerichtshofes
ÖStZ	Österreichische Steuer-Zeitung (Zeitschrift)
OLG	Oberlandesgericht
o.V.	ohne Verfasser
RefE	Referentenentwurf
RegE	Regierungsentwurf
RG	Reichsgericht
RGBl.	Reichsgesetzblatt
RGZ	Entscheidungen des Reichsgerichts in Zivilsachen
RM.	Reichsmark
RStBl.	Reichssteuerblatt
RT	Reichstag
Rz.	Randziffer
S.	Seite(n)
sog.	sogenannte
Sp.	Spalte(n)
StbJb	Steuerberater-Jahrbuch
StGB	Strafgesetzbuch

StuW	Steuer und Wirtschaft (Zeitschrift)
Tab.	Tabelle
u.a.	und andere
ÜS	Überschuldung
usw.	und so weiter
v.	von
VAG	Versicherungsaufsichtsgesetz
VerglO	Vergleichsordnung
vgl.	vergleiche
Wbl	Wirtschaftsrechtliche Blätter (Zeitschrift)
WiB	Wirtschaftsrechtliche Beratung (Zeitschrift)
WiSt	Wirtschaftswissenschaftliches Studium (Zeitschrift)
WISU	Das Wirtschaftsstudium (Zeitschrift)
WM	Wertpapier-Mitteilungen (Zeitschrift)
WPg	Die Wirtschaftsprüfung (Zeitschrift)
WuB	Entscheidungssammlung zum Wirtschafts- und Bankrecht
z.B.	zum Beispiel
ZBB	Zeitschrift für Bankrecht und Bankwirtschaft
ZfB	Zeitschrift für Betriebswirtschaft
ZfbF	Zeitschrift für betriebswirtschaftliche Forschung
ZfgS	Zeitschrift für die gesamte Staatswissenschaft
ZfhF	Zeitschrift für handelswissenschaftliche Forschung
ZGR	Zeitschrift für Unternehmens- und Gesellschaftsrecht
ZHR	Zeitschrift für das gesamte Handelsrecht und Wirtschaftsrecht
ZInsO	Zeitschrift für das gesamte Insolvenzrecht
ZIP	Zeitschrift für Wirtschaftsrecht
ZM	Zahlungsmittel
ZRP	Zeitschrift für Rechtspolitik
ZU	Zahlungsunfähigkeit

Inhaltsverzeichnis

Einleitung

A. Problemstellung

Die Finanzierung von Gesellschaften mit beschränkter Haftung (GmbH) wird nachhaltig durch die Finanzierungsentscheidungen ihrer Gesellschafter determiniert. Aufgrund der eigenen Rechtspersönlichkeit der GmbH können die Anteilseigner grundsätzlich frei entscheiden, ob und in welcher Form sie ihrer Gesellschaft finanzielle Mittel zuführen wollen: Im Rahmen einer Kapitalerhöhung können sie die Gesellschaft mit weiterem Eigenkapital ausstatten; sie können aber auch ebenso gut als Fremdkapitalgeber auftreten und ihr ein Gesellschafterdarlehen zur Verfügung stellen.[1] Diese mögliche Doppelrolle des Gesellschafters ist rechtspolitisch gewollt und innerhalb gewisser Grenzen legitim.[2]

In vielen Fällen erscheint es naheliegend, daß sich der Gesellschafter für eine Darlehensfinanzierung entscheidet: Je nach Kapitalbedarf der Gesellschaft können Gesellschafterdarlehen schnell, flexibel, unkompliziert und ohne Verschiebung der Herrschaftsverhältnisse zur Verfügung gestellt werden.[3] Außerdem können steuerliche Erwägungen für eine Finanzierung mit Gesellschafterdarlehen sprechen.[4]

Für die Finanzierungsentscheidung des Gesellschafters sind auch die Haftungsfolgen von Bedeutung, die er mit der Art und Weise seiner Mittelzuführung beeinflussen kann: Im Fall der Insolvenz der GmbH ist sein Anteil am Stammkapital verloren,[5] das Gesellschafterdarlehen kann er hingegen als Insolvenzforderung geltend machen.[6] Berücksichtigt man jedoch die Tatsache, daß in den vergangenen Jahren nahezu 75 % aller Konkursanträge mangels

---

1 Vgl. Kamprad: Gesellschafterdarlehen 1980, S. 1.

2 Vgl. Schmidt: Gesellschaftsrecht 1997, S. 525 f.

3 Vgl. v. Gerkan/ Hommelhoff: Kapitalersatz 1997, S. 2.

4 Vgl. BGHZ 76, 326 (330); Wellensiek: GmbH 1999, S. 124; Wiedemann: Eigenkapital 1993, S. 899 f.

5 Vgl. Schmidt: Eigenkapitalausstattung 1984, S. 772; vgl. demgegenüber den unwahrscheinlichen Fall, daß nach der Versilberung der Masse noch ein Überschuß erzielt wird, der gemäß § 199 Satz 2 InsO an die Gesellschafter zu verteilen ist; dazu Paulus: Kübler-Prütting-InsO 1998, § 135 Rz. 2.

6 Vgl. Kübler: Gesellschaftsrecht 1998, S. 247.

Masse abgelehnt worden sind[7] und die ungesicherten Gläubiger in den Konkursverfahren eine durchschnittliche Quote von drei bis fünf Prozent erzielen konnten,[8] so wird dieser haftungsrechtliche Vorteil bei einem nicht besicherten Gesellschafterdarlehen vergleichsweise gering ausfallen.[9]

Die Finanzierungsentscheidung gewinnt an Bedeutung, wenn das Gesellschafterdarlehen mit Sicherheiten unterlegt ist oder noch vor dem Insolvenzantrag an den Gesellschafter zurückgezahlt wird. Hier besteht die Gefahr, daß der Gesellschafter seine Doppelrolle als Darlehensgeber und Anteilseigner ausnutzt, indem er sich aufgrund seines Informationsvorsprungs und seiner Einflußmöglichkeiten die Darlehensbeträge kurz vor dem Zusammenbruch der Gesellschaft zurückgewähren läßt.[10] Darüber hinaus kann mit einem Gesellschafterdarlehen die Insolvenz der Gesellschaft verschleppt werden: Der Gesellschafter kann versuchen, sein insolvenzreifes Unternehmen durch Gesellschafterdarlehen zu retten und die Darlehen wieder abziehen, wenn er feststellt, daß seine Rettungsbemühungen zwecklos sind.

Vor diesem Hintergrund wird deutlich, daß die grundsätzlich zulässige Darlehensfinanzierung von Gesellschaftern auch zu einer Gefährdung oder Schädigung der außenstehenden Gläubiger führen kann. Demnach erhebt sich die Frage, ob die Gesellschafterdarlehen in kritischen Situationen haftungsrechtlich nicht wie Eigenkapital behandelt werden sollten. Damit ist aber das Problem verbunden, die gläubigergefährdenden von den normalen Gesellschafterdarlehen zu unterscheiden und geeignete Kriterien zu finden, die eine zutreffende und praktikable Abgrenzung der Darlehen ermöglichen.[11] Dieses Ab-

---

7 Vgl. Statistisches Bundesamt: Statistisches Jahrbuch 1998, S. 138; o.V.: Insolvenzstatistik 1997, S. 1981-1983.

8 Vgl. Statistisches Bundesamt: Statistisches Jahrbuch 1998, S. 140, wonach die durchschnittlichen Deckungsquoten bei den nicht bevorrechtigten Forderungen Anfang der neunziger Jahre 3,1 % (1990), 4,7 % (1991), 3,1 % (1992), 3,9 % (1993), 3,0 % (1994) und 5,0 % (1995) betragen haben.

9 Vgl. Dendorfer: Gesellschafterdarlehen 1985, S. 2.

10 Vgl. Röhricht: Eigenkapitalersatz 1992, S. 318.

11 Vgl. Harrer: Haftungsprobleme 1990, S. 182; Hommelhoff: Gesellschafterdarlehen 1988, S. 469; Dendorfer: Gesellschafterdarlehen 1985, S. 3; Kreuzer: Gläubigerschutz 1978, S. 827; Klausing: Protokolle III 1937, S. 61.

grenzungsproblem beherrscht seit nunmehr sechs Jahrzehnten das Eigenkapitalersatzrecht.

Anfangs bestand die Schwierigkeit darin, daß bis zur GmbH-Novelle 1980 keine Spezialvorschriften über die Sonderbehandlung von Gesellschafterdarlehen im GmbH-Gesetz enthalten waren,[12] auf die sich die Rechtsprechung des Reichsgerichts und die des Bundesgerichtshofes hätten stützen können. In Ermangelung einer eigenen Rechtsgrundlage im GmbH-Gesetz begründet das Reichsgericht die Sonderbehandlung der Gesellschafterdarlehen noch mit dem Mißbrauch der Gesellschaftsform: Einen Mißbrauch sieht das Reichsgericht insbesondere dann, wenn die Eigenkapitalgrundlage der GmbH von vornherein unzureichend war.[13] In diesem Fall sollen „die angeblichen Darlehen als das behandelt [werden], was sie in Wirklichkeit sind, nämlich Gesellschaftereinlagen".[14]

Obwohl das Reichsgericht in dem Urteil vom 13.01.1941 noch auf den Mißbrauch der Gesellschaftsform abstellt, gibt es abschließend zu bedenken, ob eine Inanspruchnahme nicht schon aus den allgemeinen Kapitalerhaltungsvorschriften der §§ 30, 31 GmbHG gerechtfertigt sein könnte.[15] Diesen Gedanken greift der II. Zivilsenat des Bundesgerichtshofes in dem "Lufttaxi-Urteil" vom 14.12.1959[16] auf und entwickelt in dieser und in den folgenden Entscheidungen sogenannte Rechtsprechungsgrundsätze, die auf der analogen Anwendung der allgemeinen Kapitalerhaltungsvorschriften der §§ 30, 31 GmbHG

---

12 Vgl. GmbH-Novelle vom 04.07.1980 (BGBl. I 1980, S. 836).

13 Vgl. RG JW 1938, 862 (865); RGZ 158, 302 (310); RG JW 1939, 355 (355); vgl. hierzu auch RGZ 166, 51 (57): „Schon der Gedanke, es möglicherweise bei einem Stammkapital der GmbH. von nur 20000 RM. zu lassen und das darüber hinaus benötigte Kapital von 130000 RM. dieser GmbH. durch Darlehen zur Verfügung zu stellen, hätte sich nur unter Mißbrauch dieser Rechtsform verwirklichen lassen, weil die eigene Kapitalgrundlage der GmbH. für deren Aufgabe von vornherein unzureichend gewesen wäre".

14 RG JW 1939, 355 (356); vgl. dazu Claussen: Betriebswirtschaft 1992, S. 141 Fn. 1, der in diesem kernigen Spruch aus kerniger Zeit einen intellektuellen Zirkelschluß sieht.

15 Vgl. RGZ 166, 51 (61).

16 Vgl. das "Lufttaxi-Urteil" BGHZ 31, 258.

beruhen.[17] Zur Abgrenzung von gläubigergefährdenden und normalen Gesellschafterdarlehen stellt der Bundesgerichtshof auf die Konkursreife und die Verletzung des Stammkapitals der Gesellschaft ab. In einem nächsten Schritt erweitert der Bundesgerichtshof mit dem Urteil vom 24.03.1980 seine an der Konkursreife der Gesellschaft orientierte Rechtsprechung um das Abgrenzungskriterium der Kreditunwürdigkeit und verlagert damit den Beginn des kritischen Stadiums vor die Konkursgründe.[18]

Parallel zur Rechtsprechung hat der Gesetzgeber mehrfach Anstrengungen unternommen, für die Sonderbehandlung von Gesellschafterdarlehen eine eigene Rechtsgrundlage im GmbH-Gesetz zu schaffen.[19] Mit der GmbH-Novelle 1980 wurde schließlich eine besondere Regelung für eigenkapitalersetzende Gesellschafterdarlehen in das GmbH-Gesetz aufgenommen.[20] Eine Sonderbehandlung von Gesellschafterdarlehen hält der Gesetzgeber gemäß § 32 a Abs. 1 GmbHG für geboten, wenn die Darlehen zu einem Zeitpunkt gewährt worden sind, „in dem ihr die Gesellschafter als ordentliche Kaufleute Eigenkapital zugeführt hätten".

Nach der Kodifizierung der Vorschriften im GmbH-Gesetz hat sich das ursprünglich einzelfallbezogene Eigenkapitalersatzrecht „in stürmischer Entwicklung"[21] zu einem eigenen „juristischen Kosmos"[22] weiterentwickelt und eine wahre Flut von Urteilen und Abhandlungen im Schrifttum nach sich gezogen.[23]

---

17 Vgl. BGHZ 31, 258; BGH WM 1963, 121; BGH WM 1972, 74; BGHZ 67, 171; BGHZ 75, 334.

18 Vgl. BGHZ 76, 326 (330).

19 Vgl. dazu §§ 36, 37 GmbHG-E. 1939, abgedruckt bei Schubert: Entwurf 1985, S. 103 f.; §§ 47, 48 RefE 1969, BJM 1969, S. 18-20; §§ 49, 50 RegE 1971/73, BT-Drucksache 6/3088, S. 15 und BT-Drucksache 7/253, S. 15; §§ 32 a, b RegE 1977, BT-Drucksache 8/1347, S. 9 f.

20 Vgl. GmbH-Novelle vom 04.07.1980 (BGBl. I 1980, S. 836).

21 Claussen: Betriebswirtschaft 1992, S. 142.

22 Claussen: Deregulierung 1996, S. 317.

23 Vgl. Grunewald: Gesellschafterdarlehen 1997, S. 7, die aufgrund „des ungeklärten Normzwecks [...] und des damit verbundenen unkontrollierten Weiterwachsens [...] für eine völlige Abschaffung der Regeln über Eigenkapitalersatz plädiert"; vgl. auch Claussen: Deregulierung 1996, S. 317.

Hierbei werden neben dem klassischen Fall des eigenkapitalersetzenden Gesellschafterdarlehens immer neue Anwendungsgebiete für das Kapitalersatzrecht gefunden.[24]

Die Rechtslage für eigenkapitalersetzende Gesellschafterdarlehen hat heute einen Stand erreicht, der „für die Praxis sehr kompliziert und schwer überschaubar geworden"[25] und offenbar nur noch unter Rückgriff auf die historische Entwicklung zu verstehen ist.[26] Nicht selten sind damit Rechtsunsicherheit und mangelnde Akzeptanz verbunden.[27] Es erscheint daher nicht verwunderlich zu sein, daß die Meinungen im Schrifttum über das Eigenkapitalersatzrecht weit auseinander gehen: Sie reichen von der Forderung nach einer völligen Abschaffung[28] bis hin zur uneingeschränkten Befürwortung der Eigenkapitalersatzregeln.[29] So sind *von Gerkan* und *Hommelhoff* der Auffassung, daß die mangelnde „Akzeptanz des Kapitalersatzrechts in Betriebswirtschaft und Pra-

---

24 Vgl. Claussen: Betriebswirtschaft 1992, S. 142-148, der einen Überblick über die zahlreichen Anwendungsfelder gibt; vgl. zur Anwendung bei der GmbH & Co. KG BGHZ 76, 326; zur sinngemäßen Anwendung bei der Aktiengesellschaft BGHZ 90, 381.

25 Begründung zu § 32 a RefE KapAEG 1996, S. 1363; Begründung zu § 32 a RegE KapAEG 1997, BT-Drucksache 13/7141, S. 12; vgl. dazu Seibert: Eigenkapitalersatz 1998, S. 309; Kallmeyer: Probleme 1998, S. 307; Habersack: Finanzplankredit 1997, S. 458; Herrmann: Quasi-Eigenkapital 1996, S. 100; Maser: Gesellschafterdarlehen 1995, S. 1319; vgl. demgegenüber Goette: Eigenkapitalersatzrecht 1998, S. 225 f.

26 Vgl. Kübler: Gesellschaftsrecht 1998, S. 247.

27 Vgl. Seibert: Eigenkapitalersatz 1998, S. 309; Grunewald: Gesellschafterdarlehen 1997, S. 10; Weisang: Gesellschafterleistungen 1997, S. 199; Claussen: Betriebswirtschaft 1992, S. 148-154.

28 Vgl. Grunewald: Gesellschafterdarlehen 1997, S. 7-10, die mit fundamentaler Kritik am Eigenkapitalersatzrecht für eine völlige Abschaffung der Eigenkapitalersatzregeln plädiert; vgl. auch Koppensteiner: Eigenkapitalersatzrecht 1997, S. 489-499, der die Einführung der Eigenkapitalersatzregeln in Österreich ablehnt; mit deutlicher Kritik auch: Reiner: Finanzierungsverantwortung 1996, S. 415-455; Claussen: Deregulierung 1996, S. 316-327; Claussen: Kapitalersatzrecht 1994, S. 9-15; Wassermeyer: Leistungen I 1992, S. 640 f.; Claussen: Betriebswirtschaft 1992, S. 139-154; Claussen: Kreditinstitute 1983, S. 195-219.

29 Vgl. v. Gerkan/ Hommelhoff: Kapitalersatz 1997, S. 4 f.; v. Gerkan: Eigenkapitalersatz 1997, S. 173 f., der die Auffassung vertritt, daß sich das Eigenkapitalersatzrecht zu einem „eindrucksvollen Regelsystem" entwickelt hat.

xis [...] den Geltungsanspruch der Rechtsregeln zum eigenkapitalersetzenden Gesellschafterdarlehen nicht mehr erschüttern“[30] kann.

Um dieses unübersichtlich und undurchdringbar anmutende Regelungssystem näher durchleuchten zu können, sollen zunächst diejenigen Probleme ausgegrenzt werden, die nicht (mehr) unter den Regelungsbereich des Eigenkapitalersatzrechts zu subsumieren sind.

Hierzu gehört die aus steuerlicher und betriebswirtschaftlicher Sicht interessante Frage nach der optimalen Finanzierung von Gesellschaften.[31] Bei den zahlreichen Ansätzen zum optimalen Verhältnis von Eigen- und Fremdkapital wird auf die Interessen jeweils einer Gruppe von Unternehmensbeteiligten abgestellt; also insbesondere auf die Gruppe der Anteilseigner. Die Interessen der Gläubiger bleiben im allgemeinen unberücksichtigt.[32] Insofern kann die Frage nach der optimalen Finanzierung zumindest aus der Sicht des Gesellschaftsrechts offenbleiben.[33]

Des weiteren stellt sich die Frage, ob eine Pflicht des Gesellschafters zur angemessenen Ausstattung der Gesellschaft mit Eigenkapital erhoben werden sollte. Immerhin hat das Reichsgericht dies noch gefordert und auch heute gibt es für bestimmte Bereiche, die aus Gründen des Vertrauensschutzes der Öffentlichkeit einer besonderen Aufsicht unterliegen, eine positivrechtliche Pflicht zur angemessenen Ausstattung mit Haftkapital.[34] Solche Spezialnormen gelten beispielsweise für Kreditinstitute, Versicherungs- und Kapitalanlagegesellschaften.[35]

---

30 v. Gerkan/ Hommelhoff: Kapitalersatz 1997, S. 4 f.

31 Vgl. Hofmann: GmbH 1966, S. 1944.

32 Vgl. Drukarczyk: Gläubigerschutz 1979, S. 58.

33 Vgl. Ulmer: Hachenburg-GmbHG 1992, Anh. § 30 Rz. 15.

34 Vgl. Müller: Gesellschafterdarlehen 1987, S. 10.

35 Vgl. z.B. die Spezialnormen der §§ 10, 10 a, 33 KWG, § 53 c VAG, § 2 KAGG sowie § 7 HypBankG.

Ob eine Pflicht zur angemessenen Eigenkapitalausstattung auch für die Gesellschaft mit beschränkter Haftung erhoben werden sollte, war lange Zeit Gegenstand kontroverser Diskussionen.[36] Diese sind jedoch in den Hintergrund gerückt, nachdem der Bundesgerichtshof[37] und auch der Gesetzgeber[38] eindeutig von einer solchen Pflicht Abstand genommen hatten.

Demzufolge geht es im Eigenkapitalersatzrecht weder um die optimale Finanzierung von Gesellschaften noch um eine Pflicht des Gesellschafters zur angemessenen Eigenkapitalausstattung. Es steht vielmehr die Frage im Mittelpunkt, unter welchen besonderen Voraussetzungen die grundsätzlich zulässigen Gesellschafterdarlehen aus Gründen des Gläubigerschutzes eine Sonderbehandlung erfahren sollten. Mit dieser Frage sind jedoch erhebliche Abgrenzungsprobleme verbunden, die sich durch die gesamte Entwicklungsgeschichte des Eigenkapitalersatzrechts ziehen und bis heute noch nicht abschließend und befriedigend gelöst werden konnten. Dies bietet ausreichend Nährboden für die folgende Untersuchung.

B. Gang der Untersuchung

Im Mittelpunkt der Untersuchung stehen die Abgrenzungsprobleme im Eigenkapitalersatzrecht, die insbesondere in dem Kriterium der Kreditunwürdigkeit zum Ausdruck kommen. Um diesen Problemen auf den Grund gehen zu können, wird im *Ersten Kapitel* die Rechtslage für eigenkapitalersetzende Gesellschafterdarlehen herausgearbeitet. Behandelt werden hierbei die Rechtsprechungsgrundsätze des Bundesgerichtshofes und die Novellen-Regeln des Gesetzgebers, die gemeinsam ein zweistufiges Schutzsystem bilden.

---

36 Keine Pflicht zur angemessenen Eigenkapitalausstattung: Geßler: Probleme 1966, S. 108; Hofmann: GmbH 1966, S. 1944 f.; Kamprad: Stammeinlagen 1967, S. 132; Lutter: Rechtsverhältnisse 1970, S. 76 f.; Ulmer: Unterkapitalisierung 1977, S. 667; Fleck: Bankdarlehen 1984, S. 116; vgl. demgegenüber: Erlinghagen: Haftungsfragen 1962, S. 173; Wüst: Gläubigerschutz 1966, S. 11-13; Kuhn: Haftungsprobleme 1968, S. 209; Winkler: Haftung 1969, S. 1205 f.; Fastrich: Ausfallsicherheiten 1983, S. 262 f.; Müller: Gesellschafterdarlehen 1985, S. 339 f.

37 Vgl. BGHZ 76, 326 (334); BGHZ 105, 168 (175).

38 Vgl. Begründung zu §§ 32 a, b RegE 1977, BT-Drucksache 8/1347, S. 38.

Da die Grundsätze der Rechtsprechung auf einer analogen Anwendung der allgemeinen Kapitalerhaltungsvorschriften der §§ 30, 31 GmbHG beruhen, sollen diese Vorschriften zunächst kurz erläutert werden. Darauf aufbauend sind die beiden Epochen der Rechtsprechungsgrundsätze zu betrachten, die sich vornehmlich durch das Kriterium der Kreditunwürdigkeit sowie einer veränderten Begründung voneinander unterscheiden. In dem darauf folgenden Abschnitt werden die Novellen-Regeln dargestellt, um im Anschluß daran die Unterschiede und das Zusammenwirken dieser beiden Regelungskomplexe aufzeigen zu können.

Das *Zweite Kapitel* greift die Abgrenzungsprobleme im Eigenkapitalersatzrecht auf. Hier werden die unterschiedlichen Erklärungsansätze für die Sonderbehandlung von eigenkapitalersetzenden Gesellschafterdarlehen untersucht und die Probleme, die mit den Abgrenzungskriterien der Rechtsprechung und des Gesetzgebers verbunden sind, herausgearbeitet.

Vor dem Hintergrund der Abgrenzungsproblematik im Eigenkapitalersatzrecht wird schließlich im *Dritten Kapitel* ein eigener Vorschlag zur Lösung des Problems entwickelt und ein Kriterium vorgestellt, das eine zutreffende und praktikable Abgrenzung von Gesellschafterdarlehen ermöglicht.

Erstes Kapitel: Die Einbindung eigenkapitalersetzender Gesellschafterdarlehen in ein zweistufiges Schutzsystem

A. Die Rechtsprechungsgrundsätze

I. Rechtsgrundlagen

1. Überblick

In dem Gesetz betreffend die Gesellschaften mit beschränkter Haftung[39] nehmen die Vorschriften über die Aufbringung und die Erhaltung des Stammkapitals, die zuweilen als „das Kernstück des GmbH-Rechts"[40] bezeichnet werden, eine zentrale Stellung ein.[41] Erst durch das Zusammenwirken von diesen beiden Regelungskomplexen ist die Haftungsbeschränkung der GmbH-Gesellschafter überhaupt zu rechtfertigen.[42] „Die strengen Regeln, die der Gesetzgeber für die ordnungsgemäße und effektive Aufbringung des Stammkapitals aufgestellt hat [...], verlören wesentlich an Durchsetzungskraft, wenn sie nicht durch Bestimmungen flankiert würden, die die Erhaltung des einmal aufgebrachten Kapitals sicherstellen sollen."[43]

Diesem Zweck dienen die allgemeinen Kapitalerhaltungsvorschriften der §§ 30, 31 GmbHG, die nach ihrer Entstehungsgeschichte nicht originär für eigenkapitalersetzende Gesellschafterdarlehen konzipiert worden sind, sondern ganz allgemein die Erhaltung des Stammkapitals einer Gesellschaft mbH

---

39 Gesetz betreffend die Gesellschaften mit beschränkter Haftung vom 20.04.1892 (RGBl. 1892, S. 477).

40 BGHZ 28, 77 (78).

41 Vgl. RGZ 168, 292 (297 f.); BGHZ 51, 157 (162); Goette: Kapitalaufbringung 1997, S. 924; Fleck: Kapitalerhaltung 1992, S. 391; Ulmer: Gläubigerschutz 1984, S. 256 f.; Kübler: Gesellschaftsrecht 1998, S. 227-231; vgl. auch Schmidt: Gesellschaftsrecht 1997, S. 1108, der diese Vorschriften „als das Kernstück der Finanzverfassung im GmbH-Recht" bezeichnet.

42 Vgl. Schmidt: Gesellschaftsrecht 1997, S. 1109; Stimpel: Durchgriffshaftung 1987, S. 605; Westermann: Scholz-GmbHG 1993, § 30 Rz. 1; Goerdeler/ Müller: Hachenburg-GmbHG 1992, § 30 Rz. 1; Fleck: Bankdarlehen 1984, S. 115; Drebes: Finanzierungsverhalten 1982, S. 123; Goette: Kapitalerhaltung 1997, S. 1495; Wilhelm: Unterkapitalisierung 1978, S. 363; vgl. auch Wiedemann: Gesellschaftsrecht 1980, S. 558, der diesbezüglich von einer „Kulturleistung ersten Ranges" spricht.

43 Goette: BGH-Rechtsprechung 1997, S. 64.

gewährleisten sollen.[44] In den nachfolgenden Abschnitten werden diese allgemeinen Kapitalerhaltungsvorschriften kurz dargestellt. Hierbei ist zunächst auf das Auszahlungsverbot nach § 30 Abs. 1 GmbHG und anschließend auf den Erstattungsanspruch nach § 31 GmbHG einzugehen.

2. Auszahlungsverbot

Nach § 30 Abs. 1 GmbHG darf das „zur Erhaltung des Stammkapitals erforderliche Vermögen der Gesellschaft" nicht an die Gesellschafter ausgezahlt werden.[45] Die Vorschrift dient dem Gläubigerschutz[46] und soll gewährleisten, daß Gesellschaftsvermögen in Höhe der Stammkapitalziffer als Haftungsgrundlage den Gläubigern zur Verfügung steht und nicht für die privaten Zwecke der Gesellschafter angetastet wird.[47]

Nach dem Gesetzeswortlaut bezieht sich das Auszahlungsverbot nur auf Auszahlungen an die Gesellschafter und nicht an fremde Dritte.[48] Um jedoch mögliche Umgehungsgeschäfte zu sanktionieren, können auch Auszahlungen an Dritte, die dem Gesellschafter wirtschaftlich oder persönlich besonders nahestehen, unter die Vorschrift fallen.[49]

---

[44] Vgl. Begründung zu §§ 30, 31 GmbHG-E. 1892, RT-Drucksache Aktenstück Nr. 660, S. 3745 f.; dazu Erste Beratung des GmbHG-E. 1892, Stenographische Berichte 1892, S. 4304 (Oechelhäuser).

[45] Vgl. Begründung zu § 30 GmbHG-E. 1892, RT-Drucksache Aktenstück Nr. 660, S. 3745.

[46] Vgl. BGHZ 90, 370 (380); Kübler: Gesellschaftsrecht 1998, S. 227; Schmidt: Gesellschaftsrecht 1997, S. 1135; Rowedder: GmbHG 1997, § 30 Rz. 1; Hueck: Baumbach-Hueck-GmbHG 1996, § 30 Rz. 1; Westermann: Scholz-GmbHG 1993, § 30 Rz. 2-4; Goerdeler/ Müller: Hachenburg-GmbHG 1992, § 30 Rz. 1 f.; Immenga: Kapitalgesellschaft 1970, S. 397.

[47] Vgl. Stimpel: Auszahlungsverbot 1992, S. 349; Hense/ Gandenberger: Handbuch 1995, S. 355; Wassermeyer: Leistungen II 1992, S. 353.

[48] Vgl. Rowedder: GmbHG 1997, § 30 Rz. 14; Kübler: Gesellschaftsrecht 1998, S. 229; Abramenko: Kapitalerhaltungsgrundsatz 1997, S. 875.

[49] Vgl. Henze: Rechtsprechung 1997, S. 142-148 (z.B. nahe Angehörige des Gesellschafters oder verbundene Unternehmen); Goerdeler/ Müller: Hachenburg-GmbHG 1992, § 30 Rz. 47; Raiser: Kapitalgesellschaften 1992, S. 441; Geßler: Gewinnausschüttung 1979, S. 144-148.

Der Begriff der Auszahlung ist nicht auf reine Geldzahlungen begrenzt; auch andere Leistungen der Gesellschaft, wie beispielsweise Sach- oder Dienstleistungen, können Auszahlungen im Sinne der Vorschrift sein.[50]

Allerdings werden nur diejenigen Leistungen von dem Auszahlungsverbot erfaßt, die ihre Grundlage im Gesellschaftsverhältnis haben und denen keine gleichwertige Gegenleistung gegenüber steht.[51] Solche wertmäßig unausgeglichenen Leistungen an den Gesellschafter können offen (z.B. Einlagenrückgewähr) oder verdeckt (z.B. verdeckte Gewinnausschüttungen) vorgenommen worden sein.[52]

Neben dieser Voraussetzung, daß die Leistung der Gesellschaft an den Gesellschafter causa societatis erfolgt, muß für das Eingreifen der Vorschrift des § 30 Abs. 1 GmbHG noch hinzukommen, daß die Auszahlung auch zu einer Verminderung des zur Erhaltung des Stammkapitals geschützten Vermögens führt.[53]

Nach allgemeiner Rechtsauffassung geht eine Auszahlung auf Kosten des Stammkapitals, wenn durch sie eine Unterbilanz entsteht oder eine bereits bestehende Unterbilanz noch vertieft wird.[54] Im Falle der noch zu erörternden

---

50 Vgl. BGH ZIP 1987, 575 (576); BGHZ 122, 333 (338); BGHZ 31, 258 (276), wonach „Leistungen aller Art" unter das Auszahlungsverbot fallen können; vgl. auch Stimpel: Auszahlungsverbot 1992, S. 338; Hueck: Baumbach-Hueck-GmbHG 1996, § 30 Rz. 12; Hense/ Gandenberger: Handbuch 1995, S. 356.

51 Vgl. RGZ 136, 260 (264); BGHZ 13, 49 (54); BGHZ 31, 258 (276); BGH ZIP 1987, 575 (576); OLG Rostock, GmbHR 1998, 329 (330); Bartl: GmbH-Recht 1998, § 30 Rz. 3; Kübler: Gesellschaftsrecht 1998, S. 229; Balser/ Bokelmann/ Piorreck: GmbH 1997, S. 138; Goette: BGH-Rechtsprechung 1997, S. 64; Rowedder: GmbHG 1997, § 30 Rz. 17-19; Lutter/ Hommelhoff: GmbHG 1995, § 30 Rz. 8; Mayer: Handbuch 1994, S. 142.; Westermann: Scholz-GmbHG 1993, § 30 Rz. 19; Goerdeler/ Müller: Hachenburg-GmbHG 1992, § 30 Rz. 59-64; Fleck: Kapitalerhaltung 1992, S. 399; Stimpel: Auszahlungsverbot 1992, S. 341-343.

52 Vgl. Raiser: Kapitalgesellschaften 1992, S. 439 f., der als weiteres Beispiel die Begleichung der Schulden des Gesellschafters durch die Gesellschaft anführt.

53 Vgl. Goerdeler/ Müller: Hachenburg-GmbHG 1992, § 30 Rz. 28.

54 Vgl. BGHZ 31, 258 (276); BGH DB 1987, 1781 (1782); BGH KTS 1998, 95 (96); OLG Karlsruhe, WM 1994, 1983 (1984); Goerdeler/ Müller: Hachenburg-GmbHG 1992, § 30 Rz. 28; Hense/ Gandenberger: Handbuch 1995, S. 356; Henze: Rechtsprechung 1997, S. 138; Goette: Kapitalerhaltung 1997, S. 1496; Schmidt: Gesellschaftsrecht 1997, S. 1133; Schmidt: GmbH 1999, S. 38 f.

eigenkapitalersetzenden Gesellschafterdarlehen wird man allerdings nicht von der Entstehung oder Vertiefung, sondern nur von dem Vorliegen einer Unterbilanz sprechen können, da sich diese bei der Darlehensrückzahlung aufgrund der gleichmäßigen Verminderung von Aktiv- und Passivseite nicht verändert.[55]

Zur Feststellung der Unterbilanz sind grundsätzlich die Bilanzansätze der letzten Handelsbilanz heranzuziehen und auf den Zeitpunkt der Auszahlung anteilig fortzuschreiben.[56] Eine Unterbilanz liegt vor, wenn das bilanzielle Reinvermögen der Gesellschaft, d.h. das Aktivvermögen abzüglich der Verbindlichkeiten (einschließlich Rückstellungen), in seinem rechnerischen Wert nicht mehr die Stammkapitalziffer laut Handelsregister erreicht.[57]

Ein Verlustausweis in der Bilanz führt nicht (zwingend) zu einer Unterbilanz, sofern die Gesellschaft noch über entsprechende Rücklagen verfügt.[58] Erst wenn das Stammkapital der Gesellschaft angegriffen ist, kann das Auszahlungsverbot des § 30 Abs. 1 GmbHG zur Entfaltung kommen.[59]

Die der Unterbilanzrechnung zugrunde liegende bilanzielle Betrachtungsweise stößt allerdings an Grenzen, wenn sich die Gesellschaft in einem kritischen Stadium befindet und ihr stille Reserven zugunsten eines Gesellschafters ent-

---

55 Vgl. Ulmer: Hachenburg-GmbHG 1992, §§ 32 a, b Rz. 166.

56 Vgl. BGH DB 1987, 1781 (1782); BGHZ 106, 7 (12); BGHZ 109, 334 (337 f.); BGHZ 119, 201 (212 f.); BGH NJW 1991, 1057 (1059 f.); vgl. auch Joost: Kapitalbegriff 1983, S. 287; Brandes: Rechtsprechung 1998, S. 6; Lutter/ Hommelhoff: GmbHG 1995, § 30 Rz. 9-16; Hueck: Baumbach-Hueck-GmbHG 1996, § 30 Rz. 6; Goette: BGH-Rechtsprechung 1997, S. 68; Rowedder: GmbHG 1997, § 30 Rz. 9; vgl. zu Einzelfragen der Unterbilanzrechnung insbesondere: Müller: Unterbilanz 1997, S. 1578-1581; Goerdeler/ Müller: Hachenburg-GmbHG 1992, § 30 Rz. 29-40.

57 Vgl. BGHZ 31, 258 (276); OLG Karlsruhe, WM 1994, 1983 (1984); OLG Rostock, GmbHR 1998, 329 (330); Dauernheim: Anfechtungsrecht 1999, S. 91; v. Gerkan/ Hommelhoff: Kapitalersatz 1997, S. 40; Müller: Unterbilanz 1997, S. 1577; Hueck: Baumbach-Hueck-GmbHG 1996, § 30 Rz. 7; Kuhn/ Uhlenbruck: Konkursordnung 1994, § 102 Rz. 4; Hense/ Gandenberger: Handbuch 1995, S. 357; Westermann: Scholz-GmbHG 1993, § 30 Rz. 17; Goerdeler/ Müller: Hachenburg-GmbHG 1992, § 30 Rz. 28; Raiser: Kapitalgesellschaften 1992, S. 439; Priester: Vorabausschüttungen 1973, S. 2383.

58 Vgl. Hueck: Baumbach-Hueck-GmbHG 1996, § 30 Rz. 8; Westermann: Scholz-GmbHG 1993, § 30 Rz. 17.

59 Vgl. Goerdeler/ Müller: Hachenburg-GmbHG 1992, § 30 Rz. 28.

zogen werden.[60] Eine solche Situation kann beispielsweise dann vorliegen, wenn sich die Gesellschaft im Zustand der Unterbilanz befindet und sie dem Gesellschafter ein Grundstück zum Buchwert überträgt, obwohl der Verkehrswert des Grundstücks den Buchwert übersteigt. Hier liegt nach der bilanziellen Betrachtungsweise zwar ein erfolgsneutraler Aktivtausch vor, der das Reinvermögen der Gesellschaft nicht verändert; allerdings werden die in dem Grundstück gebundenen stillen Reserven, die bei einem gewöhnlichen Drittgeschäft aufgedeckt worden wären, zu Lasten der Gesellschaft auf den Gesellschafter übertragen.[61]

Diese stillen Reserven dem Gesellschafter zu überlassen, obwohl das Stammkapital der Gesellschaft angegriffen ist, wird im Schrifttum als unvereinbar mit dem Zweck des Kapitalerhaltungsgrundsatzes angesehen.[62] Aus diesem Grund wird die Auffassung vertreten, im Falle der Unterbilanz partiell von der bilanziellen Betrachtungsweise abzurücken und die stillen Reserven in die Bewertung der Leistung einzubeziehen,[63] so daß in diesen Fällen die Werthaltigkeit der Leistung nach dem Verkehrswert und nicht nach dem Buchwert zu beurteilen ist.[64]

Führt die Auszahlung an den Gesellschafter demgegenüber nicht nur zu einer Unterbilanz, sondern zu einer darüber hinaus gehenden bilanziellen Überschuldung, so greift das Auszahlungsverbot ebenfalls ein.[65] Auch im Fall einer

---

60 Vgl. Rowedder: GmbHG 1997, § 30 Rz. 10; Rümker: Gesellschafterdarlehen 1996, S. 837; Westermann: Scholz-GmbHG 1993, § 30 Rz. 14 und Rz. 16; Goerdeler/ Müller: Hachenburg-GmbHG 1992, § 30 Rz. 41.

61 Vgl. Goerdeler/ Müller: Hachenburg-GmbHG 1992, § 30 Rz. 41.

62 Vgl. Goerdeler/ Müller: Hachenburg-GmbHG 1992, § 30 Rz. 41; vgl. auch Burgard: Krise 1997, S. 1097.

63 Vgl. Rowedder: GmbHG 1997, § 30 Rz. 10; Rümker: Gesellschafterdarlehen 1996, S. 837; Goerdeler/ Müller: Hachenburg-GmbHG 1992, § 30 Rz. 41.

64 Vgl. Stimpel: Auszahlungsverbot 1992, S. 335-361; Westermann: Scholz-GmbHG 1993, § 30 Rz. 14; Hueck: Baumbach-Hueck-GmbHG 1996, § 30 Rz. 7.

65 Vgl. BGHZ 60, 324 (331 f.); vgl. auch Immenga: Besprechung 1975, S. 487-492; Kübler: Gesellschaftsrecht 1998, S. 229; Schmidt: Gesellschaftsrecht 1997, S. 1133; Goette: Kapitalerhaltung 1997, S. 1497.

herbeigeführten oder vertieften Überschuldung[66] ist nach heutiger Rechtsauffassung die Vorschrift des § 30 Abs. 1 GmbHG unmittelbar anzuwenden.[67]

Somit kann zusammenfassend festgehalten werden, daß Leistungen von der Gesellschaft an einen Gesellschafter nach § 30 Abs. 1 GmbHG verboten sind, wenn sie causa societatis erfolgen und gleichzeitig eine Unterbilanz oder Überschuldung herbeiführen oder vertiefen.

3. Erstattungsanspruch

Werden trotz eines bestehenden Auszahlungsverbots Leistungen von der Gesellschaft an den Gesellschafter erbracht, so greift die ergänzende Vorschrift des § 31 GmbHG korrigierend ein. Diese soll gewährleisten, daß das zur Deckung des Stammkapitals erforderliche Gesellschaftsvermögen im Interesse der Gesellschaft, der Gläubiger und auch der einzelnen Gesellschafter wieder hergestellt wird.[68]

Nach § 31 Abs. 1 GmbHG müssen „Zahlungen, welche den Vorschriften des § 30 zuwider geleistet sind, [...] der Gesellschaft erstattet werden."[69] Bei diesem gesellschaftsrechtlichen Erstattungsanspruch bemüht sich der Gesetzgeber um einen möglichst weitgehenden Rückgriff; zunächst auf den empfangenden Gesellschafter, unter Umständen aber auch auf die übrigen Gesellschafter und mittelbar auf die Geschäftsführer.[70]

---

66 Vgl. Goerdeler/ Müller: Hachenburg-GmbHG 1992, § 30 Rz. 44-46; Henze: Rechtsprechung 1997, S. 141; v. Gerkan/ Hommelhoff: Kapitalersatz 1997, S. 92; vgl. zum Überschuldungsbegriff Erstes Kapitel: Abschnitt A.III.2.b.(2).

67 Für eine analoge Anwendung des § 30 Abs. 1 GmbHG bei Überschuldung noch: BGHZ 60, 324 (331); BGHZ 67, 171 (174); BGHZ 81, 252 (259); Raiser: Kapitalgesellschaften 1992, S. 439; für die unmittelbare Anwendung des § 30 Abs. 1 GmbHG inzwischen: BGH NJW 1990, 1730 (1732); Schmidt: Gesellschaftsrecht 1997, S. 1134.

68 Vgl. BGHZ 69, 274 (283); BGH DB 1987, 1781 (1782); Kübler: Gesellschaftsrecht 1998, S. 230; Goerdeler/ Müller: Hachenburg-GmbHG 1992, § 31 Rz. 1; Goette: Kapitalerhaltung 1997, S. 1499; Hueck: Baumbach-Hueck-GmbHG 1996, § 31 Rz. 1.

69 Vgl. dazu die Begründung zu § 31 GmbHG-E. 1892, RT-Drucksache Aktenstück Nr. 660, S. 3745 f.

70 Vgl. Goerdeler/ Müller: Hachenburg-GmbHG 1992, § 31 Rz. 4.

Der Erstattungsanspruch richtet sich grundsätzlich und in erster Linie gegen den Gesellschafter als Empfänger der verbotswidrigen Auszahlung;[71] er hat der Gesellschaft den geschuldeten Betrag zu erstatten.[72] Falls die geschuldete Erstattung jedoch von dem Gesellschafter nicht zu erlangen ist und Vollstreckungsversuche gegen ihn fruchtlos verlaufen sind, kann die Haftung auf die Mitgesellschafter ausgeweitet werden.[73] Für die Ausfallhaftung der übrigen Gesellschafter muß allerdings hinzukommen, daß das Stammkapital noch verletzt und die Zahlung zur Befriedigung der außenstehenden Gläubiger erforderlich ist. In diesem Fall haften die Mitgesellschafter gemäß § 31 Abs. 3 Satz 1 GmbHG subsidiär nach dem „Verhältnis ihrer Geschäftsanteile".[74] Bei einer subsidiären Ausfallhaftung können die übrigen Gesellschafter die Geschäftsführer wiederum in Regreß nehmen, wenn diesen bei der Auszahlung ein Verschulden zur Last gelegt werden kann.[75]

Die Höhe des Erstattungsanspruchs ist im Falle einer Unterbilanz durch die Stammkapitalziffer begrenzt; insofern ist es möglich, daß nur Teilbeträge gegen das Auszahlungsverbot verstoßen und dementsprechend zu erstatten sind.[76] Ist in der Zeit nach einer verbotswidrigen Auszahlung „die Unterbilanz oder Überschuldung durch Gewinne, Auflösung von Rückstellungen etc. nicht nur für den Augenblick, sondern nachhaltig beseitigt",[77] dann entfällt nach der

---

71 Vgl. Ulmer: Gesellschafterhaftung 1992, S. 363.

72 Vgl. Begründung zu § 31 GmbHG-E. 1892, RT-Drucksache Aktenstück Nr. 660, S. 3745; vgl. zur Einschränkung der Haftung des Empfängers bei gutem Glauben: § 31 Abs. 2 GmbHG; Goerdeler/ Müller: Hachenburg-GmbHG 1992, § 31 Rz. 29-40; Hueck: Baumbach-Hueck-GmbHG 1996, § 31 Rz. 14.

73 Vgl. Goerdeler/ Müller: Hachenburg-GmbHG 1992, § 31 Rz. 51.

74 Vgl. zur subsidiären Ausfallhaftung der Mitgesellschafter: Ulmer: Gesellschafterhaftung 1992, S. 370-376; Goerdeler/ Müller: Hachenburg-GmbHG 1992, § 31 Rz. 41-57; Begründung zu § 31 GmbHG-E. 1892, RT-Drucksache Aktenstück Nr. 660, S. 3745 f.; vgl. auch Gätsch: Ausfallhaftung 1999, S. 701-706, der sogar für die uneingeschränkte Ausfallhaftung der Mitgesellschafter plädiert.

75 Vgl. § 31 Abs. 6 GmbHG; Kübler: Gesellschaftsrecht 1998, S. 230; Goerdeler/ Müller: Hachenburg-GmbHG 1992, § 31 Rz. 61-67; vgl. zur Geschäftsführerhaftung ggü. der Gesellschaft § 43 Abs. 3 Satz 1 GmbHG.

76 Vgl. Goette: BGH-Rechtsprechung 1997, S. 70 f.

77 BGH DB 1987, 1781 (1782).

Auffassung des Bundesgerichtshofes der Erstattungsanspruch.[78] Die Verjährungsfrist für die Ansprüche der Gesellschaft aus § 31 Abs. 1 bis 3 GmbHG beträgt grundsätzlich fünf Jahre, beginnend mit dem Tag, an dem die verbotswidrige Auszahlung vorgenommen wurde.[79] Nur im Falle einer sogenannten böslichen Handlungsweise verjähren die Ansprüche erst in 30 Jahren.[80]

Somit bleibt festzuhalten, daß ein Verstoß gegen das Auszahlungsverbot sehr weitreichende Konsequenzen haben kann, die sich nicht nur auf den empfangenden Gesellschafter, sondern unter Umständen auch auf die Mitgesellschafter und die Geschäftsführer beziehen können. Dies zeigt die besondere Bedeutung der allgemeinen Kapitalerhaltungsvorschriften, mit denen der Gesetzgeber im Interesse der Gläubiger das einmal aufgebrachte Stammkapital vor einem unzulässigen Zugriff der Gesellschafter schützen will. Nicht geschützt wird von den Kapitalerhaltungsvorschriften hingegen das Gesellschaftsvermögen, das über die Stammkapitalziffer hinaus vorhanden ist.

II. Entwicklung von Rechtsprechungsgrundsätzen

1. Überblick

Das Reichsgericht und der Bundesgerichtshof haben sich schon vor vielen Jahren mit der Frage beschäftigt, unter welchen Voraussetzungen die grundsätzlich zulässige Darlehensfinanzierung durch GmbH-Gesellschafter eine Gefahr für außenstehende Gläubiger darstellen kann und eine Sonderbehandlung

---

78 Vgl. zustimmend: Schmidt: Gesellschaftsrecht 1997, S. 1136 f.; Schmidt: Scholz-GmbHG 1993, §§ 32 a, b Rz. 84; Goerdeler/ Müller: Hachenburg-GmbHG 1992, § 31 Rz. 24; vgl. ablehnend: Brandner: Erstattungsanspruch 1988, S. 23-34; Ulmer: Gesellschafterhaftung 1992, S. 383-388; Lutter/ Hommelhoff: GmbHG 1995, § 31 Rz. 11; Hueck: Baumbach-Hueck-GmbHG 1996, § 31 Rz. 6; Rowedder: GmbHG 1997, § 31 Rz. 10; Altmeppen: GmbHG 1997, § 31 Rz. 8.

79 Vgl. § 31 Abs. 5 Satz 1 GmbHG; vgl. auch Hense/ Gandenberger: Handbuch 1995, S. 381.

80 Vgl. § 31 Abs. 5 Satz 2 GmbHG i.V.m. § 195 BGB; zur böslichen Handlungsweise: BGH DB 1987, 1781 (1782); BGH GmbHR 1995, 442 (443): Der Verpflichtete handelt „böslich“, wenn er vorsätzlich agiert und „die Leistung aus dem Gesellschaftsvermögen in Kenntnis ihrer Unzulässigkeit entgegennimmt“; Rowedder: GmbHG 1997, § 31 Rz. 35; Boujong: Rechtsprechungsbericht 1997, S. 245.

erfordert.[81] Während das Reichsgericht in dieser Frage noch auf den Mißbrauch der Gesellschaftsform abstellt,[82] entwickelt der II. Zivilsenat des Bundesgerichtshofes in den Jahren 1959- 1979 sogenannte Rechtsprechungsgrundsätze, die auf der analogen Anwendung der allgemeinen Kapitalerhaltungsvorschriften beruhen.[83]

Die Rechtfertigung für die analoge Anwendung der §§ 30, 31 GmbHG sieht der Senat in dem widersprüchlichen Verhalten des Gesellschafters:[84] „Einer unerlaubten Auszahlung zu Lasten des Stammkapitals steht es gleich, wenn sich ein GmbH- Gesellschafter Darlehnsbeträge, die er der GmbH nach Eintritt ihrer Konkursreife anstelle einer in dieser Lage benötigten weiteren Kapitaleinlage gegeben hat, zurückgewähren läßt, bevor der Zweck der Darlehnshingabe nachhaltig erreicht"[85] ist. Denn in diesem Falle würde „sich die lediglich schuldrechtliche Ausstattung der Gesellschaft mit Mitteln auf dem Rücken der Gesellschaftsgläubiger"[86] auswirken.

Die einzelnen Voraussetzungen und Rechtsfolgen, die der Bundesgerichtshof an das widersprüchliche Verhalten des Gesellschafters und damit an die An-

---

81 Vgl. zur Rechtsprechung des Reichsgerichts: RG JW 1938, 862; RGZ 158, 302; RG JW 1939, 355; RGZ 166, 51; vgl. zur älteren Rechtsprechung des Bundesgerichtshofes: BGHZ 31, 258; BGH WM 1963, 121; BGH WM 1972, 74; BGHZ 67, 171; BGHZ 75, 334.

82 Vgl. RG JW 1938, 862 (865); RGZ 158, 302 (310); RG JW 1939, 355 (356); RGZ 166, 51 (57).

83 Vgl. das grundlegende "Lufttaxi-Urteil" BGHZ 31, 258; vgl. zur analogen Anwendung der §§ 30, 31 GmbHG auf eigenkapitalersetzende Gesellschafterdarlehen: Rowedder: GmbHG 1997, § 32 a Rz. 82-85; Rümker: Gesellschafterdarlehen 1996, S. 836-842; Ulmer: Hachenburg-GmbHG 1992, §§ 32 a, b Rz. 158-175; Raiser: Kapitalgesellschaften 1992, S. 461 f.; zur analogen Anwendung im allgemeinen: Larenz/ Canaris: Methodenlehre 1995, S. 202-210.

84 Vgl. BGHZ 31, 258 (272); BGH WM 1972, 74 (75); BGHZ 67, 171 (175); BGHZ 75, 334 (336 f.); vgl. zum Verbot des widersprüchlichen Verhaltens (venire contra factum proprium): Pleyer: Anmerkung 1960, S. 44; Neflin: Kapitalgesellschaft 1963, S. 45 f.; Wüst: Gläubigerschutz 1966, S. 16; Sonnenberger: Gesellschaftsfinanzierung 1969, S. 2035 f.; Coing: Durchgriff 1977, S. 1795; Ulmer: Darlehen 1981, S. 82 f.; Larenz/ Canaris: Methodenlehre 1995, S. 305.

85 BGHZ 67, 171 (174).

86 BGHZ 31, 258 (268); vgl. BGH WM 1972, 74 (75); BGHZ 75, 334 (336 f.); Geßler: Probleme 1966, S. 108.

wendung seiner Rechtsprechungsgrundsätze knüpft, sollen in den nachfolgenden Abschnitten näher betrachtet werden.

2. Voraussetzungen

a. Darlehen aus Gesellschafterhand

Die Anwendung der Rechtsprechungsgrundsätze setzt zunächst einmal voraus, daß der Gesellschaft ein Darlehen im Sinne des § 607 BGB gewährt worden ist.[87] Der Darlehensgewährung gleichzusetzen sind sogenannte stehengelassene Darlehen. Hierbei handelt es sich um Darlehen, die noch unter wirtschaftlich gesunden Verhältnissen der Gesellschaft gewährt wurden, allerdings bei Eintritt der Konkursreife nicht abgezogen worden sind.[88]

Darüber hinaus müssen die Darlehen von einem Gesellschafter oder einem ihm gleichgestellten Dritten gewährt oder belassen worden sein: Gesellschafter sind die Inhaber von Geschäftsanteilen, wobei die Höhe ihrer Beteiligung für die Anwendung der Rechtsprechungsgrundsätze unerheblich ist. Gleichgestellte Dritte können beispielsweise nahe Angehörige des Gesellschafters oder auch Treuhänder sein.[89]

b. Konkursabwendungszweck

Mit dem Konkursabwendungszweck als weiterer Voraussetzung knüpft der Bundesgerichtshof an die Zweckbestimmung des Gesellschafterdarlehens und an die wirtschaftliche Situation der Gesellschaft an.[90] Der II. Zivilsenat prüft, ob das Gesellschafterdarlehen an eine konkursreife Gesellschaft ausgereicht wor-

---

87 Vgl. Putzo: Palandt-BGB 1999, Einf. v. § 607 Rz. 1-25.

88 Vgl. BGHZ 75, 334 (337); Gebhard: Gesellschafterdarlehen 1984, S. 1386.

89 Vgl. BGHZ 13, 49 (54); BGHZ 31, 258 (267 f.); BGHZ 69, 274 (280).

90 Vgl. BGHZ 31, 258 (272); BGHZ 67, 171 (174); vgl. auch Verhoeven: Novellierung 1977, S. 809.

den ist und dem Zweck dient, den ansonsten unvermeidbaren Konkurs abzuwenden[91] und die notleidende Gesellschaft „künstlich am Leben zu halten".[92]

In dem grundlegenden "Lufttaxi-Urteil" vom 14.12.1959 dienen die Gesellschafterdarlehen „dazu, die Konkursantragspflicht [...] abzuwenden. Ohne die "Darlehen" wäre die Gesellschaft [...] zahlungsunfähig, möglicherweise auch überschuldet gewesen."[93] Und weiter heißt es in dem Urteil: „Sollte der mit dem "Darlehen" verfolgte Zweck erreicht werden, so durften diese Gelder nicht als Schulden der Gesellschaft erscheinen, sondern waren [...] zunächst so zu behandeln, als seien sie haftendes Kapital."[94]

Das zentrale Merkmal für gläubigergefährdende Gesellschafterdarlehen läßt sich somit durch die Abgrenzungsfrage konkretisieren, ob die Darlehen einzig und allein dem Zweck der Konkursabwendung dienen und die Gesellschaft ohne die Kapitalhilfen des Gesellschafters zusammengebrochen beziehungsweise in Konkurs gefallen wäre.[95] Von besonderer Bedeutung sind in diesem Zusammenhang die Konkursgründe Zahlungsunfähigkeit[96] und Überschuldung,[97] denn sie beschreiben eine existenzbedrohende Krise der Gesellschaft, die bei einem Mangel an alternativen Finanzierungsmöglichkeiten nur noch durch die Kapitalhilfen des Gesellschafters überwunden werden kann.

In dem Urteil vom 27.09.1976 sind Gesellschafterdarlehen gewährt worden, „um eine sich ständig vergrößernde Liquiditätslücke und damit eine nicht nur vorübergehende, sondern dauernde Zahlungsunfähigkeit"[98] der Gesellschaft zu beseitigen. Ohne die Kredithilfe der Gesellschafter wäre die Gesellschaft

---

91 Vgl. BGHZ 31, 258 (272); BGH WM 1963, 121 (121 f.); BGHZ 67, 171 (177).

92 BGH WM 1972, 74 (75); vgl. BGHZ 75, 334 (337).

93 BGHZ 31, 258 (272); vgl. BGH WM 1963, 121 (121 f.); Pleyer: Anmerkung 1960, S. 44 f.

94 BGHZ 31, 258 (272).

95 Vgl. BGHZ 31, 258 (271 f.); BGH WM 1963, 121 (121); BGH WM 1972, 74 (75); BGHZ 67, 171 (177).

96 Vgl. zur Zahlungsunfähigkeit Erstes Kapitel: Abschnitt A.III.2.b.(1).

97 Vgl. zur Überschuldung Erstes Kapitel: Abschnitt A.III.2.b.(2).

98 BGHZ 67, 171 (177).

dauernd zahlungsunfähig und müßte Konkurs beantragen.[99] Ebenso können die Gesellschafterdarlehen „wie haftendes Eigenkapital zu behandeln sein, wenn die Gesellschaft ohne sie überschuldet wäre oder eine vorhandene Überschuldung noch verschärft würde".[100]

c. Rückzahlung zur Unzeit

Neben dem Konkursabwendungszweck des Darlehens prüft der Bundesgerichtshof, ob das Gesellschafterdarlehen noch vor Erreichung des eigentlichen Zwecks zurückgezahlt worden ist: Wenn ein Gesellschafter „zur Abwendung der Konkursantragspflicht [...] Gelder zur Verfügung" stellt, dann darf „er sie nicht zur Unzeit, noch bevor der damit verfolgte Zweck nachhaltig erreicht" ist, zurückfordern.[101] Ansonsten setzt er „sich zu seinem eigenen Verhalten und dem Zweck der gesetzlichen Kapitalerhaltungsvorschriften in Widerspruch [...], wenn er der Gesellschaft die als Kapitalgrundlage benötigten Mittel wieder entzieht, obwohl sie noch nicht ohne diese lebensfähig ist."[102] Hierbei ist nach der Vorstellung des II. Senats letztendlich maßgebend, ob sich die Gesellschaft „im Zeitpunkt der Rückzahlung [...] noch in einer Lage befand, die nach § 64 GmbHG die Konkursantragspflicht begründete."[103]

d. Unterdeckung des Stammkapitals

An die unzeitige Darlehensrückzahlung schließt sich für die analoge Anwendung der §§ 30, 31 GmbHG die Frage an, ob zum Zeitpunkt der Darlehensrückzahlung das Stammkapital der Gesellschaft angegriffen ist.[104] In dem "Luft-

---

99 Vgl. BGHZ 67, 171 (177); BGHZ 31, 258 (269); BGH WM 1972, 74 (75).

100 BGHZ 75, 334 (336); vgl. BGHZ 67, 171 (174-179).

101 BGHZ 31, 258 (272); vgl. BGH WM 1972, 74 (75); BGHZ 67, 171 (174-178); BGHZ 75, 334 (336 f.).

102 BGHZ 67, 171 (175); vgl. BGHZ 31, 258 (272); BGH WM 1972, 74 (75); BGHZ 75, 334 (336 f.).

103 BGHZ 67, 171 (179).

104 Vgl. BGHZ 31, 258 (273); BGHZ 67, 171 (179).

taxi-Urteil" konstatiert der Bundesgerichtshof, daß für die Zahlungen an den Gesellschafter „Gesellschaftsvermögen, das wie haftendes Kapital zu behandeln war, verwendet [wurde], bevor es die wirtschaftliche Lage der Gesellschaft gestattete, auf die Ziffer des Stammkapitals zurückzugehen und dem Darlehenscharakter der über das satzungsmäßige Kapital hinaus zur Verfügung gestellten Gelder Rechnung zu tragen."[105]

Die Tatsache, daß sich die Rückzahlung eines Darlehens in der Bilanz erfolgsneutral verhält, ist nach der Vorstellung des Bundesgerichtshofes offenbar unerheblich: „Schmälert die Rückzahlung unmittelbar oder mittelbar das lebensnotwendige Kapital der [Gesellschaft], ohne das hierfür ein anderweitiger Ausgleich erfolgt, so bleibt der Darlehenscharakter der ursprünglichen Leistung und damit auch die Tatsache außer Betracht, daß die Zahlung buchmäßig zu einer Verminderung der Gesellschaftsverbindlichkeiten führt."[106]

3. Rechtsfolgen

Sofern die oben genannten Voraussetzungen erfüllt sind, besteht nach analoger Anwendung des § 30 Abs. 1 GmbHG ein Rückzahlungsverbot für die Gesellschafterdarlehen; verboten sind zudem auch Zinszahlungen auf diese Darlehen.[107] Werden trotz des Rückzahlungsverbots die Darlehen an den Gesellschafter zurückgewährt, so erwächst der Gesellschaft nach § 31 Abs. 1 GmbHG ein Erstattungsanspruch und der Gesellschafter ist „verpflichtet, diejenigen Beträge zurückzuzahlen, die er unter Verletzung des § 30 GmbHG erhalten hat."[108]

Zusammenfassend kann festgehalten werden, daß der Bundesgerichtshof die Sonderbehandlung von Gesellschafterdarlehen mit dem widersprüchlichen Verhalten des Gesellschafters und der damit verbundenen Gläubigergefähr-

---

105 BGHZ 31, 258 (273).

106 BGHZ 67, 171 (177); vgl. demgegenüber noch die Begründung zu § 30 GmbHG-E. 1892, RT-Drucksache Aktenstück Nr. 660, S. 3745: Die „Tilgung einer rechtsgültig begründeten Verbindlichkeit fällt [...] niemals unter die Bestimmung."

107 Vgl. BGHZ 67, 171 (179 f.); BGHZ 75, 334 (339).

108 BGH WM 1963, 121 (121); vgl. BGHZ 31, 258 (271-273); BGH WM 1972, 74 (75).

dung begründet. Eine solche Gefährdung wird nach den Rechtsprechungsgrundsätzen unterstellt, wenn der Gesellschafter seiner konkursreifen Gesellschaft ein Darlehen zum Zwecke der Konkursabwendung gewährt hat und dieses anschließend wieder abzieht, bevor der eigentliche Zweck nachhaltig erreicht worden ist.

III. Weiterentwicklung der Rechtsprechungsgrundsätze

1. Überblick

Eine grundlegende Weichenstellung in dem Entwicklungsprozeß der Rechtsprechungsgrundsätze markiert das Urteil vom 24.03.1980.[109] Hat der II. Zivilsenat hinsichtlich der Sonderbehandlung von Gesellschafterdarlehen bislang auf die Konkursreife der Gesellschaft (Krise im konkursrechtlichen Sinne) abgestellt,[110] so ist er mit dieser Entscheidung dazu übergegangen, den Beginn der Krise zeitlich den Konkursgründen Zahlungsunfähigkeit und Überschuldung vorzuverlagern und hat hierzu das Abgrenzungskriterium der Kreditunwürdigkeit in seine Rechtsprechung aufgenommen.[111] Der Bundesgerichtshof argumentiert fortan nicht mehr mit dem widersprüchlichen Verhalten im Sinne der Konkursabwendung,[112] sondern sieht den tragenden Grund für die Sonderbehandlung von Gesellschafterdarlehen in der Finanzierungs(folgen)verantwortung des Gesellschafters in der Krise der Gesellschaft.[113]

---

109 Vgl. BGHZ 76, 326.

110 Vgl. Erstes Kapitel: Abschnitt A.II.; vgl. demgegenüber das "Deckenputz-Urteil" BGH WM 1972, 74 (75), wonach der Bundesgerichtshof neben der Konkursreife auch die fehlende Lebensfähigkeit der Gesellschaft anführt.

111 Vgl. BGHZ 76, 326 (330 f.); BGHZ 119, 201 (212 f.); BGH ZIP 1996, 275 (277); erste Ansätze zur Kreditunwürdigkeit finden sich bereits im "Deckenputz-Urteil" BGH WM 1972, 74 (75), die in diesem Urteil jedoch noch nicht entscheidungserheblich sind.

112 Vgl. Erstes Kapitel: Abschnitt A.II.

113 Vgl. BGHZ 90, 381 (389); BGH ZIP 1989, 161 (162); BGHZ 121, 31 (35 f.); BGH WM 1992, 816 (817); BGH WM 1992, 270 (272); BGHZ 123, 289 (292); BGHZ 127, 17 (29); BGHZ 127, 336 (344 f.); BGH GmbHR 1995, 35 (36); BGH GmbHR 1996, 844 (846); BGH ZIP 1998, 1352 (1352); vgl. Ulmer: Hachenburg-GmbHG 1992, §§ 32 a, b Rz. 8; Wiedemann: Eigenkapital 1993, S. 909-911; v. Gerkan/ Hommelhoff: Kapitalersatz 1997, S. 25-32; Goette: Anmerkung 1999, S. 554.

Muß der Gesellschafter erkennen, daß die notleidende Gesellschaft in Zukunft ohne seine Hilfe nicht mehr lebensfähig sein wird, so hat er nur zwei Handlungsalternativen: Entweder muß er ihr seine Unterstützung versagen und die Liquidation herbeiführen, oder der Gesellschafter hat - sofern er sich zur Hilfestellung in der Krise entschließt - die Kapitalhilfen auf eigene Gefahr der Gesellschaft solange zu belassen, bis ihr Stammkapital wieder nachhaltig auf andere Weise gedeckt ist.[114]

Der Gesellschafter muß demnach die Verantwortung für die Folgen seiner „in der Krise der Gesellschaft getroffenen Entscheidung", die aus eigener Kraft nicht mehr lebensfähige und damit „liquidationsreife Gesellschaft fortzuführen", selbst tragen,[115] und darf „das damit eingegangene Finanzierungsrisiko nicht auf die Gläubiger abwälzen".[116]

Durch die Einführung der Kreditunwürdigkeit und die veränderte Argumentationskette haben sich auch die Voraussetzungen für die Anwendung der Rechtsprechungsgrundsätze (teilweise) geändert. Zwar beruhen die Grundsätze nach wie vor auf der analogen Anwendung der Kapitalerhaltungsvorschriften, allerdings prüft der Bundesgerichtshof nicht mehr explizit den Konkursabwendungszweck und die unzeitige Darlehensrückzahlung,[117] sondern stellt jetzt auf die Eigenkapitalersatzfunktion des Darlehens ab.

---

[114] Vgl. BGHZ 81, 252, (257); BGHZ 81, 311 (317); BGHZ 95, 188 (194); BGH ZIP 1985, 1075 (1077); BGHZ 109, 55 (57 f.); BGH ZIP 1990, 98 (99); BGH WM 1990, 2041 (2042); BGHZ 127, 336 (347); BGH GmbHR 1996, 844 (846); vgl. Ulmer: Gesellschafterdarlehen 1984, S. 1168; Wiedemann: Eigenkapital 1993, S. 903; Centrale für GmbH: Eigenkapitalersatz 1995, S. 514; Michalski/ de Vries: Eigenkapitalersatz 1999, S. 181 f.; kritisch dazu Claussen: Betriebswirtschaft 1992, S. 146, der diese Verhaltensalternativen als „Zynikeralternative für Regenschirmkreditgeber" bezeichnet.

[115] BGHZ 127, 336 (344); vgl. dazu OLG München, ZIP 1993, 504 (506); Lutter: Gesellschafterdarlehen 1989, S. 478; Röhricht: Eigenkapitalersatz 1992, S. 319; ähnlich bereits Sonnenberger: Gesellschaftsfinanzierung 1969, S. 2037.

[116] BGHZ 76, 326 (329); vgl. BGHZ 105, 168 (175); Brändel: Rechtsfragen 1988, S. 1; Ulmer: Gesellschafterdarlehen 1984, S. 1166.

[117] Vgl. Erstes Kapitel: Abschnitt A.II.2.; Schmidt: GmbH-Novelle 1980, S. 1772.

Nach der Terminologie der Rechtsprechung erlangt ein Gesellschafterdarlehen die Funktion von Eigenkapitalersatz, wenn es in der Krise der Gesellschaft gewährt worden ist und die Gesellschaft ohne das Darlehen nicht mehr lebensfähig wäre. Als Krisenmerkmale kommen dabei die Zahlungsunfähigkeit, die Überschuldung und nunmehr auch die Kreditunwürdigkeit der Gesellschaft in Betracht.[118] Die Voraussetzungen und Rechtsfolgen der weiterentwickelten Rechtsprechungsgrundsätze sollen im Folgenden näher betrachtet werden.

2. Voraussetzungen

a. Darlehen aus Gesellschafterhand

Die Anwendung der Rechtsprechungsgrundsätze setzt auch weiterhin voraus, daß ein Gesellschafter oder ein gleichgestellter Dritter[119] der Gesellschaft ein Darlehen gewährt oder belassen hat.[120] Allerdings ist anzumerken, daß der Bundesgerichtshof seine Grundsätze nunmehr auch auf Leistungen ausweitet, die mit einer Darlehensgewährung vergleichbar sind. Bei diesen (eigenkapitalersetzenden) Leistungen handelt es sich vornehmlich um Bürgschaften[121] und Gebrauchsüberlassungen,[122] auf die im Rahmen dieser Arbeit jedoch nicht näher eingegangen werden soll. Hier geht es weiterhin um den klassischen Fall des eigenkapitalersetzenden Gesellschafterdarlehens.

---

118 Vgl. BGHZ 119, 201 (213); Goette: BGH-Rechtsprechung 1997, S. 89; Ulmer: Gesellschafterdarlehen 1984, S. 1164; Henze: Rechtsprechung 1997, S. 159.

119 Vgl. BGHZ 81, 252 (258); BGHZ 81, 311 (315); BGHZ 81, 365 (369); BGH WM 1986, 1554 (1554 f.); BGHZ 106, 7 (9 f.); BGH ZIP 1989, 93 (93); BGH ZIP 1990, 642 (642); BGH WM 1991, 678 (679); BGH WM 1992, 270 (272); BGHZ 119, 191 (195); vgl. auch Goette: Anmerkung 1999, S. 554.

120 Vgl. BGHZ 76, 326 (330 f.); BGHZ 81, 252 (258); BGHZ 81, 365 (367); BGH ZIP 1985, 1075 (1076); BGH WM 1987, 284 (285); BGH ZIP 1989, 93 (94).

121 Vgl. BGHZ 81, 252 (255 f.); BGH GmbHR 1986, 226 (227); BGH WM 1987, 1488 (1488); BGH ZIP 1990, 642 (642 f.); BGH ZIP 1992, 618 (619); BGHZ 127, 336 (339 f.); BGH GmbHR 1995, 381 (381); BGH ZIP 1996, 273 (274); BGH ZIP 1996, 275 (275 f.); BGH GmbHR 1996, 285 (286 f.); BGH DStR 1997, 1581 (1582 f.).

122 Vgl. dazu BGHZ 109, 55; BGHZ 121, 31; BGHZ 127, 1; BGH GmbHR 1995, 219; BGH GmbHR 1997, 793 (betreffend den Miet- oder Pachtzins).

b. Eigenkapitalersatz in der Krise

(1) Zahlungsunfähigkeit

Gesellschafterdarlehen können nach der Vorstellung des Bundesgerichtshofes die Funktion von Eigenkapitalersatz einnehmen, wenn sie zu einem Zeitpunkt ausgereicht werden, in dem sich die Gesellschaft wegen Zahlungsunfähigkeit in einer Krise befindet, die sie aus eigener Kraft nicht mehr überwinden kann.[123] Maßgebend ist hierbei, daß allein durch das Gesellschafterdarlehen die Lebensfähigkeit der Gesellschaft aufrecht erhalten und die drohende Liquidation der Gesellschaft abgewendet werden kann.[124]

Die Zahlungsunfähigkeit wird seit Inkrafttreten der Insolvenzordnung[125] in § 17 Abs. 2 InsO definiert: „Der Schuldner ist zahlungsunfähig, wenn er nicht in der Lage ist, die fälligen Zahlungspflichten zu erfüllen. Zahlungsunfähigkeit ist in der Regel anzunehmen, wenn der Schuldner seine Zahlungen eingestellt hat."[126] Eine nur vorübergehende Zahlungsstockung oder eine bloße Zahlungsunwilligkeit begründen dagegen noch keine Zahlungsunfähigkeit.[127]

Von einer Zahlungseinstellung ist auszugehen, wenn die Gesellschaft generell, und somit nach außen erkennbar in Erscheinung tretend, ihre fälligen Zah-

---

123 Vgl. BGHZ 76, 326 (329 f.); BGHZ 119, 201 (213); BGH ZIP 1996, 275 (276).

124 Vgl. BGHZ 119, 201 (213); BGH ZIP 1990, 95 (97); Weisang: Gesellschafterleistungen 1997, S. 200.

125 Vgl. Insolvenzordnung vom 05.10.1994 (BGBl. I 1994, S. 2866) mit Wirkung vom 01.01. 1999.

126 Vgl. dazu die Begründung zu §§ 20, 21 RegE InsO 1992 (heutige §§ 16, 17 InsO), BT-Drucksache 12/2443, S. 114, wonach die gesetzliche Definition in Anlehnung an die bisherige Begriffsbestimmung in Rechtsprechung und Schrifttum erfolgt; vgl. RGZ 50, 39 (41); RGZ 100, 62 (65); BGH WM 1959, 891 (891); BGH NJW 1962, 102 (103); BGH (Bes.) DStR 1993, 175 (176); vgl. auch Kilger/ Schmidt: Konkursordnung 1993, § 102 Anm. 2a; Hess: Konkursordnung 1998, § 102 Rz. 5; Schulze: GmbH-Recht 1998, § 63 Rz. 2.

127 Vgl. Begründung zu §§ 20, 21 RegE InsO 1992 (heutige §§ 16, 17 InsO), BT-Drucksache 12/2443, S. 114; Smid: Insolvenzrecht 1999, S. 57; Uhlenbruck: GmbH 1999, S. 312-314; Schmerbach: Frankfurter Kommentar-InsO 1999, § 17 Rz. 6 und Rz. 13-18; Kirchhof: Insolvenzrecht 1999, S. 24-26; Obermüller/ Hess: InsO 1999, S. 29 f.; Pape: Kübler-Prütting-InsO 1998, § 17 Rz. 8 und Rz. 14-16; Häsemeyer: Insolvenzrecht 1998, S. 119; Braun/ Uhlenbruck: Unternehmensinsolvenz 1997, S. 280; Temme: Eröffnungsgründe 1997, S. 27-31.

lungsverpflichtungen nicht mehr erfüllt.[128] Gewichtige Indizien können hierbei die Einstellung des Geschäftsbetriebes, Wechselproteste oder die Nichtzahlung von Löhnen, Steuern und Sozialversicherungsbeiträgen sein.[129]

Außerhalb des Tatbestandes der Zahlungseinstellung hat ein Geschäftsführer zur Feststellung der Zahlungsunfähigkeit eine stichtagsbezogene Liquiditätsrechnung (Bestandsrechnung) vorzunehmen, in der die vorhandenen Zahlungsmittel und die fälligen Geldschulden gegenüber zu stellen sind.[130] Mitunter wird es im Schrifttum jedoch als nicht ausreichend angesehen, wenn zur Feststellung der Zahlungsunfähigkeit allein auf eine stichtagsbezogene Liquiditätsrechnung abgestellt wird.[131] *Uhlenbruck* und *Veit* schlagen deshalb vor, die stichtagsbezogene Liquiditätsrechnung um eine Finanzübersicht (zukunftsorientierte Stromgrößenrechnung) zu ergänzen.[132] In der Finanzübersicht sind der Zahlungsmittelbestand und die voraussichtlichen Einzahlungen sowie die zukünftigen Auszahlungen gegenüber zu stellen. Mit Hilfe der Finanzübersicht läßt sich dann beurteilen, ob eine am Stichtag vorliegende Diskrepanz zwischen Zahlungsmitteln und Geldschulden auch dauerhaft ist.[133]

---

128 Vgl. Kirchhof: Heidelberger Kommentar-InsO 1999, § 17 Rz. 25-29; Hess/ Kranemann/ Pink: Insolvenzrecht 1998, S. 36; Breuer: Insolvenzrecht 1998, S. 41; Pape: Kübler-Prütting-InsO 1998, § 17 Rz. 17; Uhlenbruck: Insolvenzgründe 1998, S. 22; Rowedder: GmbHG 1997, § 63 Rz. 3; Braun/ Uhlenbruck: Unternehmensinsolvenz 1997, S. 282 f.; Schulze-Osterloh: Baumbach-Hueck-GmbHG 1996, § 63 Rz. 3f.; vgl. auch BGH ZIP 1996, 275 (276 f.).

129 Vgl. Smid: Smid-InsO 1999, § 17 Rz. 9; Smid: Insolvenzrecht 1999, S. 58; Mönning: Nerlich-Römermann-InsO 1999, § 17 Rz. 24; Kirchhof: Heidelberger Kommentar-InsO 1999, § 17 Rz. 30-39; Obermüller/ Hess: InsO 1999, S. 29; Uhlenbruck: GmbH 1999, S. 307; Pape: Kübler-Prütting-InsO 1998, § 17 Rz. 18; Hörtnagl: Krise 1996, S. 530; Kuhn/ Uhlenbruck: Konkursordnung 1994, § 102 Rz. 2f; BGH ZIP 1996, 275 (277).

130 Vgl. Schmerbach: Frankfurter Kommentar-InsO 1999, § 17 Rz. 24; Bork: Insolvenzrecht 1998, S. 43; Breuer: Insolvenzrecht 1998, S. 41; Uhlenbruck: GmbH 1997, S. 266; Veit: Konkursrechnungen 1982, S. 370 f.; Hörtnagl: Krise 1996, S. 530; vgl. BGH (Bes.) DStR 1993, 175 (176).

131 Vgl. Kilger/ Schmidt: Konkursordnung 1993, § 102 Anm. 2a; Müller: Eigenkapitalersatz 1996, S. 105; Uhlenbruck: GmbH 1997, S. 266.

132 Vgl. Kuhn/ Uhlenbruck: Konkursordnung 1994, § 102 Rz. 6a; Veit: Konkursrechnungen 1982, S. 371.

133 Vgl. Kuhn/ Uhlenbruck: Konkursordnung 1994, § 102 Rz. 6a; Veit: Konkursrechnungen 1982, S. 371.

In diese Richtung geht auch die neue Insolvenzordnung; denn seit ihrem Inkrafttreten ist die drohende Zahlungsunfähigkeit als zusätzlicher Insolvenzgrund in das Insolvenzrecht aufgenommen worden.[134] Nach § 18 Abs. 2 InsO droht ein „Schuldner [...] zahlungsunfähig zu werden, wenn er voraussichtlich nicht in der Lage sein wird, die bestehenden Zahlungspflichten im Zeitpunkt der Fälligkeit zu erfüllen.“ Im Unterschied zu den Insolvenzgründen Zahlungsunfähigkeit und Überschuldung handelt es sich bei diesem neuen Eröffnungsgrund allerdings nur um ein Antragsrecht und keine Antragspflicht des Schuldners.[135]

Wie der Amtlichen Begründung zu entnehmen ist, hat die Feststellung der drohenden Zahlungsunfähigkeit durch einen „Liquiditätsplan“[136] zu erfolgen: „In die Prognose, die bei der drohenden Zahlungsunfähigkeit anzustellen ist, muß die gesamte Entwicklung der Finanzlage des Schuldners bis zur Fälligkeit aller bestehenden Verbindlichkeiten einbezogen werden; in diesem Rahmen sind neben den zu erwartenden Einnahmen auch die zukünftigen, noch nicht begründeten Zahlungspflichten mitzuberücksichtigen. Die vorhandene Liquidität und die Einnahmen, die bis zu dem genannten Zeitpunkt zu erwarten sind, müssen den Verbindlichkeiten gegenübergestellt werden, die bereits fällig sind oder bis zu diesem Zeitpunkt voraussichtlich fällig werden.“[137]

---

[134] Vgl. Begründung zu § 22 RegE InsO 1992 (heutiger § 18 InsO), BT-Drucksache 12/2443, S. 114: Der Begriff der "drohenden Zahlungsunfähigkeit" wird bereits im Strafrecht als Krisenmerkmal bei den Bankrottdelikten im Sinne der §§ 283, 283 d StGB verwendet; vgl. auch Schmidt: Insolvenzordnung 1998, S. 650 f.; Uhlenbruck: Beratungspraxis 1998, S. 2011.

[135] Vgl. Begründung zu § 22 RegE InsO 1992 (heutiger § 18 InsO), BT-Drucksache 12/2443, S. 114; Uhlenbruck: Insolvenzrecht 1999, S. 317; Kirchhof: Heidelberger Kommentar-InsO 1999, § 18 Rz. 3; Pape: Kübler-Prütting-InsO 1998, § 18 Rz. 2f.; Schmidt: Insolvenzordnung 1998, S. 650 f.; Uhlenbruck: Beratungspraxis 1998, S. 2011; Uhlenbruck: Insolvenzgründe 1998, S. 29; Breuer: Insolvenzrecht 1998, S. 41.

[136] Begründung zu § 22 RegE InsO 1992 (heutiger § 18 InsO), BT-Drucksache 12/2443, S. 115.

[137] Begründung zu § 22 RegE InsO 1992 (heutiger § 18 InsO), BT-Drucksache 12/2443, S. 115; vgl. zur drohenden Zahlungsunfähigkeit: Kirchhof: Heidelberger Kommentar-InsO 1999, § 18 Rz. 1-17; Smid: Smid-InsO 1999, § 18 Rz. 1-14; Mönning: Nerlich-Römermann-InsO 1999, § 18 Rz. 1-50; Schmerbach: Frankfurter Kommentar-InsO 1999, § 18 Rz. 4-15; Obermüller/ Hess: InsO 1999, S. 30 f.; Uhlenbruck: GmbH 1999, S. 331-333; IDW: Prüfungsstandard 1999, S. 252 f.; Burger/ Buchhart: Insolvenztatbestand 1999, S.

Bezogen auf die Rechtsprechungsgrundsätze des Bundesgerichtshofes bleibt indes noch abzuwarten, ob die drohende Zahlungsunfähigkeit künftig eine Krise im Sinne der Eigenkapitalersatzregeln begründen wird: Zwar ist dieser neue Insolvenzgrund auf den Eigenantrag des Schuldners begrenzt;[138] dennoch gilt es als nicht unwahrscheinlich, daß Gesellschafterdarlehen, die einer voraussichtlich nicht mehr zahlungsfähigen Gesellschaft gewährt worden sind, nach der Rechtsprechung des II. Zivilsenats künftig ebenfalls die Funktion von Eigenkapitalersatz einnehmen werden.[139]

Somit kann zumindest für den Fall der Zahlungsunfähigkeit festgehalten werden, daß der Bundesgerichtshof im Ergebnis - jedoch nicht in der Begründung - an seiner vorangegangenen Rechtsprechung zur Sonderbehandlung von Gesellschafterdarlehen festhält.

(2) Überschuldung

Auch im Falle von Überschuldung hält der Senat im Ergebnis an seiner bisherigen Rechtsprechung fest: Befindet sich die Gesellschaft wegen Überschuldung in der Krise, so erlangt ein in diesem kritischen Stadium gewährtes Gesellschafterdarlehen ebenfalls die Funktion von Eigenkapitalersatz, wenn die Gesellschaft ohne das Darlehen nicht mehr lebensfähig wäre und liquidiert werden müßte.[140]

157; Pape: Kübler-Prütting-InsO 1998, § 18 Rz. 5-11; Breuer: Insolvenzrecht 1998, S. 42; Häsemeyer: Insolvenzrecht 1998, S. 120 f.; Haarmeyer/ Wutzke/ Förster: InsO 1998, S. 143-168; Uhlenbruck: Insolvenzgründe 1998, S. 31; Möhlmann: Zahlungsunfähigkeit 1998, S. 953-959; IDW: Stellungnahme FAR 1998, S. 517 f.; Braun/ Uhlenbruck: Unternehmensinsolvenz 1997, S. 285; Drukarczyk/ Schüler: Insolvenzauslöser 1997, S. 69-76; Temme: Eröffnungsgründe 1997, S. 65-81.

138 Vgl. Kirchhof: Insolvenzrecht 1999, S. 27; Schmidt: Insolvenzordnung 1998, S. 650; Uhlenbruck: Beratungspraxis 1998, S. 2011; Braun/ Uhlenbruck: Unternehmensinsolvenz 1997, S. 283 f.; Uhlenbruck: Insolvenzordnung 1995, S. 197; Burger: Insolvenzordnung 1992, S. 2151 f.

139 Vgl. v. Gerkan/ Hommelhoff: Kapitalersatz 1997, S. 72.

140 Vgl. zum Überschuldungsfall das "Dornier-Urteil" BGHZ 119, 201 (213-216); vgl. auch BGH GmbHR 1994, 394 (396); BGH ZIP 1996, 275 (277); Michalski/ Barth: Anmerkung 1999, S. 348.

Im Gegensatz zur Zahlungsunfähigkeit ist im Überschuldungsfall jedoch darauf zu achten, daß in Verbindung mit der Darlehensgewährung auch eine wirksame Rangrücktrittsvereinbarung abgeschlossen[141] oder ein bedingter Forderungserlaß vereinbart wird.[142] Dadurch entfällt die Passivierung des Gesellschafterdarlehens in der Überschuldungsbilanz mit der Folge, daß die eingetretene Überschuldung beseitigt und die Krise überwunden werden kann.[143]

Der Überschuldungsbegriff ist vor Inkrafttreten der Insolvenzordnung noch im GmbH-Gesetz umschrieben worden: Nach § 64 Abs. 1 Satz 2 GmbHG a.F. liegt Überschuldung vor, „wenn das Vermögen der Gesellschaft nicht mehr die Schulden deckt."[144] Der Bundesgerichtshof hat in seiner Rechtsprechung lange Zeit diesen Überschuldungsbegriff zugrunde gelegt;[145] er hat dabei aber offen gelassen, ob in der Überschuldungsbilanz Fortführungs- oder Liquiditionswerte in Ansatz zu bringen sind.[146]

In dem grundlegenden "Dornier-Urteil" vom 13.07.1992 hat sich der Bundesgerichtshof dem modifizierten zweistufigen Überschuldungsbegriff von *Schmidt*[147] angeschlossen.[148] Nach diesem Grundsatzurteil liegt eine Überschuldung vor, „wenn das Vermögen der Gesellschaft bei Ansatz von Liquidationswerten unter Einbeziehung der stillen Reserven die bestehenden Verbindlichkeiten nicht

---

141 Vgl. Schmidt: Gesellschaftsrecht 1997, S. 527; Schmidt: GmbH 1997, S. 262; Teller: Überschuldung 1995, S. 21.

142 Vgl. Hess/ Weis: Überschuldungsstatus 1999, S. 33-36.

143 Vgl. Holzapfel: Rangrücktritt 1999, S. 1-3; Lenz: Überschuldungsstatus 1999, S. 284; Förschle/ Kofahl: Sonderbilanzen 1999, S. 51 f.; Beintmann: Überschuldungsstatus 1998, S. 147; Schulze-Osterloh: Rangrücktritt 1996, S. 97; Fleischer: Finanzplankredite 1995, S. 280-295; Kamprad: Gesellschafterdarlehen 1980, S. 35 f.

144 Vgl. darüber hinaus § 92 Abs. 2 Satz 2 AktG a.F. und § 98 Abs. 1 Nr. 2 GenG a.F.

145 Vgl. BGHZ 31, 258 (272); BGHZ 60, 324 (331); BGHZ 67, 171 (174); BGHZ 75, 334 (336); BGHZ 76, 326 (329 f.).

146 Vgl. BGH ZIP 1982, 1435 (1437); Henze: Rechtsprechung 1997, S. 160; Höffner: Überschuldung 1999, S. 203.

147 Vgl. Schmidt: Konkursgründe 1978, S. 337-339; Schmidt: Konkursrecht 1980, S. 234-237; Schmidt: Gutachten 54. DJT 1982, D 61-65; Schmidt: Überschuldungstatbestand 1982, S. 167-171; Schmidt: Scholz-GmbHG 1995, § 63 Rz. 10; Schmidt: Gesellschaftsrecht 1997, S. 332 f.; Schmidt: GmbH 1999, S. 318; vgl. aber auch Ulmer: Überschuldung 1981, S. 473-481.

148 Vgl. BGHZ 119, 201 (214).

deckt (rechnerische Überschuldung) und die Finanzkraft der Gesellschaft nach überwiegender Wahrscheinlichkeit mittelfristig nicht zur Fortführung des Unternehmens ausreicht (Überlebens- oder Fortbestehensprognose)."[149]

Seit Inkrafttreten der Insolvenzordnung kann dieser in ständiger Rechtsprechung vertretene Überschuldungsbegriff[150] offensichtlich nicht mehr zugrunde gelegt werden.[151] Der Gesetzgeber ist in § 19 Abs. 2 InsO ausdrücklich dieser Interpretation entgegen getreten:[152] „Überschuldung liegt vor, wenn das Vermögen des Schuldners die bestehenden Verbindlichkeiten nicht mehr deckt. Bei der Bewertung des Vermögens des Schuldners ist jedoch die Fortführung des Unternehmens zugrunde zu legen, wenn diese nach den Umständen überwiegend wahrscheinlich ist."[153]

---

149 BGHZ 119, 201 (214).

150 Vgl. BGHZ 126, 181 (199); BGHZ 129, 136 (154); BGH GmbHR 1994, 394 (397); BGH GmbHR 1995, 35 (37); OLG Düsseldorf, GmbHR 1996, 616 (617); BGH DStR 1997, 1581 (1582 f.); BGHZ 138, 211 (218); vgl. auch Uhlenbruck: Insolvenzgründe 1998, S. 34-36; Boujong: Rechtsprechungsbericht 1997, S. 353; Rowedder: GmbHG 1997, § 63 Rz. 10-16; Ulmer: Hachenburg-GmbHG 1997, § 63 Rz. 34-49; Braun/ Uhlenbruck: Unternehmensinsolvenz 1997, S. 290 f.; Schulze-Osterloh: Baumbach-Hueck-GmbHG 1996, § 63 Rz. 8-21; Hirte: Gesellschaftsrecht 1996, S. 2842; Kuhn/ Uhlenbruck: Konkursordnung 1994, § 102 Rz. 5c-5i; vgl. demgegenüber kritisch: Drukarczyk/ Schüler: Insolvenzauslöser 1997, S. 82-87; Drukarczyk: Unternehmen 1987, S. 79-83; Drukarczyk: Überschuldung 1994, S. 1233-1258.

151 Vgl. Möhlmann: Überschuldungsprüfung 1998, S. 1843; Pape: Kübler-Prütting-InsO 1998, § 19 Rz. 2-6; Eilers/ Sieger: Finanzierung 1998, S. 69; Götz/ Hegerl: Eigenkapitalersatzrecht 1997, S. 2366; Henze: Rechtsprechung 1997, S. 162; Teller: Überschuldung 1995, S. 67; vgl. demgegenüber Ulmer: Hachenburg-GmbHG 1997, § 63 Rz. 50, der keine methodischen Bedenken sieht, den modifizierten zweistufigen Überschuldungsbegriff auch nach neuem Recht zugrunde zu legen.

152 Vgl. Bericht des Rechtsausschusses zu § 23 RegE InsO 1994 (heutiger § 19 InsO), BT-Drucksache 12/7302, S. 157: „Der Ausschuß weicht damit entschieden von der Auffassung ab, die in der Literatur vordringt und der sich kürzlich auch der Bundesgerichtshof angeschlossen hat (BGHZ 119, 201, 214)"; vgl. dazu Kirchhof: Insolvenzrecht 1999, S. 29; Schmerbach: Frankfurter Kommentar-InsO 1999, § 19 Rz. 6; Uhlenbruck: Insolvenzrecht 1999, S. 321; Höffner: Überschuldung 1999, S. 205; Haarmeyer/ Wutzke/ Förster: InsO 1998, S. 42.

153 Kritisch dazu Schmidt: Insolvenzordnung 1998, S. 652, der hinter „dieser unscheinbar anmutenden Formulierung [...] eine Auflehnung des Gesetzgebers gegen" den modifizierten zweistufigen Überschuldungsbegriff sieht; Schmidt: Unternehmensrecht 1997, S. 916 f.

Nach der Vorstellung des Gesetzgebers sind in der Überschuldungsbilanz grundsätzlich diejenigen „Werte zugrunde zu legen, die bei einer Liquidation des Unternehmens zu erzielen wären.“[154] Fortführungswerte dürfen nur dann „angesetzt werden, wenn die Fortführung des Unternehmens beabsichtigt ist und das Unternehmen wirtschaftlich lebensfähig erscheint“.[155] Damit entscheidet die Prognose der Lebensfähigkeit der Gesellschaft (Fortführungsprognose) nicht mehr über die Überschuldung als solche,[156] sondern nur noch darüber, welche Werte (Liquidations- oder Fortführungswerte) in der Überschuldungsbilanz anzusetzen sind.[157]

In der bislang kontrovers diskutierten Frage, ob eigenkapitalersetzende Gesellschafterdarlehen ohne Rangrücktrittsvereinbarung in der Überschuldungsbilanz zu passivieren sind,[158] hat der Gesetzgeber mit der Insolvenzordnung eine Klärung herbeigeführt: Eigenkapitalersetzende Gesellschafterdarlehen werden seit dem Inkrafttreten der Insolvenzordnung als nachrangige Verbindlichkeiten im Sinne des § 39 Abs. 1 Nr. 5 InsO eingestuft und sind ohne eine

---

[154] Begründung zu § 23 RegE InsO 1992 (heutiger § 19 InsO), BT-Drucksache 12/2443, S. 115; vgl. Uhlenbruck: Insolvenzordnung 1995, S. 198.

[155] Begründung zu § 23 RegE InsO 1992 (heutiger § 19 InsO), BT-Drucksache 12/2443, S. 115; vgl. dazu Häsemeyer: Insolvenzrecht 1998, S. 122; Henze: Rechtsprechung 1997, S. 162.

[156] Wie noch zuvor nach dem modifizierten zweistufigen Überschuldungsbegriff.

[157] Vgl. Noack: Gesellschaftsrecht 1999, S. 33; Kallmeyer: Überschuldung 1999, S. 16; Mönning: Nerlich-Römermann-InsO 1999, § 19 Rz. 17 und Rz. 23; Pape: Kübler-Prütting-InsO 1998, § 19 Rz. 5f.; Eilers/ Sieger: Finanzierung 1998, S. 69; Altmeppen: GmbHG 1997, § 63 Rz. 13-15.

[158] Für eine Passivierungspflicht sind: Beintmann: Überschuldungsstatus 1998, S. 53-142; Schmidt: Insolvenzordnung 1998, S. 660; Weisang: Gesellschafterleistungen 1997, S. 251; Uhlenbruck: GmbH 1997, S. 272 f.; Wittig: GmbH 1999, S. 195; Hartung: Darlehen 1996, S. 231; Schmidt: Scholz-GmbHG 1995, § 63 Rz. 27; Hense/ Gandenberger: Handbuch 1995, S. 432; Maser: Gesellschafterdarlehen 1995, S. 1322; Wolf: Gesellschafterdarlehen 1995, S. 2281; Kuhn/ Uhlenbruck: Konkursordnung 1994, § 102 Anm. 6u; Priester: Eigenkapital 1991, S. 1924; OLG Düsseldorf, GmbHR 1996, 616 (618); vgl. demgegenüber: Ulmer: Hachenburg-GmbHG 1997, § 63 Rz. 46a; Fleischer: Gesellschafterdarlehen 1996, S. 779; Groth: Überschuldung 1995, S. 87; Rowedder: GmbHG 1990, § 63 Rz. 14; Hommelhoff: Konkursantragspflicht 1988, S. 261-267; Fleck: Gesellschafterdarlehen 1988, S. 125-128; OLG Stuttgart, GmbHR 1998, 235 (235).

wirksame Rangrücktrittsvereinbarung (respektive ohne einen bedingten Forderungserlaß[159]) in der Überschuldungsbilanz zu passivieren.[160]

Damit ist spätestens seit dem Inkrafttreten der Insolvenzordnung davon auszugehen, daß die zur Überwindung einer Überschuldungskrise gewährten Gesellschafterdarlehen ohne eine Rangrücktrittsvereinbarung (Forderungserlaß) die eingetretene Überschuldung der Gesellschaft nicht beseitigen können.[161]

Bis hierhin kann festgestellt werden, daß der Bundesgerichtshof im Ergebnis an seiner älteren Rechtsprechung zur Sonderbehandlung von Gesellschafterdarlehen festhält; die Insolvenzgründe Zahlungsunfähigkeit und Überschuldung werden nach wie vor als Krisenmerkmale verwendet. Verändert haben sich dagegen die Begründung für die Sonderbehandlung von Gesellschafterdarlehen und neuerdings auch die mit der Insolvenzordnung verbundene Interpretation der Insolvenzgründe.

---

[159] Vgl. Begründung zu § 23 RegE InsO 1992 (heutiger § 19 InsO), BT-Drucksache 12/2443, S. 115; Begründung zu § 46 RegE InsO 1992 (heutiger § 39 InsO), BT-Drucksache 12/2443, S. 123; Hess/ Weis: Überschuldungsstatus 1999, S. 33-36; vgl. zu dem möglichen Widerspruch, einerseits eigenkapitalersetzende Gesellschafterdarlehen im Insolvenzverfahren als nachrangige Forderungen zuzulassen und andererseits den Erlaß der Forderung gerade für den Insolvenzfall zu verlangen: Noack: Gesellschaftsrecht 1999, S. 35; Livonius: Rangrücktritt 1998, S. 310; Hirte: Kapitalersatzrecht 1998, S. 174; Noack: Insolvenzrecht 1997, S. 315; Teller: Überschuldung 1995, S. 169.

[160] Vgl. Kirchhof: Heidelberger Kommentar-InsO 1999, § 19 Rz. 26; Holzapfel: Rangrücktritt 1999, S. 1-3; Pape: Kübler-Prütting-InsO 1998, § 19 Rz. 14; Schmidt: Insolvenzordnung 1998, S. 660; Breuer: Insolvenzrecht 1998, S. 43; Wagner: Insolvenzverfahren 1998, S. 57; Müller: Überschuldungsstatus 1997, S. 112; inzwischen auch Rowedder: GmbHG 1997, § 63 Rz. 14.

[161] Vgl. Uhlenbruck: GmbH 1997, S. 273; Braun/ Uhlenbruck: Unternehmensinsolvenz 1997, S. 298; vgl. auch Schmidt: Überschuldungsfeststellung 1999, S. 9-15, der das Erfordernis von Rangrücktrittsvereinbarungen unabhängig von § 39 InsO sieht.

(3) Kreditunwürdigkeit

Die eigentliche und entscheidende Veränderung in der Rechtsprechung des Bundesgerichtshofes besteht in der Aufnahme des Abgrenzungskriteriums der Kreditunwürdigkeit, mit dessen Hilfe die Krise im ursprünglich konkursrechtlichen Sinne zeitlich vorverlagert und erweitert wird.[162]

Die Heranziehung der Kreditunwürdigkeit zur Abgrenzung von Gesellschafterdarlehen ist allerdings nicht neu: Auf der Ebene des Steuerrechts hat sie beispielsweise schon der Bundesfinanzhof zugrunde gelegt.[163] In die gesellschaftsrechtliche Diskussion ist das Kriterium der Kreditunwürdigkeit insbesondere von *Zitzlaff* eingebracht[164] und von *Erlinghagen* beziehungsweise *Geßler* aufgegriffen worden.[165] Weiterentwickelt haben es schließlich *Ulmer* und ihm folgend *Lutter/ Hommelhoff.*[166] Auch in der älteren Rechtsprechung des Bun-

---

162 Grundlegend BGHZ 76, 326.

163 Vgl. BFHE 57, 541 (546): Mit der „Maßgabe, daß Gesellschafterdarlehen nur dann als verdeckte Stammeinlage angesehen werden können, wenn die Zuführung weiterer Mittel objektiv notwendig und das Einspringen der Gesellschafter im Wege der Darlehenshingabe deshalb zwingend war, weil das erforderliche Kapital im Wege der Aufnahme von Fremdkrediten nach den Umständen des Einzelfalles nicht hätte beschafft werden können"; vgl. auch BFH BStBl. II 1970, 279 (285).

164 Vgl. Zitzlaff: Protokolle III 1937, S. 65, der bereits im Jahre 1937 im Ausschuß für GmbH-Recht der Akademie für Deutsches Recht sinngemäß die Kreditunwürdigkeit als Abgrenzungskriterium vorschlägt: „Wenn die Gesellschaft aber so steht, daß ein anderer Gläubiger kein Darlehen mehr als Geldgeschäft gibt, ist von Darlehen überhaupt keine Rede mehr; dann ist es Beteiligung."

165 Vgl. Erlinghagen: Haftungsfragen 1962, S. 174, der zu Abgrenzungszwecken darauf abstellt, „ob unter den gegebenen Verhältnissen unter Berücksichtigung der Kapitalgrundlage der Gesellschaft, ein Dritter bereit gewesen wäre, der Gesellschaft die benötigten langfristigen Mittel zu annehmbaren Bedingungen als Kredit zur Verfügung zu stellen"; vgl. aber auch Erlinghagen: Gesellschafter-Darlehen 1972, S. 147; Geßler: Probleme 1966, S. 108; Geßler: GmbH-Recht 1969, S. 592; Geßler: GmbH-Reform 1971, S. 668; vgl. außerdem Kuhn: Haftungsprobleme 1968, S. 209; Winkler: Haftung 1969, S. 1206; Immenga: Kapitalgesellschaft 1970, S. 423; Arbeitskreis GmbH-Reform 1972, S. 19, der die Kreditunwürdigkeit neben einer Reihe anderer Kriterien als „ein weiteres Indiz" ansieht.

166 Vgl. Ulmer: Unterkapitalisierung 1977, S. 672-675; Lutter/ Hommelhoff: Unterkapitalisierung 1979, S. 38-42; vgl. diesbezüglich Claussen: Betriebswirtschaft 1992, S. 145 Fn. 27, der Ulmer und Lutter/ Hommelhoff unzutreffenderweise als „Erfinder der Formel" Kreditunwürdigkeit bezeichnet.

desgerichtshofes finden sich bereits erste Ansätze zur Kreditunwürdigkeit, die jedoch nicht entscheidungserheblich sind.[167]

Richtungweisend ist dagegen das Urteil vom 24.03.1980, in dem die Kreditunwürdigkeit als weiteres Abgrenzungskriterium Einzug in die Rechtsprechung des Bundesgerichtshofes hält:[168] Unabhängig von der Konkursreife der Gesellschaft sieht der II. Zivilsenat die Notwendigkeit für eine Sonderbehandlung von Gesellschafterdarlehen schon dann als gegeben an, wenn die Darlehen der Gesellschaft in einem Zeitpunkt zufließen, in dem die Gesellschaft „mit dem vorhandenen Kapital nicht existenzfähig, insbesondere außerstande ist, ihren Kapitalbedarf durch Fremdkredite zu befriedigen".[169]

Nach der Vorstellung des Senats ist eine „Gleichsetzung von Gesellschafterleistungen mit unter Umständen haftendem Eigenkapital unabhängig von den Konkursvoraussetzungen [...] nur dann vertretbar, aber auch geboten, wenn die Gesellschaft im Zeitpunkt der Leistung von dritter Seite keinen Kredit zu marktüblichen Bedingungen hätte erhalten können und deshalb ohne die Leistung hätte liquidiert werden müssen".[170]

Noch deutlicher wird die Konzeption des Bundesgerichtshofes in dem "Dornier-Urteil":[171] „Eine auf Kreditunwürdigkeit beruhende Krise der Gesellschaft, in der ein ihr gewährtes Darlehen ihres Gesellschafters die Funktion von Eigenkapitalersatz erlangt, liegt nach der Senatsrechtsprechung dann vor, wenn die Gesellschaft von dritter Seite den zur Fortführung ihres Unternehmens benötigten

---

[167] Vgl. das "Deckenputz-Urteil" BGH WM 1972, 74 (75): „Wäre etwa ein Dritter nach dem Vermögensstand und der Geschäftslage der Gesellschaft nicht bereit, ihr in gleicher Höhe zu annehmbaren Bedingungen Kredit zu geben, so kann dies ein Anzeichen dafür sein, daß die Darlehensgewährung [...] wirtschaftlicher Vernunft widerspricht".

[168] Vgl. BGHZ 76, 326 (330).

[169] BGHZ 76, 326 (329 f.); vgl. BGHZ 81, 311 (314 f.); BGHZ 81, 365 (367); Geßler: Gesellschafterdarlehen 1981, S. 228 f.

[170] BGHZ 76, 326 (330); vgl. BGHZ 81, 252 (255-258); BGHZ 81, 311 (318); BGHZ 81, 365 (367); BGH ZIP 1985, 1075 (1076); BGHZ 95, 188 (194); BGH WM 1986, 1554 (1555); BGH WM 1987, 1488 (1488); BGHZ 106, 7 (11); BGH ZIP 1989, 93 (94); BGHZ 119, 201 (206); BGH GmbHR 1994, 394 (396); BGH DStR 1997, 1581 (1583); BGH ZIP 1998, 243 (244); vgl. auch Schmidt: Abstimmungsprobleme 1980, S. 571 f.

[171] Vgl. BGHZ 119, 201.

Kredit zu marktüblichen Bedingungen nicht erhält und deshalb liquidiert werden müßte, wenn nicht der Gesellschafter mit seiner Leistung einspringt oder eingesprungen wäre".[172] Dieser Konzeption zufolge müssen für den Tatbestand Kreditunwürdigkeit zwei notwendige Bedingungen vorliegen: Die Kreditunwürdigkeit einerseits und die auf einem Kapitalmangel beruhende Liquidationsgefahr andererseits.

Nach Ansicht des II. Zivilsenats soll die Kreditunwürdigkeit (erste Bedingung) einer Gesellschaft nicht rückblickend, sondern anhand der Umstände und nach der Sachlage beurteilt werden, wie sie sich im Zeitpunkt der Kreditvergabe darstellen.[173] Hierbei „kommt es darauf an, ob ein anderer, wirtschaftlich vernünftig handelnder Kreditgeber, der nicht an der Gesellschaft beteiligt ist und sich auch nicht an ihr beteiligen will, unter denselben Verhältnissen und zu denselben Bedingungen wie der Gesellschafter [...] der Gesellschaft ein Darlehen gewährt"[174] hätte. Neben diesem hypothetischen Verhalten eines außenstehenden Kreditgebers finden sich aber auch Entscheidungen, in denen der Bundesgerichtshof auf die tatsächliche, sich am Markt bestätigte, Kreditunwürdigkeit abstellt.[175]

Zur Beurteilung der Kreditunwürdigkeit greift der Bundesgerichtshof im Rahmen einer Gesamtwürdigung der „finanziellen Situation der Gesellschaft"[176] auf eine ganze Reihe von Indizien zurück.[177] Indizien für die Kreditunwürdigkeit können beispielsweise ungewöhnlich günstige Kreditbedingungen sein. Hierzu

---

172 BGHZ 119, 201 (206); vgl. BGH ZIP 1998, 243 (244); Schmidt: GmbH 1999, S. 53.

173 Vgl. BGH WM 1987, 1488 (1489); BGHZ 119, 201 (207); vgl. auch Ulmer: Hachenburg-GmbHG 1992, §§ 32 a, b Rz. 57; Lutter/ Hommelhoff: GmbHG 1995, §§ 32 a, b Rz. 21; Henze: Rechtsprechung 1997, S. 163.

174 BGH WM 1987, 1488 (1488); vgl. BGH ZIP 1990, 98 (99); BGH ZIP 1992, 177 (178); BGHZ 119, 201 (208); BGH GmbHR 1996, 285 (286); BGH DStR 1997, 1581 (1583); Fleck: Bankdarlehen 1984, S. 117; Lutter/ Hommelhoff: GmbHG 1995, §§ 32 a, b Rz. 21; Henze: Rechtsprechung 1997, S. 163.

175 Wie zum Beispiel im "Dornier-Urteil" BGHZ 119, 201 (206-210).

176 BGHZ 119, 201 (204).

177 Vgl. Lutter/ Hommelhoff: GmbHG 1995, §§ 32 a, b Rz. 23; Hense/ Gandenberger: Handbuch 1995, S. 431-434; v. Gerkan: Gesellschafterleistungen 1986, S. 220; vgl. auch Larenz/ Canaris: Methodenlehre 1995, S. 126.

gehört die außergewöhnlich lange oder an die Mitgliedschaft in der Gesellschaft gebundene Laufzeit des Gesellschafterdarlehens ebenso wie eine im Vergleich zum Marktzins sehr niedrige oder fehlende Verzinsung.[178]

Als weiteres Indiz für die Kreditunwürdigkeit der Gesellschaft wird das Fehlen ausreichender Sicherheiten herangezogen.[179] Neben dem Fehlen von Kreditsicherheiten können auch nachhaltige Verluste ein Indiz für die Kreditunwürdigkeit der Gesellschaft sein.[180] Dies gilt um so mehr, wenn sich die Gesellschaft aufgrund einer anhaltenden negativen wirtschaftlichen Entwicklung in einer tiefen existentiellen Krise befindet.[181]

Weitere Indizien für die Kreditunwürdigkeit der Gesellschaft können die Zweckbestimmung und die Verwendung der Gesellschafterdarlehen bilden: Die Kreditunwürdigkeit kann vorliegen, wenn die Kapitalhilfen des Gesellschafters zur Finanzierung von umfangreichen Anlageinvestitionen oder zur Überwindung von ernsthaften Liquiditätsproblemen dienen;[182] denn auch erhebliche „und andauernde Liquiditätsschwierigkeiten unterhalb des Tatbestandes der Zahlungsunfähigkeit"[183] können - wie das "Hamburger-Stahlwerke-Urteil" zeigt - zur Kreditunwürdigkeit der Gesellschaft führen.[184]

Umgekehrt spricht es nach Ansicht des Bundesgerichtshofes im allgemeinen gegen die Kreditunwürdigkeit der Gesellschaft, wenn das Gesellschafterdar-

---

[178] Vgl. v. Gerkan: Gesellschafterleistungen 1986, S. 220; Ulmer: Hachenburg-GmbHG 1992, §§ 32 a, b Rz. 54; Lutter/ Hommelhoff: GmbHG 1995, §§ 32 a, b Rz. 23; Mohr/ Geuting: GmbH-Recht 1997, S. 134; Altmeppen: GmbHG 1997, § 32 a Rz. 11; Rowedder: GmbHG 1997, § 32 a Rz. 19; OLG Düsseldorf, ZIP 1989, 586 (587); OLG Dresden, NZG 1999, 347 (348); vgl. demgegenüber Schmidt: Scholz-GmbHG 1993, §§ 32 a, b Rz. 37.

[179] Vgl. BGH WM 1987, 1488 (1488); BGH ZIP 1996, 273 (274); BGH ZIP 1998, 243 (244); allerdings gibt es auch Fälle, in denen das Fehlen von Kreditsicherheiten als Indiz ausscheidet, weil die Gesellschaft einen nicht besicherten Kredit (Blankokredit) von einem Kreditinstitut erhalten hat: vgl. dazu BGHZ 119, 201 (210).

[180] Vgl. BGH WM 1990, 2041 (2042); BGH ZIP 1992, 177 (178); BGH ZIP 1996, 275 (276).

[181] Vgl. BGH ZIP 1992, 177 (178); OLG München, ZIP 1993, 504 (506).

[182] Vgl. Ulmer: Hachenburg-GmbHG 1992, §§ 32 a, b Rz. 54.

[183] OLG Hamburg, DB 1987, 1778 (1778).

[184] Vgl. BGHZ 105, 168 (182); Ulmer: Hachenburg-GmbHG 1992, §§ 32 a, b Rz. 54; Henze: Rechtsprechung 1997, S. 164.

lehen dazu dient, einen nur kurzfristigen Liquiditätsengpaß zu überbrücken und aufgrund der wirtschaftlichen Lage objektiv damit zu rechnen ist, daß die Gesellschaft den Kredit nach der vorgesehenen kurzen Zeitspanne wieder ablösen kann.[185]

Selbst das Vorliegen einer Unterbilanz im Augenblick der Darlehensgewährung erlaubt in der Regel noch keinen Schluß auf die Kreditunwürdigkeit und damit auf die erstmalige Begründung der Eigenkapitalersatzfunktion.[186]

Die Annahme der Kreditunwürdigkeit muß im allgemeinen auch dann ausscheiden, wenn die Gesellschaft zum Zeitpunkt der Darlehensgewährung über eine nicht „ausgeschöpfte Kreditlinie bei einem außenstehenden Finanzierungsinstitut verfügt".[187] Im "Dornier-Urteil" hat die Gesellschaft „beträchtliche Finanzierungszusagen von dritter Seite, insbesondere der öffentlichen Hand, die auch tatsächlich im unmittelbaren zeitlichen Zusammenhang mit der Darlehensgewährung"[188] eingelöst worden sind.

Die Tatsache, daß sich neben den Gesellschaftern „auch Fremdgläubiger an einer Finanzierungsaktion beteiligen, [ist] ein gewichtiger Anhaltspunkt dafür, daß die Gesellschaft von dritten Geldgebern noch als kreditwürdig angesehen wird, was eine Umqualifizierung der Gesellschafterleistung in Eigenkapitalersatz ausschließt."[189]

---

185 Vgl. BGHZ 90, 381 (393 f.); BGH WM 1989, 1166 (1168); BGH ZIP 1990, 95 (97); BGH GmbHR 1995, 35 (36); OLG Düsseldorf, ZIP 1989, 586 (587 f.); vgl. v. Gerkan/ Hommelhoff: Kapitalersatz 1997, S. 73; Schmidt: Scholz-GmbHG 1993, §§ 32 a, b Rz. 39; Lutter/ Hommelhoff: GmbHG 1995, §§ 32 a, b Rz. 34; Goette: BGH-Rechtsprechung 1997, S. 92 f.; Henze: Rechtsprechung 1997, S. 164 f.

186 Vgl. BGHZ 119, 201 (212 f.); OLG Dresden, NZG 1999, 347 (348); Lutter/ Hommelhoff: GmbHG 1995, §§ 32 a, b Rz. 23; Schmidt: Scholz-GmbHG 1993, §§ 32 a, b Rz. 37.

187 BGHZ 119, 201 (205); vgl. dazu OLG Dresden, NZG 1999, 347 (348); Michalski/ Barth: Anmerkung 1999, S. 349; Rowedder: GmbHG 1997, § 32 a Rz. 19; Ulmer: Hachenburg-GmbHG 1992, §§ 32 a, b Rz. 55; v. Gerkan: Gesellschafterleistungen 1986, S. 220.

188 BGHZ 119, 201 (204).

189 BGHZ 119, 201 (205); vgl. BGHZ 105, 168 (184).

Besondere Bedeutung mißt der Bundesgerichtshof bei der Beurteilung der Kreditunwürdigkeit dem Vorhandensein von ausreichenden und vollwertigen Kreditsicherheiten zu:[190] Trotz eines „erlittenen Verlustes und der angespannten Finanzlage“[191] kann die Kreditwürdigkeit noch gegeben sein, wenn die Gesellschaft aus ihrem eigenen Vermögen ausreichende Sicherheiten stellen kann, die ein außenstehender Kreditgeber als Kreditgrundlage akzeptiert hätte.[192]

Sind selbst die Hausbanken der Gesellschaft trotz ausreichender Sicherheiten nicht zur Kreditgewährung bereit, weil sie beispielsweise kein Vertrauen mehr in die Geschäftsführung haben, so kann von einer fehlenden Kreditwürdigkeit erst dann ausgegangen werden, wenn feststeht, daß der Kredit nicht nur von den Hausbanken, sondern „allgemein auf dem Kapitalmarkt“[193] nicht mehr erlangt werden kann.

Allein aus der Tatsache, daß die Kreditinstitute bei der Kreditgewährung möglicherweise zusätzliche Sicherheiten von dem Anteilseigner verlangen, kann noch nicht auf die Kreditunwürdigkeit der Gesellschaft geschlossen werden; denn das Verlangen nach zusätzlichen Sicherheiten entspricht „allgemeinen Gepflogenheiten der Banken“.[194]

Neben den zuvor beschriebenen Indizien, die für oder gegen die Kreditunwürdigkeit einer Gesellschaft sprechen können, reflektiert der Bundesgerichtshof im "Dornier-Urteil" allgemein über die Bereitschaft von außenstehenden

---

190 Vgl. BGH ZIP 1985, 1075 (1077); BGH WM 1986, 1554 (1556); BGH WM 1987, 1488 (1488); BGH ZIP 1989, 93 (95); BGH ZIP 1992, 177 (178); BGH ZIP 1996, 275 (277); BGH ZIP 1996, 273 (274); BGH ZIP 1998, 243 (244); vgl. auch v. Gerkan: Gesellschafterleistungen 1986, S. 220; Schmidt: Gesellschafterdarlehen 1981, S. 695; Rowedder: GmbHG 1997, § 32 a Rz. 19; Ulmer: Hachenburg-GmbHG 1992, §§ 32 a, b Rz. 52; Schmidt: Scholz-GmbHG 1993, §§ 32 a, b Rz. 37; Lutter/ Hommelhoff: GmbHG 1995, §§ 32 a, b Rz. 29.

191 BGH ZIP 1985, 1075 (1077).

192 Vgl. BGH ZIP 1985, 1075 (1077); BGH ZIP 1985, 158 (158); BGH WM 1986, 1554 (1556); BGH ZIP 1992, 177 (178).

193 BGH WM 1987, 1488 (1488).

194 BGH WM 1986, 1554 (1555); vgl. BGH WM 1987, 1488 (1489); BGH ZIP 1990, 95 (96); Schmidt: Scholz-GmbHG 1993, §§ 32 a, b Rz. 37; Geßler: Gesellschafterdarlehen 1981, S. 230; Fleck: Bankdarlehen 1984, S. 118; Goette: BGH-Rechtsprechung 1997, S. 93; Henze: Rechtsprechung 1997, S. 163.

Geldgebern, einer Gesellschaft Kredite zu vergeben.[195] Diese Kreditvergabebereitschaft „gründet sich regelmäßig auf eine Reihe verschiedener, teils gesicherter, teils noch ungesicherter Umstände interner wie externer Natur. Die augenblickliche Eigenkapitalausstattung des Unternehmens und sein gegenwärtiger innerer Wert stellen dabei nicht selten nur einen Ausschnitt aus den Faktoren dar, die die Einschätzung des Unternehmens durch außenstehende Geldgeber als kreditwürdig beeinflussen können. Daneben spielen häufig eine Vielzahl weiterer Umstände eine maßgebliche Rolle."[196]

Solche Umstände sind beispielsweise das Vertrauen in die Geschäftsführer, die Unterstützung durch andere finanzstarke Partner und die Beurteilung der künftigen Ertragsaussichten der Gesellschaft, die nicht zuletzt von der Einschätzung der von ihr hergestellten und entwickelten Produkte bestimmt wird.[197] Anschließend konstatiert der Bundesgerichtshof jedoch, daß nicht „selten [...] die Bewertung solcher Einzelfaktoren wie auch des Unternehmens insgesamt nicht frei von gewissen spekulativen Elementen sein"[198] wird.

Neben der Feststellung der Kreditunwürdigkeit ist noch die zweite Bedingung zu klären, ob die Gesellschaft überhaupt einer Liquidationsgefahr ausgesetzt ist. Wie oben aufgezeigt wurde, liegt nach der Konzeption der Rechtsprechung eine auf Kreditunwürdigkeit beruhende Krise erst dann vor, wenn zu der festgestellten Kreditunwürdigkeit hinzukommt, daß die Gesellschaft im Zeitpunkt der Darlehensgewährung „mit dem vorhandenen Kapital nicht existenzfähig"[199] ist und ohne die Kapitalhilfen des Gesellschafters liquidiert werden müßte.[200] Demzufolge ist zu prüfen, ob die Gesellschaft im maßgebenden Zeitpunkt auch

---

[195] Vgl. BGHZ 119, 201 (206 f.); dazu v. Gerkan: Anmerkung 1992, S. 1431 f.

[196] BGHZ 119, 201 (206 f.).

[197] Vgl. BGHZ 119, 201 (207); Goette: BGH-Rechtsprechung 1997, S. 94.

[198] BGHZ 119, 201 (207).

[199] BGHZ 76, 326 (329).

[200] Vgl. BGHZ 119, 201 (206).

tatsächlich einen zur Aufrechterhaltung ihres Geschäftsbetriebes notwendigen Kapitalbedarf aufweist, den sie aus eigener Kraft nicht mehr decken kann.[201]

So können erhebliche Verluste über mehrere Perioden hinweg ein Indiz für einen (ungedeckten) Kapitalbedarf der Gesellschaft sein.[202] Darüber hinaus ist die Tatsache, daß „fällige Verbindlichkeiten in erheblichem Ausmaß nicht mehr beglichen worden sind, ein [...] gewichtiges Indiz dafür, daß die Gesellschaft die [...] erforderlichen Mittel nicht mehr aus eigener Kraft erwirtschaften“[203] kann.

Nur in ganz seltenen Fällen argumentiert die Rechtsprechung diesbezüglich mit der Liquidität. Im "Dornier-Urteil" konstatiert der Bundesgerichtshof: „Das Berufungsgericht hat keine Tatsachen festgestellt, die darauf hindeuten könnten, daß die [Gesellschaft] zum damaligen Zeitpunkt auf das Darlehen [...] zum Zwecke der Aufrechterhaltung ihrer Liquidität angewiesen gewesen wäre“.[204] Auch in dem "Hamburger-Stahlwerke-Urteil" bedient sich die Rechtsprechung der Liquidität und kommt zu dem Ergebnis, daß die Gesellschaft allein „schon aus Liquiditätsgründen“[205] auf die Kredithilfen angewiesen ist; ohne die Hilfen wäre die Gesellschaft nicht mehr lebensfähig und müßte liquidiert werden.[206] In den meisten Entscheidungen steht jedoch die Kreditunwürdigkeit im Vordergrund und der (vermutete) Kapitalmangel der Gesellschaft im Hintergrund der Betrachtung.[207]

---

201 Vgl. BGH ZIP 1992, 177 (177 f.); vgl. auch Kamprad: Gesellschafterdarlehen 1980, S. 34 f.; Schmidt: Abstimmungsprobleme 1980, S. 572; es sei jedoch angemerkt, daß sich Prüfungen dieser Art nur selten in der Rechtsprechung des Bundesgerichtshofes finden und sich in der Regel auf bloße Indizien beschränken.

202 Vgl. BGHZ 81, 252 (257 f.); BGH ZIP 1990, 98 (99 f.); BGH ZIP 1992, 177 (177); BGH ZIP 1996, 275 (276).

203 BGH ZIP 1996, 275 (276).

204 BGHZ 119, 201 (204).

205 OLG Hamburg, DB 1987, 1778 (1780).

206 Vgl. OLG Hamburg, DB 1987, 1778 (1780); BGHZ 105, 168 (185).

207 Vgl. Klaus: Gesellschafterfremdfinanzierung 1994, S. 314 f.; Müller: Gesellschafterdarlehen 1982, S. 39 Fn. 48 f.

c. Unterdeckung des Stammkapitals

Falls die Gesellschafterdarlehen die Funktion von Eigenkapitalersatz erlangen, ist auch für die Anwendung der weiterentwickelten Rechtsprechungsgrundsätze die Frage zu klären, ob die Rückzahlung der Darlehen „zu Lasten des nach §§ 30, 31 GmbHG geschützten Stammkapitals der GmbH geht."[208] Denn die Kapitalerhaltungsvorschriften verbieten die Rückzahlung von eigenkapitalersetzenden Gesellschafterdarlehen „nur insoweit, als sie verlorenes Stammkapital [...] oder eine über diesen Verlust hinaus bestehende Überschuldung abdecken".[209]

Ob durch die Rückgewähr der Gesellschafterdarlehen eine Unterbilanz herbeigeführt oder vertieft werden kann,[210] erscheint zumindest zweifelhaft, solange für die Unterbilanzrechnung eine bilanzielle Betrachtungsweise zugrunde gelegt wird. *Ulmer* stellt in diesem Zusammenhang ausdrücklich fest, daß der „Umstand, daß die Unterbilanz sich bei Darlehensrückzahlung - wegen der damit verbundenen gleichmäßigen Verminderung von Aktiv- und Passivseite - rechnerisch nicht erhöht, [...] dem Eingreifen der §§ 30, 31 [GmbHG] nicht entgegen"[211] steht.

3. Rechtsfolgen

Sofern die oben genannten Voraussetzungen vorliegen, besteht auch nach der neueren Rechtsprechung des Bundesgerichtshofes ein Rückzahlungsverbot; der Rückzahlungsanspruch des Gesellschafters aus dem eigenkapitalersetzenden Darlehen ist dann nebst Zinsen nicht durchsetzbar und die Rückzah-

---

208 BGHZ 76, 326 (329).

209 BGHZ 76, 326 (335); vgl. BGHZ 81, 252 (255); BGHZ 90, 370 (376); BGHZ 95, 188 (191); BGH GmbHR 1996, 285 (286); BGH ZIP 1998, 1437 (1438); Ulmer: Gläubigerschutz 1984, S. 259.

210 So aber OLG Karlsruhe, WM 1994, 1983 (1984); Rowedder: GmbHG 1997, § 32 a Rz. 83; Ulmer: Hachenburg-GmbHG 1992, §§ 32 a, b Rz. 15; Ulmer: Gläubigerschutz 1984, S. 259.

211 Ulmer: Hachenburg-GmbHG 1992, §§ 32 a, b Rz. 166; vgl. dazu OLG München, ZIP 1993, 504 (507).

lung ist gesperrt.[212] Eine Entsperrung des Gesellschafterdarlehens kann erst dann eintreten, wenn in der Zwischenzeit das Stammkapital wieder hergestellt worden ist und das Darlehen ohne Antastung des Stammkapitals zurückgeführt werden kann.[213] Hierbei erstreckt sich das Rückzahlungsverbot nicht zwingend auf das gesamte Gesellschafterdarlehen: „§ 30 Abs. 1 GmbHG bindet [...] nur den Teil des Gesellschaftsvermögens, der rechnerisch dem in der Satzung ausgewiesenen Stammkapital entspricht."[214] Demgegenüber ist die Erhaltung von Gesellschaftsvermögen, das über die Stammkapitalziffer hinausgeht, nach § 30 Abs. 1 GmbHG nicht gesichert.[215]

Werden trotz eines bestehenden Rückzahlungsverbots eigenkapitalersetzende Gesellschafterdarlehen zurückgewährt, so erwächst der Gesellschaft gemäß § 31 Abs. 1 GmbHG ein Erstattungsanspruch,[216] zu dessen Einzelheiten auf die vorangegangenen Ausführungen verwiesen werden kann.[217]

IV. Zwischenergebnis

Es kann somit festgehalten werden, daß die von dem II. Zivilsenat des Bundesgerichtshofes entwickelten Rechtsprechungsgrundsätze auf der analogen Anwendung der allgemeinen Kapitalerhaltungsvorschriften der §§ 30, 31 GmbHG beruhen und dem Zweck dienen, die grundsätzlich legitimen Gesell-

---

212 Vgl. BGHZ 76, 326 (335); BGHZ 81, 252 (257 f.); BGHZ 81, 311 (318); BGHZ 81, 365 (366 f.); BGHZ 90, 370 (376); BGHZ 95, 188 (191); BGHZ 104, 33 (37); BGH ZIP 1990, 98 (100 f.); BGH GmbHR 1996, 285 (286); vgl. auch Ulmer: Hachenburg-GmbHG 1992, §§ 32 a, b Rz. 167; Schmidt: Scholz-GmbHG 1993, §§ 32 a, b Rz. 76; Lutter/ Hommelhoff: GmbHG 1995, §§ 32 a, b Rz. 78 f.; Hueck: Baumbach-Hueck-GmbHG 1996, § 32 a Rz. 77; Boujong: Rechtsprechungsbericht 1997, S. 293.

213 Vgl. BGH ZIP 1990, 98 (101).

214 BGHZ 76, 326 (333).

215 Vgl. BGHZ 76, 326 (333); BGHZ 95, 188 (193).

216 Vgl. BGHZ 76, 326 (332); BGHZ 95, 188 (192); BGH (Bes.) DStR 1993, 175 (176); BGH ZIP 1998, 1437 (1438); vgl. Ulmer: Gläubigerschutz 1984, S. 259; Ulmer: Hachenburg-GmbHG 1992, §§ 32 a, b Rz. 171; Hueck: Baumbach-Hueck-GmbHG 1996, § 32 a Rz. 78; Schmidt: Scholz-GmbHG 1993, §§ 32 a, b Rz. 80; Rowedder: GmbHG 1997, § 32 a Rz. 83; Kübler: Gesellschaftsrecht 1998, S. 250.

217 Vgl. Erstes Kapitel: Abschnitte A.I.3. und A.II.3.

schafterdarlehen dann bestimmten Rechtsfolgen zu unterwerfen, wenn die Darlehensgewährung des Gesellschafters eine Gefahr für die außenstehenden Gläubiger darstellt.[218]

Der Bundesgerichtshof legt hierbei im Zeitablauf unterschiedliche Erklärungsansätze zugrunde: Während er in seiner älteren Rechtsprechung noch auf das widersprüchliche Verhalten des Gesellschafters abstellt,[219] sieht er nunmehr den tragenden Grund für die Sonderbehandlung der Gesellschafterdarlehen in der Finanzierungs(folgen)verantwortung des Gesellschafters in der Krise der Gesellschaft.[220]

Unterschiede bestehen auch bei den zugrunde liegenden Krisenbegriffen: Bei der Entwicklung der Rechtsprechungsgrundsätze hat der Bundesgerichtshof noch darauf abgezielt, daß die Gesellschafterdarlehen einer konkursreifen Gesellschaft gewährt worden sind.[221] Mit dem Grundsatzurteil vom 24.03.1980 wurde die Krise im konkursrechtlichen Sinne um das Kriterium der Kreditunwürdigkeit erweitert, das seither neben der Zahlungsunfähigkeit und Überschuldung als zentrales Abgrenzungskriterium für die Sonderbehandlung von eigenkapitalersetzenden Gesellschafterdarlehen dient.[222]

Trotz dieser aufgezeigten Unterschiede in den beiden Entwicklungsphasen der Rechtsprechungsgrundsätze ist der Kerngedanke aber beibehalten worden: Es geht nach wie vor um die Frage, ob ein Gesellschafter durch seine Darlehensgewährung der notleidenden Gesellschaft die Fortexistenz in der Krise ermöglicht und durch sein Verhalten eine Gefährdung der außenstehenden Gläubiger hervorruft. Nachdem die Rechtsprechungsgrundsätze des Bundesgerichtshofes für eigenkapitalersetzende Gesellschafterdarlehen dargestellt worden sind, soll im nachfolgenden Abschnitt der Blick auf den Gesetzgeber gerichtet werden.

---

[218] Vgl. Erstes Kapitel: Abschnitte A.II. und A.III.

[219] Vgl. Erstes Kapitel: Abschnitt A.II.

[220] Vgl. Erstes Kapitel: Abschnitt A.III.

[221] Vgl. Erstes Kapitel: Abschnitt A.II.

[222] Vgl. Erstes Kapitel: Abschnitt A.III.2.b.(3).

B. Novellen-Regeln

I. Überblick

Mit der GmbH-Novelle 1980 gelangen erstmals Vorschriften über eigenkapitalersetzende Gesellschafterdarlehen in das GmbH-Gesetz.[223] Im Unterschied zu den Rechtsprechungsgrundsätzen knüpft der Gesetzgeber die neu eingefügten §§ 32 a, 32 b GmbHG an die tatsächliche Eröffnung eines Insolvenzverfahrens.[224]

Der Grundtatbestand des eigenkapitalersetzenden Gesellschafterdarlehens wird in § 32 a Abs. 1 GmbHG a.F. geregelt: „Hat ein Gesellschafter der Gesellschaft in einem Zeitpunkt, in dem ihr die Gesellschafter als ordentliche Kaufleute Eigenkapital zugeführt hätten, statt dessen ein Darlehen gewährt, so kann er den Anspruch auf Rückgewähr des Darlehens im Konkurs [...] nicht geltend machen."[225] Seit Inkrafttreten der Insolvenzordnung kann er diesen Anspruch zumindest „als nachrangiger Insolvenzgläubiger geltend machen."[226] Mit den nachfolgenden Vorschriften, die hier nur kurz erwähnt werden sollen, will der Gesetzgeber mögliche Umgehungsfälle erfassen: Hierbei handelt es sich um Darlehen Dritter, für die der Gesellschafter eine Sicherheit bestellt hat,[227] und um eine Generalklausel, die alle diejenigen Rechtshandlungen erfassen soll, die der Darlehensgewährung wirtschaftlich entsprechen.[228]

Obwohl die Novellen-Regeln erst verhältnismäßig spät kodifiziert worden sind, hat der Gesetzgeber schon frühzeitig Anstrengungen unternommen, um für die Sonderbehandlung von Gesellschafterdarlehen eine eigene gesetzliche Rechtsgrundlage zu schaffen. Hierbei hat er auf das Erfordernis der Zuführung von

---

[223] Vgl. GmbH-Novelle vom 04.07.1980 (BGBl. I 1980, S. 836); vgl. dazu die neu eingefügten §§ 32 a, 32 b GmbHG und die ergänzenden Vorschriften zur (Konkurs-) Anfechtung der §§ 32 a KO und 3 b AnfG a.F. (künftig §§ 135 InsO und 6 AnfG).

[224] Vgl. Ulmer: Hachenburg-GmbHG 1992, §§ 32 a, b Rz. 2.

[225] § 32 a Abs. 1 Satz 1 GmbHG i.d.F. 1980.

[226] § 32 a Abs. 1 GmbHG i.V.m. § 39 Abs. 1 Nr. 5 InsO.

[227] Vgl. § 32 a Abs. 2 GmbHG i.V.m. § 32 b GmbHG; vgl. dazu Ulmer: Hachenburg-GmbHG 1992, §§ 32 a, b Rz. 128-157; Rowedder: GmbHG 1997, § 32 a Rz. 60-70.

[228] Vgl. § 32 a Abs. 3 GmbHG i.V.m. § 32 b GmbHG; vgl. dazu Ulmer: Hachenburg-GmbHG 1992, §§ 32 a, b Rz. 82-127; Rowedder: GmbHG 1997, § 32 a Rz. 48-59.

Eigenkapital abgestellt und im Laufe der Entwicklungsgeschichte zwei Abgrenzungsformeln aufgestellt, die im Folgenden kurz beschrieben werden sollen.

II. Historische Entwicklung

1. Nach der Sachlage gebotene Eigenkapitalzuführung

Bereits im Jahre 1939 hat das Reichsjustizministerium in dem Entwurf eines Gesetzes über die Gesellschaften mit beschränkter Haftung auch Vorschriften über die Sonderbehandlung von Gesellschafterdarlehen aufgenommen:[229] „Hat ein Gesellschafter, obwohl nach der Sachlage die Erhöhung des Stammkapitals geboten war, der Gesellschaft ein Darlehen gewährt, so kann er den Anspruch auf Rückgewähr des Darlehens im Konkurse [...] nicht geltend machen."[230] Die Abgrenzungsfrage läßt der Gesetzgeber weitgehend offen. In der anschließenden Begründung wird nicht näher erläutert, wie diese unbestimmte Formulierung "nach der Sachlage gebotene Stammkapitalerhöhung" auszulegen ist. Hier findet sich nur der Hinweis, daß kurzfristige Darlehen grundsätzlich nicht unter die Vorschrift fallen sollen.[231]

Eine überarbeitete Fassung dieser Vorschrift übernimmt drei Jahrzehnte später das Bundesjustizministerium in dem Referentenentwurf eines neuen GmbH-Gesetzes (RefE 1969).[232] Auch hier wird für die Sonderbehandlung von Gesellschafterdarlehen darauf abgestellt, daß der Gesellschafter ein Darlehen gewährt hat, „obwohl nach der Sachlage [...] eine Kapitalzuführung zum Eigenkapital der Gesellschaft geboten war".[233]

---

229 Vgl. Entwurf eines Gesetzes über die Gesellschaften mit beschränkter Haftung, Reichsjustizministerium 1939, abgedruckt bei Schubert: Entwurf 1985, S. 94.

230 § 36 Abs. 1 Satz 1 GmbHG-E. 1939, abgedruckt bei Schubert: Entwurf 1985, S. 103.

231 Vgl. Begründung zu § 36, 37 GmbHG-E. 1939, abgedruckt bei Schubert: Entwurf 1985, S. 163, wonach Saisonkredite als Beispiel für kurzfristige Kredite angeführt werden; vgl. auch Ebbecke: Protokolle I 1937, S. 37; v. Breska: Protokolle III 1937, S. 64; Friedrich: Protokolle III 1937, S. 66.

232 Vgl. Referentenentwurf eines Gesetzes über Gesellschaften mit beschränkter Haftung (RefE 1969), Bundesjustizministerium 1969.

233 § 47 Abs. 1 Satz 1 RefE 1969, BJM 1969, S. 18.

Zur Konkretisierung dieser unbestimmten Formel werden in dem RefE 1969 widerlegbare und unwiderlegbare Vermutungen aufgestellt:[234] Eine nach der Sachlage gebotene Eigenkapitalzuführung wird unwiderleglich vermutet, wenn für die Rückzahlung des Gesellschafterdarlehens kein bestimmter Zeitpunkt vereinbart worden ist oder „das Darlehen dazu dienen sollte, die Zahlungsunfähigkeit der Gesellschaft abzuwenden".[235] Für befristete Gesellschafterdarlehen mit einer Laufzeit von über einem Jahr besteht dagegen die widerlegbare Vermutung, „daß nach der Sachlage im Zeitpunkt der Darlehensgewährung eine Kapitalzuführung zum Eigenkapital der Gesellschaft geboten war."[236]

Zu der Frage, unter welchen Umständen die zuletzt genannte Vermutung widerlegt werden kann, geben jedoch weder der RefE 1969 selbst noch die anschließenden Erläuternden Bemerkungen eine Antwort.[237]

Deutlich wird aus den Gesetzesmaterialien hingegen die Herkunft der unbestimmten Formel "nach der Sachlage gebotene Eigenkapitalzuführung". Der Gesetzgeber knüpft mit dieser Formulierung explizit an die Steuergesetzgebung an, die schon seit geraumer Zeit in § 3 des Kapitalverkehrsteuergesetzes[238] diese Formel zur Abgrenzung von gesellschaftsteuerpflichtigen Gesellschafterdarlehen verwendet.[239]

---

234 Vgl. § 47 Abs. 2 RefE 1969, BJM 1969, S. 18.

235 § 47 Abs. 2 Satz 1 RefE 1969, BJM 1969, S. 18.

236 § 47 Abs. 2 Satz 2 RefE 1969, BJM 1969, S. 18; vgl. Erläuternde Bemerkungen zu §§ 47, 48 RefE 1969, BJM 1969, S. 186 f.; ähnlich bereits Klausing: GmbH-Reform 1938, S. 33.

237 Vgl. kritisch gegenüber dem RefE: Kamprad: Referenten-Entwurf 1969, S. 171; Lutter: Rechtsverhältnisse 1970, S. 74-79; Kamprad: Kapitalersatz 1975, S. 56 f.; Rexrodt: Gesellschafterdarlehen 1978, S. 59 m.w.N.

238 Vgl. KVStG vom 16.10.1934 (RStBl. 1934, S. 1314); vgl. zudem KVStG i.d.F. vom 24.07. 1959 (BStBl. I 1959, S. 597).

239 Vgl. Begründung zu §§ 36, 37 GmbHG-E. 1939, abgedruckt bei Schubert: Entwurf 1985, S. 163; vgl. ebenso Erläuternde Bemerkungen zu §§ 47, 48 RefE 1969, BJM 1969, S. 185.

2. Finanzierungsverhalten ordentlicher Kaufleute

Dem Referentenentwurf 1969 folgen die Regierungsentwürfe 1971/73,[240] in denen die Formel "nach der Sachlage gebotenen Eigenkapitalzuführung" keine Verwendung mehr findet und ersetzt wird durch das "Finanzierungsverhalten ordentlicher Kaufleute": Zur Abgrenzung von Gesellschafterdarlehen kommt es nun darauf an, ob „ein Gesellschafter der Gesellschaft in einem Zeitpunkt, in dem ihr die Gesellschafter als ordentliche Kaufleute Eigenkapital zugeführt hätten, statt dessen ein Darlehen gewährt"[241] hat.

Im Unterschied zu dem Referentenentwurf 1969 verzichtet der Gesetzgeber in den Vorschriften der Regierungsentwürfe 1971/73 weitgehend auf gesetzliche Vermutungen und benennt nur noch beispielhaft, wann ordentliche Kaufleute Eigenkapital zugeführt hätten: „Dies gilt insbesondere, wenn das Darlehen dazu gedient hat, die Zahlungsunfähigkeit der Gesellschaft abzuwenden".[242]

Der Wunsch nach einer Konkretisierung dieser ebenfalls sehr allgemein gehaltenen Formel "ordentliche Kaufleute" kommt in der anschließenden Stellungnahme des Bundesrates zum Ausdruck. Hierin wird die Bundesregierung um die Prüfung gebeten, „ob nicht die Generalklausel [...] durch Einstellung von Fiktionen, Beispielen oder Vermutungen weiter konkretisiert werden sollte, wie das in [der entsprechenden Vorschrift] des Referentenentwurfs der Fall war."[243] In ihrer Gegenäußerung vertritt die Bundesregierung jedoch weiterhin die „Auffassung, daß eine Rückkehr zu der starren Regelung [...] des Referentenentwurfs nicht zweckmäßig wäre."[244]

---

[240] Vgl. die Regierungsentwürfe eines Gesetzes über Gesellschaften mit beschränkter Haftung 1971/73, BT-Drucksache 6/3088 und BT-Drucksache 7/253, die bezüglich der Vorschriften über eigenkapitalersetzende Gesellschafterdarlehen (§§ 49, 50) den gleichen Wortlaut haben.

[241] § 49 Abs. 1 Satz 1 RegE 1971/73, BT-Drucksache 6/3088, S. 15 und BT-Drucksache 7/253, S. 15.

[242] § 49 Abs. 1 Satz 2 RegE 1971/73, BT-Drucksache 6/3088, S. 15 und BT-Drucksache 7/253, S. 15.

[243] Stellungnahme des Bundesrates zu § 49 RegE 1971/73, BT-Drucksache 6/3088, S. 263 und BT-Drucksache 7/253, S. 263; vgl. Arbeitskreis GmbH-Reform 1972, S. 17-20.

[244] Gegenäußerung der Bundesregierung zur Stellungnahme des Bundesrates zu § 49 RegE 1971/73, BT-Drucksache 6/3088, S. 269 und BT-Drucksache 7/253, S. 269.

Im wesentlichen unverändert werden dann die Bestimmungen über eigenkapitalersetzende Gesellschafterdarlehen in den §§ 32 a, 32 b RegE 1977 übernommen.[245] Auf Empfehlung des Rechtsausschusses werden sie gestrafft und auf den Grundtatbestand der Darlehensgewährung sowie auf die Umgehungsfälle beschränkt.[246] Mit der GmbH-Novelle 1980 wird die überarbeitete Fassung schließlich in den §§ 32 a, 32 b GmbHG gesetzlich verankert.[247]

Nachdem die historische Entwicklung der Vorschriften über eigenkapitalersetzende Gesellschafterdarlehen bis zur GmbH-Novelle 1980 kurz nachgezeichnet worden ist, soll im nächsten Abschnitt die damit verbundene Zwecksetzung des Gesetzgebers näher beleuchtet werden.

III. Zwecksetzung des Gesetzgebers

1. Verbesserung des Gläubigerschutzes

Mit den Novellen-Regeln verfolgt der Gesetzgeber vor allem den Zweck, den Gläubigerschutz in der Insolvenz der GmbH zu verbessern:[248] Wenn der Gesellschafter seiner Gesellschaft finanzielle Mittel zuführt, dann muß er „sich fragen, ob die Darlehensgewährung nicht Gesellschaftsgläubiger gefährdet und ob nicht ordentliche Kaufleute der Gesellschaft in diesem Zeitpunkt Eigenkapi-

---

245 Vgl. Regierungsentwurf eines Gesetzes zur Änderung des Gesetzes betreffend die Gesellschaften mit beschränkter Haftung und anderer handelsrechtlicher Vorschriften (RegE 1977), BT-Drucksache 8/1347, S. 9 f.; vgl. auch Kamprad: Gesellschafterdarlehen 1980, S. 27.

246 Vgl. Rechtsausschuß zum RegE 1977, BT-Drucksache 8/3908, S. 15-18, S. 66 f. und S. 73 f.; Arbeitsgruppe GmbH-Reform: Protokoll 1979, S. 3/46-3/48 (Raiser); vgl. Kamprad: Gesellschafterdarlehen 1980, S. 28 f.; Ulmer: Hachenburg-GmbHG 1992, §§ 32 a, b Rz. 13: „Abweichungen sind überwiegend redaktioneller Art".

247 Vgl. GmbH-Novelle vom 04.07.1980 (BGBl. I 1980, S. 836); mit allgemeiner Kritik zur „kleinen Lösung" der GmbH-Novelle: Centrale für GmbH: Novellierung 1977, S. 121.

248 Vgl. Allgemeine Begründung zum RegE 1977, BT-Drucksache 8/1347, S. 27 f.; Rechtsausschuß zum RegE 1977, BT-Drucksache 8/3908, S. 66; Allgemeine Begründung zum RegE 1971/73, BT-Drucksache 6/3088, S. 82 und BT-Drucksache 7/253, S. 82; Allgemeine Begründung zum GmbHG-E. 1939, abgedruckt bei Schubert: Entwurf 1985, S. 149; Ulmer: Gesellschafterdarlehen 1984, S. 1166; Deutler: Novelle 1981, S. 8; Kreuzer: GmbH-Novelle 1980, S. 597; Schmidt: GmbH-Novelle 1980, S. 1769; Arbeitskreis GmbH-Reform 1972, S. 11 f.; Westermann: Gläubigerschutz 1971, S. 6; BGHZ 90, 370 (380).

tal zugeführt hätten."[249] Nach der Vorstellung des Gesetzgebers „soll der Gesellschafter das Risiko, das mit der an sich erforderlichen [Eigen-] Kapitalzuführung verbunden wäre, nicht durch eine Darlehensgewährung auf die Gesellschaftsgläubiger abwälzen und im Konkurs der Gesellschaft seinen Rückforderungsanspruch gleichberechtigt mit den Forderungen anderer Gesellschaftsgläubiger geltend machen können."[250]

In der Amtlichen Begründung werden aber auch die Grenzen des Gläubigerschutzes deutlich: Obwohl der Gesetzgeber geneigt ist, eine Pflicht der Gesellschafter zur angemessenen Ausstattung der Gesellschaft mit Eigenkapital zu bejahen, sieht er letzten Endes von einer solchen Vorschrift ab: „Im Interesse eines verstärkten Gläubigerschutzes könnte eine solche Regelung zwar durchaus erwägenswert sein. Sie erweist sich jedoch bei näherer Betrachtung als nicht durchführbar."[251] Weder bei der Gründung noch während des Bestehens der Gesellschaft „läßt sich für die Gesellschafter [...] mit hinreichender Sicherheit feststellen,"[252] welche Eigenkapitalausstattung angemessen ist.

Demzufolge kann der Gesellschafter nicht dazu gezwungen werden, seiner Gesellschaft überhaupt finanzielle Mittel zuzuführen. Hat er allerdings der Gesellschaft Kapital zur Verfügung gestellt, so unterliegt er einer besonderen Finanzierungsverantwortung, wenn ordentliche Kaufleute zu diesem Zeitpunkt Eigenkapital zugeführt hätten.[253] Die entscheidende Frage, wann dieser Zustand konkret erreicht ist, wird jedoch von seiten des Gesetzgebers offen gelassen.[254]

---

[249] Begründung zu §§ 32 a, b RegE 1977, BT-Drucksache 8/1347, S. 39.

[250] Begründung zu §§ 32 a, b RegE 1977, BT-Drucksache 8/1347, S. 39; vgl. Allgemeine Begründung zum RegE 1971/73, BT-Drucksache 6/3088, S. 82 und BT-Drucksache 7/253, S. 82; Erläuternde Bemerkungen zu §§ 47, 48 RefE 1969, BJM 1969, S. 185; vgl. auch Klausing: GmbH-Reform 1938, S. 31-34.

[251] Begründung zu §§ 32 a, b RegE 1977, BT-Drucksache 8/1347, S. 38; Begründung zu §§ 49, 50 RegE 1971/73, BT-Drucksache 6/3088, S. 110 und BT-Drucksache 7/253, S. 110; Erläuternde Bemerkungen zu §§ 47, 48 RefE 1969, BJM 1969, S. 184; vgl. Ulmer: Gesellschafterdarlehen 1984, S. 1166.

[252] Begründung zu §§ 32 a, b RegE 1977, BT-Drucksache 8/1347, S. 38.

[253] Vgl. Begründung zu §§ 32 a, b RegE 1977, BT-Drucksache 8/1347, S. 38 f.

[254] Vgl. Begründung zu §§ 32 a, b RegE 1977, BT-Drucksache 8/1347, S. 39.

2. Kodifizierung der Rechtsprechungsgrundsätze

Zur nachhaltigen Verbesserung des Gläubigerschutzes will der Gesetzgeber mit den Novellen-Regeln ein lex specialis für Gesellschafterdarlehen schaffen und die bisher entwickelten Rechtsprechungsgrundsätze des Bundesgerichtshofes kodifizieren.[255] In seiner Amtlichen Begründung führt er dazu aus: „Rechtsprechung und Schrifttum haben bisher die Rechtsfolgen für Gesellschafterdarlehen, die an Stelle einer gebotenen Eigenkapitalzuführung gewährt worden sind, nur auf allgemeine Grundsätze stützen können. Um insoweit eine eigene gesetzliche Rechtsgrundlage zu schaffen und um bestehende Zweifelsfragen soweit wie möglich auszuräumen, wird in den §§ 32 a und 32 b eine besondere Regelung über Gesellschafterdarlehen vorgesehen."[256] Die Voraussetzungen und Rechtsfolgen dieser besonderen Regelung sollen in den nachfolgenden Abschnitten dargestellt werden.

IV. Voraussetzungen

1. Darlehen aus Gesellschafterhand

Die Anwendung der Novellen-Regeln setzt voraus, daß ein Gesellschafter oder ein gleichgestellter Dritter der Gesellschaft ein Darlehen gewährt oder belassen hat,[257] wobei die Höhe der Beteiligung noch bis zum Jahre 1998 unerheblich für die Anwendung der Vorschriften war.[258]

---

255 Vgl. Geßler: GmbH-Novelle 1980, S. 1390; Knobbe-Keuk: Leistungen 1992, S. 364; Ulmer: Gläubigerschutz 1984, S. 259; Würzberg: Eigenkapitalersatz 1994, S. 16; Goette: Rechtsprechung 1997, S. 2028.

256 Begründung zu §§ 32 a, b RegE 1977, BT-Drucksache 8/1347, S. 39; vgl. Begründung zu §§ 49, 50 RegE 1971/73, BT-Drucksache 6/3088, S. 110 und BT-Drucksache 7/253, S. 110; Erläuternde Bemerkungen zu §§ 47, 48 RefE 1969, BJM 1969, S. 185; ähnlich bereits Allgemeine Begründung zum GmbHG-E. 1939, abgedruckt bei Schubert: Entwurf 1985, S. 149.

257 Vgl. Ulmer: Hachenburg-GmbHG 1992, §§ 32 a, b Rz. 24 und 33; Schmidt: Gesellschaftsrecht 1997, S. 532 f. und S. 1151 f.; BGH ZIP 1993, 1072 (1073).

258 Vgl. Fleck: Bankdarlehen 1984, S. 122 f.; Schmidt: Scholz-GmbHG 1993, §§ 32 a, b Rz. 30; Altmeppen: GmbHG 1997, § 32 a Rz. 6; Hueck: Baumbach-Hueck-GmbHG 1996, § 32 a Rz. 19; vgl. auch OLG München, GmbHR 1993, 439 (439); vgl. OLG Hamm, GmbHR 1994, 184 (185).

Mit dem Kapitalaufnahmeerleichterungsgesetz (KapAEG 1998)[259] hat der Gesetzgeber trotz tiefgreifender Bedenken im juristischen Schrifttum[260] eine Befreiung für sogenannte Zwerganteile geschaffen.[261] Nach § 32 a Abs. 3 Satz 2 GmbHG werden Gesellschafter, die keine Geschäftsführer sind und deren Beteiligung am Stammkapital höchstens 10 % beträgt, fortan von den Eigenkapitalersatzregeln befreit.[262] Ob sich diese Neuregelung auch auf die Rechtsprechungsgrundsätze des Bundesgerichtshofes auswirken wird, bleibt allerdings noch abzuwarten.[263]

Eine weitere Veränderung beziehungsweise Konkretisierung aus jüngerer Zeit betrifft den Zeitpunkt der Darlehensgewährung: In dem "Bestückungsautomat-Urteil" vom 19.09.1996 hat der Bundesgerichtshof den maßgebenden Zeitpunkt für die Novellen-Regeln (und offenbar auch den für die Rechtspre-

---

259 Vgl. Kapitalaufnahmeerleichterungsgesetz vom 20.04.1998 (BGBl. I 1998, S. 707).

260 Vgl. Habersack: Eigenkapitalersatz 1998, S. 208-210; Dauner-Lieb: Kapitalersatzhaftung 1998, S. 609-617; Hirte: Kapitalersatzrecht 1998, S. 155-170; Goette: Eigenkapitalersatzrecht 1998, S. 223-231; v. Gerkan: Entwurf 1997, S. 677-682; Pentz: Eigenkapitalersatzregeln 1997, S. 1265-1269; v. Gerkan: Eigenkapitalersatz 1997, S. 179 f.; Schmidt: Gesellschaftsrecht 1997, S. 1152; Goette: Rechtsprechung 1997, S. 2029 f.; Weisang: Gesellschafterleistungen 1997, S. 200; vgl. auch Altmeppen: Kapitalersatzrecht 1996, S. 1455; Schmidt: Zwerganteile 1996, S. 1586-1590; Karollus: Reform 1996, S. 1893-1895; Kallmeyer: Zwergbeteiligungen 1996, R 177; Pape/ Voigt: Eigenkapitalersatzregeln 1996, S. 2113-2118.

261 Für eine Befreiung von "Zwerganteilen" plädieren hingegen: Centrale für GmbH: Jahresbericht 1996, S. 1-3; Leutheusser-Schnarrenberger: Rechtspolitik 1995, S. 82; Lutter/ Hommelhoff: GmbHG 1995, §§ 32 a, b Rz. 56; Rümker: Finanzierungsverantwortung 1988, S. 504 f.; Ullrich: Gesellschafterdarlehen 1983, S. 144 Fn. 116; Claussen: Deregulierung 1996, S. 321-323, der diesbezüglich eine Quote von mindestens 25% fordert.

262 Vgl. Begründung zu § 32 a RegE KapAEG 1997, BT-Drucksache 13/7141, S. 11 f., wonach eine mitunternehmerische Verantwortung des Gesellschafters (Finanzierungsverantwortung) bei Zwergbeteiligungen typischerweise nicht gegeben ist; vgl. auch Stellungnahme des Bundesrates zu § 32 a RegE KapAEG 1997, BT-Drucksache 13/7141, S. 13, der sogar eine Grenze von 25 % für erforderlich erachtet; Antrag Land Hessen KapAEG 1998, BR-Drucksache 137/1/98, S. 3; Vermittlungsausschuß KapAEG 1998, BR-Drucksache 137/98, S. 3; Centrale für GmbH: Zwergbeteiligungen 1996, S. 600 f.; Remme/ Theile: Auswirkungen 1998, S. 913 f.

263 Vgl. Habersack: Eigenkapitalersatz 1998, S. 210 f.; Seibert: Eigenkapitalersatz 1998, S. 309; Goette: Eigenkapitalersatzrecht 1998, S. 226-230, der persönlich der Neuregelung skeptisch gegenüber steht.

chungsgrundsätze[264]) dahingehend präzisiert, daß es bei einem Auseinanderfallen von dem Zeitpunkt der Darlehenszusage und dem der Darlehensgewährung entscheidend auf den Zeitpunkt der rechtsverbindlichen Darlehenszusage ankommt, sofern das Darlehen später auch tatsächlich geflossen ist.[265]

2. Eigenkapitalersatzfunktion

a. Gesetzeswortlaut

Die Anwendung der Novellen-Regeln setzt noch voraus, daß die Gesellschafterdarlehen die Funktion von Eigenkapitalersatz erlangen.[266] Nach § 32 a Abs. 1 GmbHG sind die Gesellschafterdarlehen als eigenkapitalersetzend zu qualifizieren, wenn sie in einem Zeitpunkt gewährt worden sind, in dem „die Gesellschafter als ordentliche Kaufleute Eigenkapital zugeführt hätten".

b. Auslegung

Mit der GmbH-Novelle 1980 gibt der Gesetzgeber (noch) keine Antwort auf die Frage, wie diese unbestimmte gesetzliche Formel auszulegen ist, sondern verweist statt dessen auf die Abgrenzungskriterien der Rechtsprechung und die Lösungsvorschläge im Schrifttum.[267] Da der Gesetzgeber in seiner Amtlichen Begründung bewußt „auf eine genauere Abgrenzung"[268] verzichtet, wird das "Finanzierungsverhalten ordentlicher Kaufleute" von dem Bundesgerichtshof und der herrschenden Lehre seit Beginn der achtziger Jahre im Sinne der

---

264 Es ist anzumerken, daß das "Bestückungsautomat-Urteil" nur zu § 32 a GmbHG ergangen ist.

265 Vgl. das "Bestückungsautomat-Urteil" BGH GmbHR 1996, 844 (846); so bereits Ulmer: Hachenburg: GmbHG 1992, §§ 32 a, b Rz. 24; vgl. auch Rowedder: GmbHG 1997, § 32 a Rz. 41.

266 Vgl. Rowedder: GmbHG 1997, § 32 a Rz. 13-27; Hueck: Baumbach-Hueck-GmbHG 1996, § 32 a Rz. 41-52; Schmidt: Scholz-GmbHG 1993, §§ 32 a, b Rz. 35-42; Ulmer: Hachenburg- GmbHG 1992, §§ 32 a, b Rz. 42-64.

267 Vgl. Begründung zu §§ 32 a, b RegE 1977, BT-Drucksache 8/ 1347, S. 39.

268 Begründung zu §§ 32 a, b RegE 1977, BT-Drucksache 8/ 1347, S. 39.

Rechtsprechungsgrundsätze interpretiert.[269] Demzufolge übernehmen die Gesellschafterdarlehen auch nach den Novellen-Regeln die Funktion von Eigenkapitalersatz, wenn sie in der Krise der Gesellschaft gewährt oder belassen worden sind.[270]

Mit dem Gesetz zur Kontrolle und Transparenz im Unternehmensbereich (KonTraG) wird der § 32 a Abs. 1 GmbHG im Jahre 1998 um den Klammerzusatz "(Krise der Gesellschaft)" ergänzt.[271] Durch diese Ergänzung bringt der Gesetzgeber heute deutlich zum Ausdruck, daß er - in Übereinstimmung mit der Rechtsprechung und der herrschenden Lehre - mit dem Zeitpunkt, in dem die Gesellschafter als ordentliche Kaufleute Eigenkapital zugeführt hätten, die Krise der Gesellschaft meint.[272]

Wie oben ausgeführt worden ist, wird von der Rechtsprechung des Bundesgerichtshofes eine Krise angenommen, wenn sich die Gesellschaft im Stadium der Zahlungsunfähigkeit, Überschuldung oder Kreditunwürdigkeit befindet und ohne die Gesellschafterdarlehen liquidiert werden müßte.[273] Weil in diesem Zusammenhang Übereinstimmung mit den Rechtsprechungsgrundsätzen

---

[269] Vgl. statt aller Urteile BGHZ 119, 201 (212); vgl. Fleck: Bankdarlehen 1984, S. 119; Schmidt: Urteilsanmerkung 1988, S. 3148; Harrer: Haftungsprobleme 1990, S. 185; Ulmer: Hachenburg-GmbHG 1992, §§ 32 a, b Rz. 45; v. Gerkan/ Hommelhoff: Kapitalersatz 1997, S. 61 f.; Wienberg/ Steinecke: Konkursordnung 1998, § 32 a Rz. 12; vgl. demgegenüber Geßler: GmbH-Novelle 1980, S. 1391.

[270] Vgl. Erstes Kapitel: Abschnitt A.III.2.b.

[271] Vgl. Gesetz zur Kontrolle und Transparenz im Unternehmensbereich (KonTraG) vom 27.04.1998 (BGBl. I 1998, S. 786), mit dem auch das sog. Sanierungsprivileg in § 32 a Abs. 3 Satz 3 GmbHG aufgenommen worden ist: „Erwirbt ein Darlehensgeber in der Krise der Gesellschaft Geschäftsanteile zum Zweck der Überwindung der Krise, führt dies für seine bestehenden oder neugewährten Kredite nicht zur Anwendung der Regeln über den Eigenkapitalersatz."; vgl. dazu Dörrie: Sanierungsprivileg 1999, S. 12-17; Centrale für GmbH: Jahresbericht 1999, S. 1; Pentz: Kapitalersatzregeln 1999, S. 437-451; Seibert: Eigenkapitalersatz 1998, S. 310; Obermüller: KonTraG 1998, S. 52-54; Remme/ Theile: Auswirkungen 1998, S. 914.

[272] Vgl. Begründung der Beschlußempfehlung des Rechtsausschusses zum RegE KonTraG 1998, BT-Drucksache 13/ 10038, S. 28.

[273] Vgl. BGHZ 119, 201 (212 f.); BGHZ 95, 188 (194); vgl. auch BGH GmbHR 1997, 501 (502 f.).

herrscht, kann hinsichtlich der einzelnen Krisenmerkmale auf die vorangegangenen Ausführungen verwiesen werden.[274]

V. Rechtsfolgen

Sofern die oben genannten Voraussetzungen vorliegen, werden verschiedene Rechtsfolgen ausgelöst. Diese Rechtsfolgen beziehen sich in erster Linie auf das eröffnete Insolvenzverfahren und haben sich seit Inkrafttreten der Insolvenzordnung[275] partiell verändert.

Nach altem Recht kann der Gesellschafter den Anspruch auf Rückgewähr des eigenkapitalersetzenden Gesellschafterdarlehens im Konkursverfahren nicht durchsetzen.[276] Demgegenüber kann er nach neuem Recht seine Darlehensforderung gemäß § 32 a Abs. 1 GmbHG i.V.m. § 39 Abs. 1 Nr. 5 InsO als nachrangiger Insolvenzgläubiger geltend machen.[277]

In den meisten Fällen wird es jedoch „ohne praktische Bedeutung" sein, ob der Gesellschafter als nachrangiger Insolvenzgläubiger eingestuft, oder „ganz von der Verfahrensteilnahme ausgeschlossen" wird.[278] Denn nachrangige Forderungen werden erst dann beglichen, wenn zuvor die Insolvenzgläubiger vollständig befriedigt worden sind.[279] Dies setzt eine Quote von 100 Prozent vor-

---

[274] Vgl. Erstes Kapitel: Abschnitt A.III.2.b.

[275] Die Insolvenzordnung vom 05.10.1994 (BGBl. I 1994, S. 2866) ist seit dem 1.1.1999 vollständig in Kraft getreten.

[276] Vgl. § 32 a Abs. 1 Satz 1 GmbHG a.F.; Schmidt: Insolvenzgesetze 1997, § 32 a KO Anm. 4; Wienberg/ Steinecke: Konkursordnung 1998, § 32 a Rz. 1; Kilger/ Schmidt: Konkursordnung 1993, § 32 a Anm. 4.

[277] Vgl. Holzer: Kübler-Prütting-InsO 1998, § 39 Rz. 19f.; Schmidt: Insolvenzordnung 1998, S. 657; Braun/ Uhlenbruck: Unternehmensinsolvenz 1997, S. 58 f.

[278] Begründung zu § 46 RegE InsO 1992 (heutiger § 39 InsO), BT-Drucksache 12/2443, S. 123; vgl. dazu Smid: Smid-InsO 1999, § 39 Rz. 1.

[279] Vgl. Schulz: Frankfurter Kommentar-InsO 1999, § 39 Rz. 1; Zimmermann: Insolvenzrecht 1999, S. 33; Smid: Insolvenzrecht 1999, S. 33; Eickmann: Heidelberger Kommentar-InsO 1999, § 39 Rz. 1; Häsemeyer: Insolvenzrecht 1998, S. 303; Holzer: Kübler-Prütting-InsO 1998, § 39 Rz. 6 f.

aus, die in der Praxis nur in ganz seltenen Ausnahmefällen erreicht werden dürfte.[280]

Für den Fall, daß das eigenkapitalersetzende Darlehen vor der Eröffnung des Insolvenzverfahrens an den Gesellschafter zurückgezahlt worden ist, kommt es entscheidend auf die Zeitspanne zwischen der Rückzahlung und dem Insolvenzantrag an:[281]

Ist das fragliche Darlehen binnen Jahresfrist vor dem Insolvenzantrag an den Gesellschafter zurückgezahlt worden, so hat der Insolvenzverwalter die Möglichkeit, diese Rechtshandlung gemäß § 135 Nr. 2 InsO anzufechten[282] mit der Folge, daß der Gesellschafter nach § 143 Abs. 1 InsO zur Rückgewähr der Beträge in die Insolvenzmasse verpflichtet ist.[283]

Ist demgegenüber zwischen der Rückzahlung des Gesellschafterdarlehens und dem Insolvenzantrag mehr als ein Jahr vergangen, so besteht nach den Novellen-Regeln keine Rückgewährverpflichtung des Gesellschafters.[284]

---

[280] Vgl. Andres: Nerlich-Römermann-InsO 1999, § 39 Rz. 3; Hess/ Kranemann/ Pink: Insolvenzrecht 1998, S. 235; Noack: Insolvenzrecht 1997, S. 309; Hess/ Obermüller: Insolvenzordnung 1995, S. 240.

[281] Vgl. Schmidt: Insolvenzordnung 1998, S. 659, der darauf hinweist, daß seit Inkrafttreten der Insolvenzordnung der Zeitpunkt des Eröffnungsantrags und nicht mehr der Zeitpunkt der Eröffnung für die Anfechtung maßgebend ist.

[282] Vgl. Begründung zu § 150 RegE InsO 1992 (heutiger § 135 InsO), BT-Drucksache 12/ 2443, S. 161; vgl. auch Nerlich: Nerlich-Römermann-InsO 1999, § 135 Rz. 55; Dauernheim: Frankfurter Kommentar-InsO 1999, § 135 Rz. 75; Kreft: Heidelberger Kommentar-InsO 1999, § 135 Rz. 1-12; Zeuner: Smid-InsO 1999, § 135 Rz. 1-61; Obermüller/ Hess: InsO 1999, S. 77-79; Zeuner: Anfechtung 1999, S. 132-157; Smid: Insolvenzrecht 1999, S. 260 f.; Schmidt: Insolvenzordnung 1998, S. 660 f.; Paulus: Kübler-Prütting-InsO 1998, § 135 Rz. 31; Häsemeyer: Insolvenzrecht 1998, S. 682; Hess/ Weis: Anfechtungsrecht 1996, S. 118; vgl. zur alten Rechtslage: Mayer: Handbuch 1994, S. 149; BGHZ 90, 370 (378 f.).

[283] Vgl. Begründung zu § 162 RegE InsO 1992 (heutiger § 143 InsO), BT-Drucksache 12/ 2443, S. 167 f.; Zeuner: Smid-InsO 1999, § 143 Rz. 1-20; Noack: Gesellschaftsrecht 1999, S. 96; Dauernheim: Frankfurter Kommentar-InsO 1999, § 143 Rz. 1-3; Paulus: Kübler-Prütting-InsO 1998, § 143 Rz. 1; Hess/ Obermüller: Insolvenzordnung 1995, S. 252.

[284] Vgl. Eilers/ Sieger: Finanzierung 1998, S. 81.

Sind dem Gesellschafter in den letzten zehn Jahren vor dem Insolvenzantrag Sicherheiten für das eigenkapitalersetzende Gesellschafterdarlehen bestellt worden, so kann auch diese Rechtshandlung von dem Insolvenzverwalter nach § 135 Nr. 1 InsO angefochten werden.[285] Die Anfechtung hat zur Folge, daß der Gesellschafter die Sicherheiten gemäß § 143 Abs. 1 InsO zurückgeben oder einen entsprechenden Wertersatz leisten muß.[286]

Außerhalb des Insolvenzverfahrens hat ein Gesellschaftsgläubiger noch die theoretische Möglichkeit,[287] die Rückzahlung eines eigenkapitalersetzenden Gesellschafterdarlehens nach § 6 Nr. 2 AnfG anzufechten.[288] Die Gläubigeranfechtung setzt allerdings voraus, daß die Gesellschaft die Rückzahlung des Darlehens im letzten Jahr vor der Anfechtung vorgenommen hat, der Gläubiger im Besitz eines vollstreckbaren Schuldtitels über eine fällige Forderung ist und bereits erfolglos in das Vermögen der Gesellschaft vollstreckt hat.[289] Erst wenn diese Voraussetzungen vollständig erfüllt sind, hat dies zur Folge, daß dem Gläubiger die Beträge gemäß § 11 Abs. 1 Satz 1 AnfG „zur Verfügung gestellt werden“ müssen.[290]

---

285 Vgl. Dauernheim: Frankfurter Kommentar-InsO 1999, § 135 Rz. 73 f.; Kreft: Heidelberger Kommentar-InsO 1999, § 135 Rz. 1-12; Zeuner: Anfechtung 1999, S. 132-157; Paulus: Kübler-Prütting-InsO 1998, § 135 Rz. 30; Häsemeyer: Insolvenzrecht 1998, S. 682 f.; Breuer: Insolvenzrecht 1998, S. 100; Hess/ Kranemann/ Pink: Insolvenzrecht 1998, S. 262 f.

286 Vgl. Nerlich: Nerlich-Römermann-InsO 1999, § 143 Rz. 1-56; Dauernheim: Frankfurter Kommentar-InsO 1999, § 143 Rz. 1-27; Zeuner: Anfechtung 1999, S. 185-196; Kreft: Heidelberger Kommentar-InsO 1999, § 143 Rz. 1-26; Paulus: Kübler-Prütting-InsO 1998, § 143 Rz. 1-4 und Rz. 10-33.

287 Vgl. dazu BGHZ 90, 370 (379), wonach dem Bundesgerichtshof die Gläubigeranfechtung „rechtlich fragwürdig und praktisch kaum gangbar“ erscheint.

288 Vgl. Zeuner: Anfechtung 1999, S. 231-233; vgl. zudem Hess/ Weis: Anfechtungsrecht 1996, S. 215.

289 Vgl. § 2 AnfG; vgl. dazu Dauernheim: Anfechtungsrecht 1999, S. 196-206; Zeuner: Anfechtung 1999, S. 219-223.

290 Vgl. Dauernheim: Anfechtungsrecht 1999, S. 209-226; Zeuner: Anfechtung 1999, S. 242-250.

C. Verhältnis von BGH-Grundsätzen und Novellen-Regeln

I. Unterschiede

Die vorangegangenen Ausführungen haben gezeigt, daß die Rechtsprechungsgrundsätze und die Novellen-Regeln weitgehend übereinstimmende Tatbestandsvoraussetzungen haben.[291] Ihre wesentlichen Unterschiede liegen dagegen „in der rechtlichen Konstruktion und [in] den Rechtsfolgen".[292]

Während die Rechtsprechungsgrundsätze auf der analogen Anwendung der allgemeinen Kapitalerhaltungsvorschriften der §§ 30, 31 GmbHG beruhen,[293] sind die Novellen-Regeln speziell für eigenkapitalersetzende Gesellschafterdarlehen konzipiert worden.[294] Im Gegensatz zu den Novellen-Regeln[295] ist darüber hinaus die Anwendung der Rechtsprechungsgrundsätze nicht abhängig von der tatsächlichen Eröffnung eines Insolvenzverfahrens.[296]

Unterschiede zwischen den beiden Regelungskomplexen bestehen auch hinsichtlich der (Verjährungs-) Fristen und der Teilbarkeit der Darlehen: Verjährt der Erstattungsanspruch aus § 31 Abs. 1 GmbHG grundsätzlich erst in fünf Jahren,[297] so kommt es bei den Novellen-Regeln darauf an, daß die Rückzahlung der Gesellschafterdarlehen binnen Jahresfrist vor dem Insolvenzantrag erfolgt.[298] Schließlich ist nach den Novellen-Regeln immer das gesamte

---

291 Vgl. v. Gerkan/ Hommelhoff: Kapitalersatz 1997, S. 49.

292 BGHZ 90, 370 (378); vgl. dazu v. Gerkan/ Hommelhoff: Kapitalersatz 1997, S. 49; Hommelhoff: Gesellschaftsrecht 1989, S. 643.

293 Vgl. BGHZ 31, 258; BGHZ 76, 326; Ulmer: Hachenburg-GmbHG 1992, §§ 32 a, b Rz. 158-175; Rowedder: GmbHG 1997, § 32 a Rz. 82-85; Rümker: Gesellschafterdarlehen 1996, S. 836-842; Raiser: Kapitalgesellschaften 1992, S. 461 f.

294 Vgl. Begründung zu §§ 32 a, b RegE 1977, BT-Drucksache 8/1347, S. 39; Geßler: GmbH-Novelle 1980, S. 1390; Ulmer: Gläubigerschutz 1984, S. 259.

295 Mit Ausnahme der Gläubigeranfechtung gemäß §§ 6, 11 AnfG (§§ 3 b, 7 AnfG a.F.), die theoretisch außerhalb des Insolvenzverfahrens zur Entfaltung kommen kann.

296 Vgl. BGHZ 76, 326 (329); Zeuner: Anfechtung 1999, S. 153 f.; v. Gerkan/ Hommelhoff: Kapitalersatz 1997, S. 49.

297 Vgl. Lutter/ Hommelhoff: GmbHG 1995, §§ 32 a, b Rz. 8.

298 Vgl. Obermüller/ Hess: InsO 1999, S. 77-79; vgl. auch Häsemeyer: Insolvenzrecht 1998, S. 682; Paulus: Kübler-Prütting-InsO 1998, § 135 Rz. 31; Schmidt: Insolvenzordnung 1998, S. 660 f.

Gesellschafterdarlehen betroffen,[299] während nach den Rechtsprechungsgrundsätzen auch nur Teilbeträge unter das Rückzahlungsverbot fallen können.[300]

II. Nebeneinanderstehen

Ein Rückgriff auf die zuvor beschriebenen Unterschiede genügt, um die Schlußfolgerung ziehen zu können, daß die Novellen-Regeln keineswegs eine adäquate Umsetzung der Rechtsprechungsgrundsätze im Gesetzestext sind.[301] Mit der GmbH-Novelle unternimmt der Gesetzgeber zwar den Versuch, die Rechtsprechungsgrundsätze des Bundesgerichtshofes zu kodifizieren;[302] allerdings gelingt ihm dies nur unvollkommen und es stellt sich schnell heraus, daß die Novellen-Regeln „wesentliche Lücken"[303] aufweisen und hinter dem von der Rechtsprechung bereits erreichten Stand zurück bleiben.[304]

Solche Lücken sehen der Bundesgerichtshof und das Schrifttum[305] insbesondere darin, daß die Anwendung der Novellen-Regeln auf die tatsächliche Er-

---

299 Vgl. Dauernheim: Frankfurter Kommentar-InsO 1999, § 135 Rz. 57; Paulus: Kübler-Prütting-InsO 1998, § 135 Rz. 12.

300 Vgl. BGHZ 76, 326 (333); BGHZ 95, 188 (193).

301 Vgl. Mayer: Handbuch 1994, S. 146.

302 Vgl. Begründung zu §§ 32 a, b RegE 1977, BT-Drucksache 8/1347, S. 39; Goette: Rechtsprechung 1997, S. 2028.

303 BGHZ 90, 370 (379).

304 Vgl. das grundlegende "Nutzfahrzeug-Urteil", BGHZ 90, 370 (379); Schmidt: Abstimmungsprobleme 1980, S. 573 f.; Ulmer: Darlehen 1981, S. 82 f.; Schmidt: Gesellschafterdarlehen 1981, S. 696 f.; Schmidt: Makulatur 1984, S. 881; Ulmer: Gläubigerschutz 1984, S. 259; Ulmer: Gesellschafterdarlehen 1984, S. 1163; Kübler: Gesellschafterdarlehen 1985, S. 7; Hommelhoff: Gesellschafterdarlehen 1988, S. 478-486; vgl. auch Raiser: Kapitalgesellschaften 1992, S. 452; Ulmer: Hachenburg-GmbHG 1992, §§ 32 a, b Rz. 14; Röhricht: Eigenkapitalersatz 1992, S. 341; Geißler: Rechtsentwicklung 1996, S. 572; Castor: Gesellschafterleistungen 1997, S. 25; Kübler: Gesellschaftsrecht 1998, S. 248.

305 Vgl. Arbeitsgruppe GmbH-Reform: Protokoll 1979, S. 3/47 (Raiser); Geßler: GmbH-Novelle 1980, S. 1391; Kamprad: Gesellschafterdarlehen 1980, S. 47; Geßler: Gesellschafterdarlehen 1981, S. 233 f.; Schmidt: Gesellschafterdarlehen 1981, S. 691; Kamprad: Rechtsentwicklung 1984, S. 341 f.; Joost: Kapitalerhaltungsregeln 1984, S. 44; Fleck: Bankdarlehen 1984, S. 115; Röhricht: Eigenkapitalersatz 1992, S. 341; Röhricht: Leistungen 1992, S. 367; Feil: Gesellschafterdarlehen 1996, S. 9 f.; Kübler: Gesellschaftsrecht 1998, S. 248.

öffnung eines Insolvenzverfahrens abzielt und damit „für die in der Praxis besonders wichtigen Fälle der stillen Liquidation und der Ablehnung oder Einstellung eines Konkursverfahrens mangels Masse [...] keinen ausreichenden Schutz“[306] bietet.

Allein schon um diese Lücken zu schließen, hält der Bundesgerichtshof in dem viel beachteten "Nutzfahrzeug-Urteil" vom 26.03.1984[307] die Fortgeltung der von ihm entwickelten Rechtsprechungsgrundsätze für dringend geboten und kommt schließlich zu dem Ergebnis, daß seine Grundsätze auch weiterhin gelten und neben den Novellen-Regeln fortbestehen sollen.[308]

Spätestens seit diesem grundlegenden Urteil sind die eigenkapitalersetzenden Gesellschafterdarlehen in ein "zweistufiges Schutzsystem" eingebunden,[309] mit dem ein angemessener Gläubigerschutz gewährleistet werden soll:[310] Bis zur Höhe des Stammkapitals entfalten vornehmlich die (strengen) Rechtsprechungsgrundsätze ihre Schutzwirkung; oberhalb der Stammkapitalziffer können dagegen noch die Novellen-Regeln zur Anwendung kommen.[311]

---

306 BGHZ 90, 370 (379).

307 Vgl. das "Nutzfahrzeug-Urteil" BGHZ 90, 370 (380).

308 Vgl. BGHZ 90, 370 (380); BGHZ 95, 188 (192); OLG München, ZIP 1993, 504 (505); OLG Karlsruhe, WM 1994, 1983 (1984); vgl. auch Geßler: GmbH-Novelle 1980, S. 1391; Lutter: GmbH-Novelle 1980, S. 1321; Hense/ Gandenberger: Handbuch 1995, S. 427; Boujong: GmbH-Recht 1992, S. 211, der in diesem „methodisch bemerkenswerten Urteil [...] eine richterliche Korrektur des Handelns der Legislative“ erblickt; vgl. auch Ulmer: Gesellschaftsrecht 1986, S. 45, der das "Nutzfahrzeug-Urteil" als ein „Musterbeispiel für eine legitime Rechtsfortbildung zwar contra legem, aber [...] secundum jus“ bezeichnet; vgl. zum "contra-legem-Judizieren" Larenz/ Canaris: Methodenlehre 1995, S. 250-252.

309 Vgl. Hommelhoff: Gesellschafterdarlehen 1988, S. 481; Maser: Gesellschafterdarlehen 1995, S. 1320; Lutter/ Hommelhoff: GmbHG 1995, §§ 32 a, b Rz. 7; Hommelhoff/ Kleindiek: Finanzierungsinstrumente 1992, S. 432 f.; Priester: Gesellschafterdarlehen 1988, S. 483; v. Gerkan: Gesellschafterleistungen 1986, S. 219; Weisang: Gesellschafterleistungen 1997, S. 199; v. Gerkan/ Hommelhoff: Kapitalersatz 1997, S. 46; Goette: Rechtsprechung 1997, S. 2028; Goette: Anmerkung 1999, S. 554.

310 Vgl. BGHZ 90, 370 (380); Ulmer: Gläubigerschutz 1984, S. 259.

311 Vgl. Dauernheim: Anfechtungsrecht 1999, S. 92; v. Gerkan/ Hommelhoff: Kapitalersatz 1997, S. 46; Lutter/ Hommelhoff: GmbHG 1995, §§ 32 a, b Rz. 13; Röhricht: Eigenkapitalersatz 1992, S. 342; BGHZ 90, 370 (378).

D. Exkurs: Eigenkapitalersatz kraft Vereinbarung

I. Freiwillige Umqualifizierung

Die vorangegangenen Ausführungen zum zweistufigen Schutzsystem von Rechtsprechungsgrundsätzen und Novellen-Regeln haben gezeigt, daß die in der Krise der Gesellschaft gewährten Gesellschafterdarlehen nachträglich und entgegen dem Willen des Gesellschafters als eigenkapitalersetzend qualifiziert und im Range hinter die Forderungen der außenstehenden Gläubiger zurückgestuft werden.

Gegenüber dieser zwangsweisen Umqualifizierung können Gesellschafterdarlehen auch aufgrund von einzel- oder gesellschaftsvertraglichen Vereinbarungen in oder außerhalb der Krise die Funktion von Eigenkapitalersatz einnehmen.[312] Da in diesen Fällen die Umqualifizierung auf dem erklärten und dokumentierten Willen der Beteiligten beruht, ist eine nachträgliche und zwangsweise Zurückstufung der Gesellschafterdarlehen nicht mehr erforderlich.[313]

II. Rangrücktritt

Eine freiwillige Umqualifizierung von Gesellschafterdarlehen kann vorliegen, wenn die Beteiligten eine Rangrücktrittsvereinbarung abgeschlossen haben.[314] Mit solchen Vereinbarungen wird in der Regel der Zweck verfolgt, eine drohende oder bereits eingetretene Überschuldung dadurch abzuwenden, daß die Darlehensforderungen des Gesellschafters im Range hinter die Forderungen aller übrigen Gläubiger zurücktreten und damit nicht in der Überschuldungs-

---

[312] Vgl. Schmidt: Gesellschaftsrecht 1997, S. 525-534; Kilger/ Schmidt: Konkursordnung 1993, § 32 a Anm. 3d; Lutter/ Hommelhoff: GmbHG 1995, §§ 32 a, b Rz. 37; Hommelhoff/ Kleindiek: Finanzierungsinstrumente 1992, S. 439; Schmidt: Quasi-Eigenkapital 1987, S. 493 f.

[313] Gemäß § 39 Abs. 2 InsO werden „Forderungen, für die zwischen Gläubiger und Schuldner der Nachrang im Insolvenzverfahren vereinbart worden ist," als nachrangige Insolvenzforderungen eingestuft; vgl. dazu Holzer: Kübler-Prütting-InsO 1998, § 39 Rz. 21 f.

[314] Vgl. Schmidt: Überschuldungsfeststellung 1999, S. 12; Paulus: Kübler-Prütting-InsO 1998, § 135 Rz. 18; Schmidt: Insolvenzgesetze 1997, § 32 a KO Anm. 3d; Schmidt: Scholz-GmbHG 1993, §§ 32 a, b Rz. 85; Bachem: Bilanzierung 1993, S. 35 f.

bilanz zu passivieren sind.[315] Um diesen Zweck zu erreichen, bedarf es jedoch einer sorgfältigen Formulierung der Rangrücktrittsvereinbarung.[316] Die Vereinbarung muß zumindest „sicherstellen, daß die Kredite nur aus Bilanzgewinnen oder aus einem Liquidationserlös nach Befriedigung der Gesellschaftsgläubiger zurückgezahlt werden“[317] und daß der „Nachrang [...] auch im Insolvenzverfahren“[318] gilt.

Durch den freiwilligen Rangrücktritt wird das Darlehen haftungsrechtlich einer Einlage gleichgestellt mit der Folge, daß die Passivierungspflicht in der Überschuldungsbilanz entfällt.[319] Wie das "Hühnerfarm-Urteil" zeigt, sind Gesellschafterdarlehen mit entsprechender Rangrücktrittsklausel dann bereits kraft Vereinbarung als eigenkapitalersetzende Leistung zu behandeln.[320]

III. Finanzplankredite

Auch bei sogenannten Finanzplankrediten kann die Eigenkapitalersatzfunktion der Kapitalhilfen schon kraft Vereinbarung gegeben sein.[321] Hierbei handelt es

---

315 Vgl. Förschle/ Scheffels: Sonderbilanzen 1999, S. 532 f.; Eilers/ Sieger: Finanzierung 1998, S. 56; Schulze-Osterloh: Rangrücktritt 1996, S. 97; Teller: Überschuldung 1995, S. 1; Fleischer: Finanzplankredite 1995, S. 280-295.

316 Vgl. Schmidt: Scholz-GmbHG 1993, §§ 32 a, b Rz. 85; Priester: Gläubigerrücktritt 1977, S. 2430; Ulmer: Unterkapitalisierung 1977, S. 671.

317 Schmidt: Quasi-Eigenkapital 1987, S. 499; vgl. Schulze-Osterloh: Rangrücktritt 1996, S. 100; Priester: Eigenkapital 1991, S. 1920; Teller: Überschuldung 1995, S. 4-8; BGH ZIP 1982, 563 (565); BGH ZIP 1982, 1320 (1320 f.); BGH WM 1987, 468 (469).

318 Kirchhof: Insolvenzrecht 1999, S. 30.

319 Vgl. Schmidt: Scholz-GmbHG 1993, §§ 32 a, b Rz. 88; Schulze-Osterloh: Baumbach-Hueck-GmbHG 1996, § 63 Rz. 15; Begründung zu §§ 32 a, b RegE 1977, BT-Drucksache 8/1347, S. 40; vgl. demgegenüber die Begründung zu § 23 RegE InsO 1992 (heutiger § 19 InsO), BT-Drucksache 12/2443, S. 115, wonach der Gesetzgeber einen bedingten Forderungserlaß zur Abwendung der Überschuldung vorschlägt.

320 Vgl. das "Hühnerfarm-Urteil" BGH ZIP 1982, 563 (565 f.); vgl. zudem BGH ZIP 1982, 1320 (1321); BGH ZIP 1990, 98 (100); Goerdeler/ Müller: Hachenburg-GmbHG 1992, § 30 Rz. 27; Teller: Überschuldung 1995, S. 80 f.; v. Gerkan/ Hommelhoff: Kapitalersatz 1997, S. 18; Ulmer: Unterkapitalisierung 1977, S. 671.

321 Vgl. Rowedder: GmbHG 1997, § 32 a Rz. 20; Fleischer: Finanzplankredite 1995, S. 2; Schmidt: Gesellschafterdarlehen 1981, S. 691 f.; Hense/ Gandenberger: Handbuch 1995, S. 434 f.

sich in der Regel um langfristige Kredite, die der Gesellschafter aufgrund einer gesellschaftsvertraglichen Verpflichtung zusätzlich zu seiner Stammeinlage erbringen muß, weil die Gesellschaft ihrer Finanzplanung nach zur Erreichung des Unternehmenszwecks auf diese Mittel angewiesen ist.[322]

Finanzplankredite kommen als Finanzierungsinstrument vornehmlich in der Startphase und bei langfristigen (Erweiterungs-) Investitionen in Betracht.[323] Mit ihnen werden Finanzierungsmaßnahmen erfaßt, die außerhalb einer Krise getroffen werden und die nach dem tatsächlichen Willen der Beteiligten das Eigenkapital der Gesellschaft ergänzen.[324] „Die Zugehörigkeit der Finanzplanmittel zum Risikokapital der Gesellschaft beruht mit anderen Worten nicht auf einer Umqualifizierung de jure, sondern auf dem [erklärten] Willen des Gesellschafters".[325]

---

322 Vgl. BGHZ 104, 33 (40); BGHZ 121, 31 (41 f.); OLG Karlsruhe, ZIP 1996, 918 (923); Noack: Gesellschaftsrecht 1999, S. 88 f.; Oppenländer: Finanzplanüberlassung 1998, S. 508; Habersack: Eigenkapitalersatz 1998, S. 211 f.; Habersack: Finanzplankredit 1997, S. 457-490; Weisang: Gesellschafterleistungen 1997, S. 204; Hense/ Gandenberger: Handbuch 1995, S. 434 f.; Fleischer: Finanzplankredite 1995, S. 9; Beine: Gesellschafterleistungen 1994, S. 303-314; Hommelhoff/ Kleindiek: Finanzierungsinstrumente 1992, S. 439; demgegenüber kritisch Kallmeyer: Probleme 1998, S. 308.

323 Vgl. Lutter/ Hommelhoff: GmbHG 1995, §§ 32 a, b Rz. 14; Winter: Gläubigerschutz 1996, S. 10.

324 Vgl. Habersack: Finanzplankredit 1997, S. 490.

325 Habersack: Eigenkapitalersatz 1998, S. 211 f.; vgl. Michalski/ de Vries: Eigenkapitalersatz 1999, S. 183; Schmidt: GmbH 1999, S. 60.

Zweites Kapitel: Zur Abgrenzungsproblematik im Eigenkapitalersatzrecht

A. Überblick

Nachdem im Ersten Kapitel die Rechtslage für eigenkapitalersetzende Gesellschafterdarlehen nachgezeichnet worden ist, soll in diesem Kapitel die Abgrenzungsproblematik aufgegriffen werden.

Angesichts der Tatsache, daß sich die Abgrenzungsprobleme durch die gesamte Entwicklungsgeschichte des Eigenkapitalersatzrechts ziehen und bis heute noch nicht abschließend und befriedigend gelöst worden sind, werden hier die Fragen im Vordergrund stehen, wann eine Sonderbehandlung von Gesellschafterdarlehen erforderlich ist und inwieweit die von Rechtsprechung und Gesetzgeber aufgestellten Kriterien eine zutreffende und praktikable Abgrenzung von eigenkapitalersetzenden und normalen Gesellschafterdarlehen ermöglichen.

Da die Umqualifizierung von Gesellschafterdarlehen in Eigenkapitalersatz einen Eingriff in die Finanzierungsfreiheit des Gesellschafters zum Schutze der außenstehenden Gläubiger darstellt, soll zunächst der Grundsatz des Gläubigerschutzes und der Grundsatz der Finanzierungsfreiheit näher betrachtet und gegenüber gestellt werden.

Die Reformdiskussion im nachfolgenden Abschnitt verdeutlicht sodann die eklatanten Probleme, die mit der Auslegung der unbestimmten Abgrenzungsformeln des Gesetzgebers verbunden sind, und läßt erkennen, warum der Gesetzgeber von seiner über Jahrzehnte vertretenen Sichtweise (partiell) abgerückt ist und seine Abgrenzungsformel nunmehr mit dem Krisenbegriff der Rechtsprechung des Bundesgerichtshofes gleichsetzt.

Dieser (gemeinsame) Krisenbegriff, der die Eigenkapitalersatzfunktion eines Gesellschafterdarlehens determiniert, soll schließlich eingehend betrachtet und gewürdigt werden. Hierbei werden insbesondere die Probleme im Vordergrund stehen, die mit der praktischen Umsetzung der Konzeption der Kreditunwürdigkeit verbunden sind.

B. Gläubigerschutz und Finanzierungsfreiheit

I. Gläubigerschutz

Wie die Ausführungen im Ersten Kapitel gezeigt haben, streben sowohl der Gesetzgeber als auch der Bundesgerichtshof mit der Sonderbehandlung von eigenkapitalersetzenden Gesellschafterdarlehen eine Verbesserung des Gläubigerschutzes an.[326] „Unter Gläubigerschutz versteht man im Gesellschaftsrecht den Interessenschutz derjenigen Personen, die der Gesellschaft oder Körperschaft Kredit gewähren oder denen der Verband aus anderen Gründen zu einer Leistung verpflichtet ist."[327] Der beherrschende Interessengegensatz ist hierbei das Verhältnis der Gesellschafter zu den Gläubigern.[328]

Nach allgemeiner Rechtsauffassung steht der Gläubigerschutz im Range vor den Interessen der Gesellschafter.[329] Der Vorrang des Gläubigerschutzes wird damit begründet, daß ein Gesellschafter, der über Leitungsmacht im Unternehmen verfügt, seine Entscheidungen selbst verantworten und sein „Kapital á fonds perdu einsetzen"[330] muß.

Übt der Gesellschafter dagegen keine Leitungsmacht in dem Unternehmen aus, so läßt sich der Vorrang des Gläubigerschutzes nur mit den unterschiedlichen ökonomischen Bedingungen rechtfertigen, unter denen die finanziellen Mittel eingesetzt werden: Der Anteilseigner beansprucht als Eigenkapitalgeber die Teilnahme am Gewinn; der Darlehensgläubiger als Fremdkapitalgeber dagegen nur eine feste Verzinsung.[331]

---

326 Vgl. Begründung zu §§ 32 a, b RegE 1977, BT-Drucksache 8/1347, S. 39; BGH WM 1972, 74 (75); BGHZ 90, 370 (380); BGHZ 109, 55 (59).

327 Wiedemann: Gesellschaftsrecht 1980, S. 514 f.; vgl. zu der Definition des Gläubigerschutzes auch Westermann: Gläubigerschutz 1971, S. 8.

328 Vgl. Kübler: Gesellschaftsrecht 1998, S. 223.

329 Vgl. Kuhn/ Uhlenbruck: Konkursordnung 1994, § 32 a Rz. 1; Wiedemann: Gesellschaftsrecht 1980, S. 515.

330 Wiedemann: Gesellschaftsrecht 1980, S. 515.

331 Vgl. Wiedemann: Gesellschaftsrecht 1980, S. 515.

Eigenkapitalgeber und die Fremdkapitalgeber beteiligen sich zwar beide am Unternehmensrisiko, allerdings mit einer unterschiedlichen Rangordnung.[332]

II. Finanzierungsfreiheit

1. Grundsatz

Bei der Finanzierung einer Gesellschaft mit beschränkter Haftung kann der Gesellschafter eine Doppelrolle ausüben: Er kann einerseits als Eigenkapitalgeber auftreten und seiner Gesellschaft im Wege einer Kapitalerhöhung Eigenkapital zuführen,[333] er kann aber ebenso gut die Rolle eines Fremdkapitalgebers einnehmen und ihr ein Darlehen zur Verfügung stellen.[334]

Diese mögliche Doppelrolle des Gesellschafters ist rechtspolitisch gewollt und folgt aus dem GmbH-Gesetz: Nach § 13 Abs. 1 GmbHG besitzt die Gesellschaft mit beschränkter Haftung eigene Rechtspersönlichkeit.[335] Als juristische Person kann sie am rechtsgeschäftlichen Verkehr teilnehmen und mit Dritten Verträge abschließen. Dritte können auch die Gesellschafter sein;[336] denn beide, Gesellschafter und Gesellschaft, sind unterschiedliche Rechtssubjekte mit eigenen Rechten und Pflichten.[337] Da die Gesellschafter ihrer Gesellschaft im rechtsgeschäftlichen Verkehr als Dritte gegenüber stehen, können sie auch Darlehensverträge mit ihrer Gesellschaft abschließen und die Position von Darlehensgläubigern einnehmen.[338]

---

[332] Vgl. Wiedemann: Gesellschaftsrecht 1980, S. 516.

[333] Vgl. § 55 GmbHG.

[334] Vgl. Hense/ Gandenberger: Handbuch 1995, S. 425; vgl. auch Mayer: Handbuch 1994, S. 145.

[335] Vgl. Raiser: Hachenburg-GmbHG 1992, § 13 Rz. 2; Emmerich: Scholz-GmbHG 1993, § 13 Rz. 2; Rowedder: GmbHG 1997, § 13 Rz. 2; Kübler: Gesellschaftsrecht 1998, S. 29; Begründung zu § 13 GmbHG-E. 1892, RT-Drucksache Aktenstück Nr. 660, S. 3737.

[336] Vgl. Raiser: Hachenburg-GmbHG 1992, § 13 Rz. 13; Emmerich: Scholz-GmbHG 1993, § 13 Rz. 10; Lutter/ Hommelhoff: GmbHG 1995, § 13 Rz. 2f.; Hueck: Baumbach-Hueck-GmbHG 1996, § 13 Rz. 2-5; Rowedder: GmbHG 1997, § 13 Rz. 5.

[337] Vgl. Kamprad: Gesellschafterdarlehen 1980, S. 1.

[338] Vgl. Rexrodt: Gesellschafterdarlehen 1978, S. 1.

Über die Höhe des Eigenkapitaleinsatzes können die Gesellschafter weitgehend frei entscheiden.[339] In § 5 Abs. 1 GmbHG fordert der Gesetzgeber lediglich eine Mindestausstattung von 25.000 Euro.[340] Vorschriften über eine angemessene Eigenkapitalausstattung enthält weder das GmbH-Gesetz, noch wird eine solche Verpflichtung von seiten der Rechtsprechung erhoben.[341]

Demzufolge können die Gesellschafter grundsätzlich die Art und Weise der Finanzierung ihrer Gesellschaft oberhalb des Mindestbetrages frei bestimmen[342] und damit einhergehend die Haftungsfolgen beeinflussen. Nach § 13 Abs. 2 GmbHG haftet den Gläubigern für „die Verbindlichkeiten der Gesellschaft [...] nur das Gesellschaftsvermögen" und nicht das Vermögen der Gesellschafter.[343]

Nach dem daraus folgenden Grundsatz der Finanzierungsfreiheit[344] kann der Gesellschafter auf der einen Seite frei entscheiden, ob er seiner Gesellschaft überhaupt finanzielle Mittel zuführen will ("Finanzierungs-Ob").[345] Hat er sich zu einer finanziellen Hilfestellung entschlossen, dann steht es ihm auf der

---

339 Vgl. Wüst: Gläubigerschutz 1966, S. 6.

340 Vgl. das Gesetz zur Einführung des Euro (EuroEG) vom 09.06.1998 (BGBl. I 1998, S. 1242); Kübler: Gesellschaftsrecht 1998, S. 226; vgl. zu den Konsequenzen durch die Einführung des Euro für die GmbH Schick/ Trapp: Euro 1998, S. 209-215.

341 Vgl. Begründung zu §§ 32 a, b RegE 1977, BT-Drucksache 8/1347, S. 38; BGHZ 76, 326 (334); BGHZ 105, 168 (175); BGHZ 31, 258 (268).

342 Vgl. Kamprad: Gesellschafterdarlehen 1980, S. 1; Wiedemann: Eigenkapital 1993, S. 900; Maser: Gesellschafterdarlehen 1995, S. 1319.

343 Vgl. zum sog. Trennungsprinzip: Raiser: Hachenburg-GmbHG 1992, § 13 Rz. 26; Emmerich: Scholz-GmbHG 1993, § 13 Rz. 3; Lutter/ Hommelhoff: GmbHG 1995, § 13 Rz. 9; Hueck: Baumbach-Hueck-GmbHG 1996, § 13 Rz. 8; Rowedder: GmbHG 1997, § 13 Rz. 5; Begründung zu § 13 GmbHG-E. 1892, RT-Drucksache Aktenstück Nr. 660, S. 3737.

344 Vgl. v. Gerkan/ Hommelhoff: Kapitalersatz 1997, S. 5-7; Weisang: Gesellschafterleistungen 1997, S. 197; Schmidt: Gesellschaftsrecht 1997, S. 525; Hense/ Gandenberger: Handbuch 1995, S. 426; Bäcker: GmbH 1989, S. 684; Erlinghagen: Gesellschafter-Darlehen 1972, S. 141 f.

345 Vgl. v. Gerkan/ Hommelhoff: Kapitalersatz 1997, S. 6; Vonnemann: Gesellschafterdarlehen 1989, S. 145; Harrer: Haftungsprobleme 1990, S. 184; Fleck: Bankdarlehen 1984, S. 109 f.; Schmidt: Bankkredite 1983, S. 176; Lutter/ Hommelhoff: Unterkapitalisierung 1979, S. 33; Ulmer: Unterkapitalisierung 1977, S. 674; Erlinghagen: Gesellschafter-Darlehen 1972, S. 141 f.

anderen Seite grundsätzlich frei, wie er diese Mittel zuführen will ("Finanzierungs-Wie").[346] Wegen der möglichen Doppelrolle kann er seine Gesellschaft sowohl mit Eigen- als auch Fremdkapital ausstatten.

Entscheidet sich der Gesellschafter für eine Finanzierung mit Gesellschafterdarlehen, so ist dies „weder ungewöhnlich noch [...] verwerflich";[347] die Darlehensfinanzierung kann „wirtschaftlich notwendig sein [und ist] auch rechtlich im Grundsatz legitim".[348]

Oft sprechen gute Gründe für die Finanzierung mit Darlehen: Je nach Kapitalbedarf der Gesellschaft können Gesellschafterdarlehen schnell, flexibel, unkompliziert und ohne Verschiebung der Herrschaftsverhältnisse zur Verfügung gestellt werden.[349]

Der Bundesgerichtshof konstatiert, daß gesellschaftsrechtliche, „wirtschaftliche und steuerliche Gründe [...] vor allem bei hoher Ertragskraft dafür sprechen [können], die Fremdfinanzierung einer Eigenkapitalbildung oder -erhöhung vorzuziehen."[350] Demzufolge können die „Gesellschafterdarlehen [...] auch andere Zwecke als den Ausgleich eines ohne sie bestehenden Kapitalmangels haben".[351]

---

[346] Vgl. v. Gerkan/ Hommelhoff: Kapitalersatz 1997, S. 6.

[347] Klausing: GmbH-Reform 1938, S. 33; vgl. Hofmann: GmbH 1966, S. 1941.

[348] Arbeitskreis GmbH-Reform 1972, S. 18; vgl. Begründung zu §§ 32 a, b RegE 1977, BT-Drucksache 8/1347, S. 39; Drebes: Finanzierungsverhalten 1982, S. 36; Ulmer: Gesellschafterdarlehen 1984, S. 1166; Schmidt: Gesellschaftsrecht 1997, S. 525 f.; Kübler: Gesellschaftsrecht 1998, S. 251.

[349] Vgl. v. Gerkan/ Hommelhoff: Kapitalersatz 1997, S. 2; Weisang: Gesellschafterleistungen 1997, S. 197; Winter: Gläubigerschutz 1996, S. 2-4; Maser: Gesellschafterdarlehen 1995, S. 1319; Hense/ Gandenberger: Handbuch 1995, S. 425; Geißler: Eigenkapitalersatzfunktion 1994, S. 153; Mayer: Handbuch 1994, S. 145; vgl. darüber hinaus auch Basedow: Verzugszinsen 1979, S. 319 f.; Kamprad: Kapitalersatz 1975, S. 55; Rexrodt: Gesellschafterdarlehen 1978, S. 107 f.; Friedrich: Gesellschafterdarlehen 1974, S. 131; Luckan/ Schacht: Gläubigerschutz 1970, S. 1453; Kamm: Gesellschafterdarlehen 1967, S. 111 f.

[350] BGHZ 76, 326 (330); vgl. Hommelhoff: Gesellschaftsrecht 1989, S. 644.

[351] BGHZ 81, 252 (256).

2. Einschränkung

a. Gefährdung der Gläubiger

Im Eigenkapitalersatzrecht besteht ein Spannungsverhältnis zwischen dem Grundsatz des Gläubigerschutzes auf der einen und dem Grundsatz der Finanzierungsfreiheit auf der anderen Seite.[352] In bestimmten Fällen wird es als nicht mehr zulässig erachtet, wenn der Gesellschafter nach seinem kaufmännischen Belieben die Art und Weise der Finanzierung und damit die Haftungsfolgen frei bestimmt.[353] Dieser Sachverhalt kann zu einer nachträglichen Einschränkung der Finanzierungsfreiheit ("Finanzierungs-Wie") führen.[354]

Falls der Gesellschafter mit seiner Gesellschaft einen Darlehensvertrag abschließt[355] und ihr erklärtermaßen Fremdkapital zur Verfügung stellt, dann bedarf eine sich über den ursprünglichen Willen der beiden Vertragspartner hinwegsetzende (nachträgliche) Umqualifizierung in Eigenkapitalersatz sicherlich eines besonderen Rechtsgrundes.[356] Dieser besondere Rechtsgrund besteht nach Ansicht des Bundesgerichtshofes und des Gesetzgebers in der Gefährdung oder Schädigung der außenstehenden Gläubiger, die aus einer Darlehensfinanzierung in der Krise der Gesellschaft erwachsen kann.[357]

Es stellt sich jedoch die Frage, inwiefern die Gläubiger durch Gesellschafterdarlehen überhaupt gefährdet oder geschädigt werden können. Immerhin könnte man ja die Auffassung vertreten, daß Gesellschafterdarlehen auch oder

---

352 Vgl. Reiner: Finanzierungsverantwortung 1996, S. 421; Schmidt: Scholz-GmbHG 1993, §§ 32 a, b Rz. 4; Luckan/ Schacht: Gläubigerschutz 1970, S. 1449; Wüst: Gläubigerschutz 1966, S. 8 f.

353 Vgl. Wüst: Gläubigerschutz 1966, S. 6.

354 Vgl. v. Gerkan/ Hommelhoff: Kapitalersatz 1997, S. 14.

355 Vgl. Putzo: Palandt-BGB 1999, § 607 Rz. 1-14.

356 Vgl. Reiner: Finanzierungsverantwortung 1996, S. 421; Claussen: Kreditinstitute 1983, S. 202 f.; Sonnenberger: Gesellschaftsfinanzierung 1969, S. 2035-2037.

357 Vgl. BGHZ 76, 326 (329 f.); BGHZ 105, 168 (175); BGHZ 119, 201 (212 f.); vgl. auch Begründung zu §§ 32 a, b RegE 1977, BT-Drucksache 8/1347, S. 39; vgl. den Wortlaut der Vorschrift des § 32 a Abs. 1 GmbHG: "(Krise der Gesellschaft)"; vgl. zudem Habersack: Eigenkapitalersatz 1998, S. 205; v. Gerkan/ Hommelhoff: Kapitalersatz 1997, S. 15 f.; Wozar: Gesellschafterdarlehen 1992, S. 12; Vonnemann: Unterkapitalisierung 1991, S. 69; Claussen: Kreditinstitute 1983, S. 203.

gerade in der Krise der Gesellschaft durchaus positive Wirkungen entfalten können; sie stärken zunächst einmal die Finanzkraft der Gesellschaft und tragen damit eher zu einer Verbesserung als zu einer Verschlechterung der Situation der übrigen Gläubiger bei.[358]

Um dieser Frage nachzugehen, sollen in den nachfolgenden Abschnitten die einzelnen Argumente, mit denen eine Gefährdung (Schädigung) der Gläubiger begründet wird, nachgezeichnet und im Anschluß gewürdigt werden.

b. Ausnutzen der Doppelrolle

Eine Schädigung der Gläubiger wird nicht selten mit dem Ausnutzen der Doppelrolle des Gesellschafters in der Krise der Gesellschaft begründet: Der Gesellschafter darf seine Doppelrolle als Anteilseigner und Kreditgeber nicht dahingehend ausnutzen, daß er aufgrund seiner besseren Informations-, Reaktions- und Einflußmöglichkeiten außenstehende Gläubiger schädigt, indem er im Notfall seine Mittel kurz vor dem endgültigen Zusammenbruch der Gesellschaft noch rechtzeitig in Sicherheit bringt.[359]

Es erscheint unzweifelhaft, daß sich ein Gesellschafter aufgrund seiner Doppelrolle und seinem besonderen Näheverhältnis zur Gesellschaft in aller Regel besser und vor allem schneller mit Informationen über die wirtschaftliche Lage der Gesellschaft versorgen kann, als dies bei außenstehenden Gläubigern der Fall sein wird.

---

[358] Vgl. Deutsche Gesellschaft für Betriebswirtschaft: Stellungnahme 1970, S. 455; Westermann: Gläubigerschutz 1971, S. 33; Sonnenberger: Gesellschaftsfinanzierung 1969, S. 2036; ähnlich bereits Tewaag: Protokolle III 1937, S. 64.

[359] Vgl. BGHZ 68, 312 (316); BGHZ 90, 381 (388); vgl. auch Ebbecke: Protokolle II 1937, S. 42; Geßler: Reform 1938, Sp. 334; Fischer: Gesellschaft 1948, S. 117; Wüst: Gläubigerschutz 1966, S. 6 f. und S. 15; Kamprad: Referenten-Entwurf 1969, S. 169; Immenga: Kapitalgesellschaft 1970, S. 422; Westermann: Gläubigerschutz 1971, S. 16; Ulmer: Unterkapitalisierung 1977, S. 673 f.; Wiedemann: Gesellschaftsrecht 1980, S. 569; Drebes: Finanzierungsverhalten 1982, S. 66 f.; Ullrich: Gesellschafterdarlehen 1983, S. 142 f.; Fleck: Bankdarlehen 1984, S. 116; Bäcker: GmbH 1989, S. 684; Kreis: Finanzierungsverantwortung 1990, S. 32-34; Röhricht: Eigenkapitalersatz 1992, S. 318; Wozar: Gesellschafterdarlehen 1992, S. 12; Beckers: Gesellschafterdarlehen 1992, S. 1; Drukarczyk: Theorie 1993, S. 611; Fleischer: Kapitalersatz 1998, S. 317.

Ein Ausnutzen der Doppelrolle durch den unzeitigen Abzug der Gesellschafterdarlehen kurz vor dem Zusammenbruch der Gesellschaft, der ihr möglicherweise gerade noch den "Todesstoß" versetzt, führt zweifelsohne zu einer Gefährdung oder Schädigung der außenstehenden Gläubiger, so daß in diesem Falle eine nachträgliche Korrektur von seiten der Rechtsprechung respektive des Gesetzgebers angemessen erscheint.

Bestrebungen des Gesetzgebers, durch erzwungene Informationsabgaben (Publizität) eine Verringerung der Informationsdifferenzen zwischen den Unternehmenseignern und den außenstehenden Gläubigern zu bewirken,[360] können den gerade in kritischen Situationen wichtigen Informationsvorsprung des Gesellschafters offensichtlich nicht verhindern.

c. These der Risikoabwälzung

Abgesehen von dem Abzug der Gesellschafterdarlehen in der Krise der Gesellschaft werden auch noch andere Argumente für eine Schädigung der außenstehenden Gläubiger vorgetragen. Eine immer wiederkehrende Begründung für die Gläubigerschädigung ist hierbei die These der Risikoabwälzung, nach der ein Gesellschafter das (Finanzierungs-) Risiko, das mit einer an sich gebotenen Eigenkapitalzuführung verbunden wäre, nicht durch eine Darlehensfinanzierung auf die Gläubiger abwälzen darf.[361] Bei dieser These erscheint es zunächst einmal fragwürdig, ob in diesem Zusammenhang überhaupt von einer Risikoabwälzung gesprochen werden kann.[362] Um dieser Fra-

---

[360] Vgl. Luckan/ Schacht: Gläubigerschutz 1970, S. 1449 f.; Westermann: Gläubigerschutz 1971, S. 8 f.

[361] Vgl. BGHZ 31, 258 (268); BGH WM 1972, 74 (75); BGHZ 75, 334 (336); BGHZ 76, 326 (329); BGHZ 90, 381 (388); BGHZ 105, 168 (175); Begründung zu §§ 32 a, b RegE 1977, BT-Drucksache 8/1347, S. 39; Allgemeine Begründung zum RegE 1971/73, BT-Drucksache 6/3088, S. 82 und BT-Drucksache 7/253, S. 82; Erläuternde Bemerkungen zu §§ 47, 48 RefE 1969, BJM 1969, S. 185; Klausing: GmbH-Reform 1938, S. 31-34; Geßler: Probleme 1966, S. 108; Ulmer: Gesellschafterdarlehen 1984, S. 1166; Brändel: Rechtsfragen 1988, S. 1; Schmidt: Scholz-GmbHG 1993, §§ 32 a, b Rz. 4; v. Gerkan/ Hommelhoff: Kapitalersatz 1997, S. 15.

[362] Vgl. Hofmann: GmbH 1966, S. 1944 f.; Luckan/ Schacht: Gläubigerschutz 1970, S. 1453, die die These der Risikoabwälzung sogar als „irrig“ bezeichnen.

ge nachzugehen, soll im Folgenden zwischen Eigenkapitalrisiko[363] und Kreditrisiko[364] unterschieden werden.

Von einer Abwälzung des Eigenkapitalrisikos kann nur dann gesprochen werden, wenn eine Pflicht zur angemessenen Ausstattung mit Eigenkapital tatsächlich besteht und der Gesellschafter dessen ungeachtet die Gesellschaft mit Gesellschafterdarlehen finanziert.[365] Nur in diesem Fall würde sich der Gesellschafter durch einen Wechsel von der Eigen- in die Fremdkapitalgeberrolle dem im Vergleich zum Kreditrisiko höheren Eigenkapitalrisiko[366] in unzulässiger Weise entziehen.[367] Da aber eine Verpflichtung zur angemessenen Eigenkapitalausstattung ausdrücklich nicht besteht,[368] kann auch kein Eigenkapitalrisiko vorliegen, das auf die Gläubiger überwälzt werden könnte.[369] Eine Gefährdung läßt sich demnach nicht mit der Überwälzung des Eigenkapitalrisikos auf die Gläubiger begründen.[370]

Ebenso wenig wird man eine spezielle Gläubigergefährdung mit einer Überwälzung des Kreditrisikos begründen können, das der darlehensgebende Ge-

---

363 Unter "Eigenkapitalrisiko" soll das Risiko des vollständigen Verlustes in Höhe des Eigenkapitalbetrages im Konkursfall verstanden werden; vgl. dazu Dendorfer: Gesellschafterdarlehen 1985, S. 234 Fn. 1.

364 Unter "Kreditrisiko" soll das Risiko des teilweisen oder vollständigen Ausfalls der vereinbarten Zins- und Tilgungsleistungen verstanden werden; vgl. dazu Gabler: Wirtschafts-Lexikon 1997, S. 2309; Hauschildt/ Leker: Kreditwürdigkeitsprüfung 1995, Sp. 1323; Oser: Kreditwürdigkeitsprüfung 1995, S. 784; Büschgen: Bankbetriebslehre 1998, S. 922 f.

365 Vgl. Luckan/ Schacht: Gläubigerschutz 1970, S. 1453; Vonnemann: Unterkapitalisierung 1991, S. 69; Koppensteiner: Eigenkapitalersatzrecht 1997, S. 496.

366 Vgl. Vonnemann: Gesellschafterdarlehen 1989, S. 146: „Abgewälzt wird das im Verhältnis zum Kreditrisiko höhere Eigenkapitalrisiko, das der Gesellschafter zu tragen als verpflichtet angesehen wird."

367 Vgl. Luckan/ Schacht: Gläubigerschutz 1970, S. 1453.

368 Vgl. Begründung zu §§ 32 a, b RegE 1977, BT-Drucksache 8/1347, S. 38; vgl. außerdem BGHZ 31, 258 (268); BGHZ 76, 326 (334); BGHZ 105, 168 (175); Hofmann: GmbH 1966, S. 1944 f.; Kamprad: Stammeinlagen 1967, S. 132; Lutter: Rechtsverhältnisse 1970, S. 76 f.; Ulmer: Unterkapitalisierung 1977, S. 667; Fleck: Bankdarlehen 1984, S. 116; Wellensiek: GmbH 1999, S. 123.

369 Vgl. Moser: Gesellschafterdarlehen 1989, S. 72; Dendorfer: Gesellschafterdarlehen 1985, S. 234; Luckan/ Schacht: Gläubigerschutz 1970, S. 1453.

370 Vgl. Vonnemann: Gesellschafterdarlehen 1989, S. 149.

sellschafter wie jeder andere Kreditgeber trägt.[371] Da der Gesellschafter rechtlich wie ein gesellschaftsfremder Gläubiger behandelt wird, kann das Kreditrisiko nicht von ihm auf andere Drittgläubiger übergehen; insofern kann auch hier nicht von Risikoabwälzung die Rede sein.[372]

Mit der These der Risikoabwälzung wird zuweilen auch die Vorstellung verbunden, daß infolge der Darlehensgewährung die Konkursquote vermindert wird, wenn der Gesellschafter „im Konkurs der Gesellschaft seinen Rückforderungsanspruch gleichberechtigt mit den Forderungen anderer Gesellschaftsgläubiger geltend“[373] macht. Hierbei ist jedoch zu berücksichtigen, daß der Gesellschafter die Darlehen nicht ohne eigenes Risiko zur Verfügung stellt:[374] Er gewährt seiner Gesellschaft zum Beispiel ein Darlehen in Höhe von 100 GE und erhält bei einer angenommenen Konkursquote von vier Prozent nur 4 GE zurück. In diesem Fall würden sich die Befriedigungschancen der übrigen Gläubiger eher verbessern, jedenfalls nicht verschlechtern.[375]

Verschlechtern können sich die Befriedigungschancen der Gläubiger allerdings durch die Fortsetzung der Geschäftstätigkeit einer notleidenden Gesellschaft (Krisenverschleppung).[376]

---

371 Vgl. Luckan/ Schacht: Gläubigerschutz 1970, S. 1453; Dendorfer: Gesellschafterdarlehen 1985, S. 233; Friedrich: Gesellschafterdarlehen 1974, S. 135.

372 Vgl. Dendorfer: Gesellschafterdarlehen 1985, S. 234.

373 Begründung zu §§ 32 a, b RegE 1977, BT-Drucksache 8/1347, S. 39; Begründung zu §§ 49, 50 RegE 1971/73, BT-Drucksache 6/3088, S. 110 und BT-Drucksache 7/253, S. 110; Erläuternde Bemerkungen zu §§ 47, 48 RefE 1969, BJM 1969, S. 185; vgl. Begründung zu §§ 36, 37 GmbHG-E. 1939, abgedruckt bei Schubert: Entwurf 1985, S. 163; vgl. auch Boujong: GmbH-Recht 1992, S. 209.

374 Vgl. Westermann: Kreditgeber 1982, S. 390; Erlinghagen: Gesellschafter-Darlehen 1972, S. 148 f.

375 Vgl. Vonnemann: Unterkapitalisierung 1991, S. 70; Vonnemann: Gesellschafterdarlehen 1989, S. 149; Schacht: Gesellschafterdarlehen 1988, S. 36 f.; Dendorfer: Gesellschafterdarlehen 1985, S. 236; Friedrich: Gesellschafterdarlehen 1974, S. 80 f.; Erlinghagen: Gesellschafter-Darlehen 1972, S. 148 f.

376 Vgl. Winter: Gläubigerschutz 1996, S. 7; Vonnemann: Gesellschafterdarlehen 1989, S. 149; Vonnemann: Unterkapitalisierung 1991, S. 71; Erlinghagen: Gesellschafter-Darlehen 1972, S. 149.

d. Verschleppung der Krise

Nach der Vorstellung der Rechtsprechung hat die Finanzierungsfreiheit des Gesellschafters ihre Grenze erreicht, wenn der Gesellschafter die aus eigener Kraft nicht mehr lebensfähige Gesellschaft mit seinem Darlehen künstlich am Leben hält[377] und auf diese Weise eine bereits eingetretene Krise verschleppt.[378] Der Gesellschafter ist dann für die Folgen seiner in der Krise getroffenen Entscheidung, die liquidationsreife Gesellschaft mit Hilfe von Gesellschafterdarlehen - anstatt mit Eigenkapital - fortzuführen, zur Verantwortung zu ziehen (Finanzierungsfolgenverantwortung).[379]

Die Fortführung der Tätigkeit einer liquidationsreifen Gesellschaft kann für außenstehende Gläubiger große Risiken und Vermögensverluste mit sich bringen.[380] Durch die Gesellschafterdarlehen kann bei Dritten eine nicht vorhandene Prosperität vorgetäuscht[381] und der Eindruck erweckt werden, daß die Gesellschaft ihre finanziellen Engpässe überwunden habe und wieder zahlungsfähig sei.[382] Dadurch wird die Gesellschaft in die Lage versetzt, weiterhin am allgemeinen Rechtsverkehr teilzunehmen und neue Verbindlichkeiten ein-

---

377 Vgl. BGH WM 1972, 74 (75); BGHZ 75, 334 (337); BGHZ 76, 326 (329); BGHZ 81, 311 (314); BGHZ 81, 365 (366 f.); BGHZ 105, 168 (175 f.); BGHZ 127, 336 (344); BGH GmbHR 1996, 844 (846); Lutter: Gesellschafterdarlehen 1989, S. 478; Röhricht: Eigenkapitalersatz 1992, S. 319.

378 Vgl. zur Krisenverschleppung: BGHZ 109, 55 (57); OLG München, GmbHR 1993, 439 (439); Goette: Eigenkapitalersatzrecht 1998, S. 227; v. Gerkan: Eigenkapitalersatz 1997, S. 176; Weisang: Gesellschafterleistungen 1997, S. 198; Winter: Gläubigerschutz 1996, S. 7; Boujong: GmbH-Recht 1992, S. 209; Ulmer: Gesellschafterdarlehen 1984, S. 1166; Westermann: Gläubigerschutz 1971, S. 35; Wüst: Gläubigerschutz 1966, S. 17.

379 Vgl. BGHZ 90, 381 (389); BGH ZIP 1989, 161 (162); BGHZ 121, 31 (35 f.); BGH WM 1992, 816 (817); BGH WM 1992, 270 (272); BGHZ 127, 17 (29); BGHZ 127, 336 (344 f.); BGH GmbHR 1995, 35 (36); BGH GmbHR 1996, 844 (846); BGH ZIP 1998, 1352 (1352).

380 Vgl. Eilers/ Sieger: Finanzierung 1998, S. 65; Luckan/ Schacht: Gläubigerschutz 1970, S. 1454; Vonnemann: Gesellschafterdarlehen 1989, S. 149; Westermann: Gläubigerschutz 1971, S. 35; Bäcker: GmbH 1989, S. 684; Fleck: Bankdarlehen 1984, S. 115.

381 Vgl. Westermann: Gläubigerschutz 1971, S. 16; Lutter/ Hommelhoff: Unterkapitalisierung 1979, S. 38.

382 Vgl. Eilers/ Sieger: Finanzierung 1998, S. 13 und S. 65; Müller: Gesellschafterdarlehen 1987, S. 76; vgl. auch OLG München, GmbHR 1993, 439 (439).

zugehen,[383] die sie möglicherweise überhaupt nicht mehr erfüllen kann. Das kann schließlich zur Folge haben, daß sich das Gesellschaftsvermögen zu Lasten der Alt- und Neugläubiger weiter verringert.[384]

Im Falle der Insolvenzverschleppung können die Altgläubiger einen Quotenschaden erleiden[385] und Neugläubiger können dadurch geschädigt werden, daß sie unter der irrtümlichen Annahme der Lebensfähigkeit überhaupt noch mit der Gesellschaft kontrahieren und bereits zum Zeitpunkt des Geschäftsabschlusses eine nicht werthaltige Forderung erwerben.[386]

Man wird freilich dem Gesellschafter nicht unterstellen können, daß er mit der Darlehensgewährung in der Krise ex ante eine Gläubigerschädigung verfolgt; wenn der Gesellschafter nicht überzeugt davon wäre, seine Gesellschaft auf diesem Wege retten zu können, würde er sicherlich überhaupt keine finanziellen Mittel zur Verfügung stellen.

Gleichwohl erscheint das hier vorgetragene Argument der Krisenverschleppung beziehungsweise der Fortführung einer liquidationsreifen Gesellschaft nicht unbegründet zu sein. Für eine Gesellschaft, die aus eigener Kraft nicht mehr lebensfähig ist, wird die alsbaldige Liquidation respektive die Einleitung eines Insolvenzverfahrens im allgemeinen besser sein als ein „langes Siechtum“.[387] Davor müssen die außenstehenden Gläubiger, ähnlich wie bei dem

---

383 Vgl. Erlinghagen: Gesellschafter-Darlehen 1972, S. 149; Winter: Gläubigerschutz 1996, S. 7.

384 Vgl. OLG München, GmbHR 1993, 439 (439); Lutter/ Hommelhoff: Unterkapitalisierung 1979, S. 38.

385 Vgl. Dauner-Lieb: Quotenschaden 1998, S. 618; Herrmann: Quasi-Eigenkapital 1996, S. 124.

386 Vgl. Bäcker: GmbH 1989, S. 684; Winter: Gläubigerschutz 1996, S. 7; Lutter/ Hommelhoff: Unterkapitalisierung 1979, S. 38, die darauf hinweisen, daß durch die Gesellschafterdarlehen „weitere Gläubiger zum Geschäftsabschluß mit der Gesellschaft verlockt“ werden.

387 Claussen: Deregulierung 1996, S. 317; vgl. Vonnemann: Gesellschafterdarlehen 1989, S. 149; Fleck: Bankdarlehen 1984, S. 111; Wüst: Gläubigerschutz 1966, S. 15, der die Auffassung vertritt, daß eigenkapitalersetzende Gesellschafterdarlehen den „Selbstreinigungsprozeß der Wirtschaft“ erschweren.

Tatbestand der Insolvenzverschleppung,[388] geschützt werden.[389] Die potentielle Schädigung ist zwar nicht unmittelbar auf die Gewährung des Gesellschafterdarlehens zurückzuführen, sondern vielmehr auf den sich anschließenden negativen Geschäftsverlauf.[390] Dieser wiederum ist aber erst durch die Darlehensfinanzierung ermöglicht worden.[391]

Begründet man eine mittelbare Gläubigerschädigung in diesem Sinne, so sind letztendlich drei Elemente von Bedeutung: Entscheidend ist neben der wirtschaftlichen Situation der Gesellschaft (Krise) auch der Zweck des Gesellschafterdarlehens (Aufrechterhaltung der Lebensfähigkeit) sowie die aus der Darlehensgewährung resultierenden möglichen negativen Folgen für die Gläubiger.

In ganz ähnlicher Weise hat bereits die ältere Rechtsprechung des Bundesgerichtshofes argumentiert: Sie stellt in entscheidendem Maße auf den Konkursabwendungszweck des Darlehens, auf die wirtschaftliche Situation der Gesellschaft (Konkursreife) und auf die durch den unzeitigen Abzug der Darlehen hervorgerufene Gläubigerschädigung ab.[392]

Der Bundesgerichtshof kann zwar durch die Einführung der Kreditunwürdigkeit[393] seine vorangegangene Argumentationsweise nicht mehr aufrecht erhalten, weil die Kreditunwürdigkeit per se noch keinen Konkursgrund darstellt; der Grundgedanke ist allerdings beibehalten worden: Es geht bei der Abgrenzung von Gesellschafterdarlehen nach wie vor um die Frage, ob einer aus eigener

---

388 Vgl. § 64 Abs. 1 GmbHG i.V.m. § 823 Abs. 2 BGB; vgl. dazu auch Ulmer: Hachenburg-GmbHG 1997, § 64 Rz. 35-65; Rowedder: GmbHG 1997, § 64 Rz. 19-26; Lutter/ Hommelhoff: GmbHG 1995, § 64 Rz. 13-23; Schmidt: Scholz-GmbHG 1995, § 64 Rz. 28-48; Wüst: Gläubigerschutz 1966, S. 27 f.

389 Vgl. Claussen: Kreditinstitute 1983, S. 203.

390 Vgl. Vonnemann: Unterkapitalisierung 1991, S. 70.

391 Vgl. Vonnemann: Gesellschafterdarlehen 1989, S. 149; Friedrich: Gesellschafterdarlehen 1974, S. 81.

392 Vgl. BGHZ 31, 258 (272); BGH WM 1963, 121 (121); BGH WM 1972, 74 (75); BGHZ 67, 171 (175); BGHZ 75, 334 (336 f.).

393 Vgl. BGHZ 76, 326 (330).

Kraft nicht mehr lebensfähigen (konkursreifen) Gesellschaft allein durch das Darlehen die Fortexistenz in der Krise ermöglicht wird.[394]

Dienen die Gesellschafterdarlehen einzig und allein dem Zweck, die Fortführung einer nicht mehr fortführungswürdigen Gesellschaft zu ermöglichen[395] und werden durch das „Weiterwursteln"[396] der Gesellschaft Verluste achtlos in Kauf genommen, so erscheint es vertretbar und auch geboten zu sein, daß aus Gläubigerschutzgründen die Darlehensforderungen der Gesellschafter im Rang hinter die der außenstehenden Gläubiger zurückgestuft werden.

III. Dominanz des Gläubigerschutzes

Bei der hier zu erörternden Abgrenzungsproblematik geht es um eine sinnvolle Abwägung zwischen dem Grundsatz des Gläubigerschutzes auf der einen und dem der Finanzierungsfreiheit auf der anderen Seite. Wie oben dargelegt wurde, gibt es viele und auch gute Gründe für einen Gesellschafter, seine GmbH auf dem Darlehenswege zu finanzieren.[397] Gesellschafterdarlehen sind in der Praxis keine seltene Form der Finanzierung[398] und nicht von vornherein mit dem Odium der Gläubigerschädigung behaftet.[399] Gleichwohl entsteht der Eindruck, daß der Gesetzgeber und mit ihm die Rechtsprechung des Bundesgerichtshofes bei ihren Bemühungen um einen verbesserten Gläubigerschutz zuweilen über das Ziel hinausschießen.[400]

Im älteren Schrifttum hat bereits *Westermann* auf „die oft unkritische Verwendung des Gläubigerschutzgedankens"[401] aufmerksam gemacht. *Hofmann* er-

---

394 Vgl. Goette: Eigenkapitalersatzrecht 1998, S. 227.

395 Vgl. Klaus: Gesellschafterdarlehen 1994, S. 250.

396 Friedrich: Gesellschafterdarlehen 1974, S. 81.

397 Vgl. Zweites Kapitel: Abschnitt B.II.1.

398 Vgl. Weisang: Gesellschafterleistungen 1997, S. 197; Bitz: Gesellschafterdarlehen 1979, S. 353; Barz: Reform 1963, S. 127.

399 Vgl. Arbeitsgruppe GmbH-Reform: Protokoll 1979, S. 3/30 (Schmidt); Dendorfer: Gesellschafterdarlehen 1985, S. 245; Erlinghagen: Gesellschafter-Darlehen 1972, S. 151.

400 Vgl. Luckan/ Schacht: Gläubigerschutz 1970, S. 1457.

401 Westermann: Gläubigerschutz 1971, S. 8.

hebt gegenüber der Rechtsprechung sogar den Vorwurf der einseitigen Interessenwertung zum Nachteil der Gesellschafter[402] und *Wiethölter* bezeichnet den Gläubigerschutz als „verhätscheltes Lieblingskind"[403] des Gesetzgebers.

Auch im neueren Schrifttum mehren sich die Stimmen, die den Gläubigerschutz bei eigenkapitalersetzenden Gesellschafterdarlehen nach seinem im Gesellschaftsrecht erreichten Ausmaß für weit überzogen halten.[404] Deutlich wird dieser Unmut von *Claussen* zum Ausdruck gebracht, der die Auffassung vertritt, daß die Rechtsentwicklung im Eigenkapitalersatzrecht „den Gedanken von der juristischen Unerwünschtheit von jedem Finanzverkehr zwischen Gesellschafter und Gesellschaft außerhalb des Eigenkapital-Bereichs" aufdrängt, so daß die „These von der Freiheit der Finanzierung der GmbH [...] nicht mehr rechtens" wäre.[405] Zudem weisen *von Gerkan* und *Hommelhoff* darauf hin, daß man im Bundesfinanzhof dem „gesellschaftsrechtlichen Schutzkonzept [...] offenbar äußerst reserviert gegenüber"[406] steht.

Besonders auffällig wird die Dominanz des Gläubigerschutzes schließlich bei dem Abgrenzungskriterium der Kreditunwürdigkeit, mit dem der Gläubigerschutz in einen Bereich vorverlagert wird, der zeitlich noch vor den Insolvenz-

---

402 Vgl. Hofmann: GmbH 1966, S. 1944; mit grundlegender Kritik am Gläubigerschutz Limbach: GmbH 1966, S. 107-124.

403 Wiethölter: GmbH 1970, S. 15, der an anderer Stelle (S. 17) „das falsche und überdies hilflose Gläubigerschutzdenken" im Gesellschaftsrecht massiv angreift.

404 Vgl. Grunewald: Gesellschafterdarlehen 1997, S. 7-10, die mit fundamentaler Kritik am Eigenkapitalersatzrecht sogar für eine völlige Abschaffung der Eigenkapitalersatzregeln plädiert; vgl. auch Claussen: Deregulierung 1996, S. 316-327; Claussen: Kapitalersatzrecht 1994, S. 13; Claussen: Betriebswirtschaft 1992, S. 139-154; Wassermeyer: Leistungen I 1992, S. 640 f.; a.A. v. Gerkan/ Hommelhoff: Kapitalersatz 1997, S. 16 f.

405 Claussen: Betriebswirtschaft 1992, S. 147 f., der allerdings die inzwischen reglementierte Befreiung von "Zwerganteilen" durch das KapAEG 1998 noch nicht berücksichtigen konnte; vgl. dazu Erstes Kapitel: Abschnitt B.IV.1.

406 v. Gerkan/ Hommelhoff: Kapitalersatz 1997, S. 16 mit Verweis auf BFHE 166, 356 und EWiR 1992, 691 (Crezelius); dazu Wassermeyer: Leistungen I 1992, S. 641, der die Grundsatzfrage aus der Sicht des Steuerrechts an das Zivilrecht richtet, „ob nicht die häufig gestellte Forderung, eigenkapitalersetzende Leistungen seien schon zivilrechtlich als die Zuführung materiellen Eigenkapitals zu behandeln, weit überzogen ist".

gründen liegt.[407] Damit nimmt der Gläubigerschutz jedoch einen Bereich ein, dessen Konkretisierung nicht nur schwer greifbar und nachvollziehbar ist,[408] sondern in dem auch eine gläubigerschädigende Krisenverschleppung nicht mehr hinreichend begründbar ist. Der „Bezugszeitpunkt, zu dem [das] Kapitalersatzrecht einsetzt, soll ausschließlich der Zeitpunkt sein, zu dem ein Gläubiger geschädigt und ein Gesellschafter/Darlehensgeber bevorzugt werden kann, nämlich der Zeitpunkt der Insolvenz."[409] Solange die Gesellschaft dauerhaft in der Lage ist, ihren Kapitaldienst zu leisten und ihre sonstigen Verpflichtungen zu erfüllen, wird man eine Gläubigerschädigung wohl kaum überzeugend darlegen können.[410]

Vor diesem Hintergrund erscheint eine kritische Haltung gegenüber der Dominanz des Gläubigerschutzes im Eigenkapitalersatzrecht nicht unbegründet zu sein. Bei der allgemein gehaltenen Zielvorstellung "Verbesserung des Gläubigerschutzes" kann es sich sicherlich nur um einen angemessenen und nicht um einen überzogenen Gläubigerschutz handeln.[411]

Immerhin räumt der Bundesgerichtshof in dem "Deckenputz-Urteil" noch ein, daß mit den Rechtsprechungsregeln lediglich „eine über das gewöhnliche Maß hinausgehende Gefährdung der Gläubiger ausgeschaltet"[412] werden soll. Einen umfassenden Gläubigerschutz wird man dagegen nur auf dem Versicherungswege erreichen können.[413]

---

407 Vgl. Goette: BGH-Rechtsprechung 1997, S. 92; v. Gerkan/ Hommelhoff: Kapitalersatz 1997, S. 52; Goette: Rechtsprechung 1997, S. 2030; Claussen: Deregulierung 1996, S. 319.

408 Vgl. zur Abgrenzungsproblematik bei dem Kriterium der Kreditunwürdigkeit Zweites Kapitel: Abschnitt D.V.

409 Claussen: Kapitalersatzrecht 1994, S. 15; ähnlich Drebes: Finanzierungsverhalten 1982, S. 94.

410 Vgl. Hommel: Insolvenzrecht 1998, S. 304.

411 Vgl. Friedrich: Gesellschafterdarlehen 1974, S. 128; Drebes: Finanzierungsverhalten 1982, S. 33; Hommelhoff: Gesellschafterdarlehen 1988, S. 485.

412 BGH WM 1972, 74 (75).

413 Vgl. Wiedemann: Gesellschaftsrecht 1980, S. 516; in diesem Sinne offenbar auch Bartels: Haftung 1989, S. 29, der für das Privileg der beschränkten Haftung die Zahlung eines Preises (Pflichtversicherung) vorschlägt.

C. Reformdiskussion

I. Überblick

Das zentrale Problem im Eigenkapitalersatzrecht besteht darin, geeignete Kriterien für eine zutreffende Abgrenzung zwischen eigenkapitalersetzenden und normalen Gesellschafterdarlehen zu finden.[414] Dieses zentrale Abgrenzungsproblem haben Gesetzgeber und Rechtsprechung lange Zeit auf unterschiedlichen Wegen zu lösen versucht.

Während die dem Gesetzgeber vorauseilende Rechtsprechung des Bundesgerichtshofes in der Abgrenzungsfrage von Anfang an auf die Krise der Gesellschaft (Konkursreife) abgestellt hat,[415] hat der Gesetzgeber durch sein Festhalten an dem Erfordernis der Zuführung von Eigenkapital eine lebhafte Reformdiskussion zu der Frage entfacht, wann einer Gesellschaft Eigenkapital zugeführt werden muß.

Diese Reformdiskussion zeigt nicht nur die eklatanten Probleme auf, die mit der Auslegung der unbestimmten Abgrenzungsformeln "nach der Sachlage gebotene Eigenkapitalzuführung"[416] und dem "Finanzierungsverhalten ordentlicher Kaufleute"[417] verbunden sind, sondern verdeutlicht zudem, daß keine oder nur marginale Unterschiede zwischen diesen beiden Formeln bestehen und aus Abgrenzungssicht kein Fortschritt erzielt worden ist.[418] Diese Tatsache

---

414 Vgl. Harrer: Haftungsprobleme 1990, S. 182; Hommelhoff: Gesellschafterdarlehen 1988, S. 469; Dendorfer: Gesellschafterdarlehen 1985, S. 3; Drukarczyk: Gläubigerschutz 1979, S. 54; Kreuzer: Gläubigerschutz 1978, S. 827; Klausing: Protokolle III 1937, S. 61.

415 Vgl. die ältere Rechtsprechung, in der auf die Krise im Sinne der Konkursreife abgestellt wird: BGHZ 31, 258 (272); BGH WM 1963, 121 (121); BGH WM 1972, 74 (75); BGHZ 67, 171 (175); BGHZ 75, 334 (336 f.); vgl. auch die neuere Rechtsprechung, in der auf Krise im Sinne der Konkursreife plus Kreditunwürdigkeit abgestellt wird: BGHZ 76, 326 (330); BGHZ 81, 252 (255-258); BGHZ 81, 311 (318); BGHZ 81, 365 (367); BGH ZIP 1985, 1075 (1076); BGHZ 95, 188 (194); BGH WM 1986, 1554 (1555); BGH WM 1987, 1488 (1488); BGHZ 106, 7 (11); BGH ZIP 1989, 93 (94); BGHZ 119, 201 (212 f.); BGH GmbHR 1994, 394 (396); BGH DStR 1997, 1581 (1583); BGH ZIP 1998, 243 (244).

416 Vgl. § 36 GmbHG-E. 1939, abgedruckt bei Schubert: Entwurf 1985, S. 103; § 47 RefE 1969, BJM 1969, S. 18.

417 Vgl. § 49 RegE 1971/73, BT-Drucksache 6/3088, S. 15 und BT-Drucksache 7/253, S. 15; § 32 a RegE 1977, BT-Drucksache 8/1347, S. 9 f.

418 Vgl. Winter: Haftung 1973, S. 138 f.

rechtfertigt es, im Folgenden beide Formeln hinsichtlich ihrer Abgrenzungsproblematik zu beleuchten.

II. Nach der Sachlage gebotene Eigenkapitalzuführung

Wie im Ersten Kapitel ausgeführt wurde, hält der Gesetzgeber die Sonderbehandlung von Gesellschafterdarlehen für erforderlich, wenn die Darlehen gewährt worden sind, obwohl nach der Sachlage eine Zuführung zum Eigenkapital geboten war.[419]

Die Auslegung dieser unbestimmten Formel stellt sich jedoch als überaus problematisch dar: Die Schwierigkeit besteht vor allem darin, objektive Kriterien zu finden, nach denen im Einzelfall festgestellt werden kann, ob im Zeitpunkt der Darlehensgewährung eine Eigenkapitalzuführung notwendig gewesen wäre.[420]

Die von dem Gesetzgeber vorgelegten Erläuterungen und Vermutungen erweisen sich in dieser Frage aber nur zum Teil als hilfreich: Gegenüber der Entwurfsbegründung 1939, in der lediglich darauf hingewiesen wird, daß kurzfristige Darlehen in der Regel nicht unter die Vorschrift fallen sollen,[421] bemüht sich der Referentenentwurf 1969 immerhin, durch widerlegbare und unwiderlegbare Vermutungen eine Konkretisierung in der Abgrenzungsfrage herbei zu führen.[422]

Unter diesen aufgestellten Vermutungen erscheint jedoch nur diejenige objektiv und in der Praxis konkret abgrenzbar zu sein, die an den Zweck der Darlehensgewährung anknüpft:[423] Hiernach wird eine nach der Sachlage gebotene Eigenkapitalzuführung unwiderleglich vermutet, wenn die Gesellschafterdarle-

---

419 Vgl. Erstes Kapitel: Abschnitt B.II.1.

420 Vgl. Friedrich: Gesellschafterdarlehen 1974, S. 25; Kamprad: Referenten-Entwurf 1969, S. 169; Barz: Reform 1963, S. 127.

421 Vgl. Begründung zu § 36, 37 GmbHG-E. 1939, abgedruckt bei Schubert: Entwurf 1985, S. 163.

422 Vgl. § 47 Abs. 2 RefE 1969, BJM 1969, S. 18.

423 Vgl. Kamprad: Referenten-Entwurf 1969, S. 171.

hen dazu gedient haben, die Zahlungsunfähigkeit der Gesellschaft abzuwenden.[424]

Diese Vermutung, für die das "Lufttaxi-Urteil"[425] offensichtlich „Pate gestanden“[426] hat, erscheint vor dem Hintergrund der Gläubigergefährdung sachgerecht und ist im Interesse der Rechtssicherheit zu begrüßen.[427] Denn der vorzeitige Abzug der mit dem Zweck der Konkursabwendung ausgereichten Gesellschafterdarlehen würde im Ergebnis auf eine Konkursverschleppung hinauslaufen und die berechtigten Interessen der außenstehenden Gläubiger verletzen.[428]

Problematisch erscheinen demgegenüber die Vermutungen des RefE 1969 zu sein, die an die Dauer der Darlehensgewährung anknüpfen: Für unbefristete Gesellschafterdarlehen gilt die unwiderlegbare und für befristete Darlehen mit einer Laufzeit von über einem Jahr die widerlegbare Vermutung, daß sie eine nach der Sachlage gebotene Eigenkapitalzuführung ersetzen.[429]

Gerade diesen Vermutungen begegnet das Schrifttum mit deutlicher Kritik: *Kamprad* wendet ein, daß unbefristete Darlehen unter Einhaltung einer dreimonatigen Frist gemäß § 609 BGB kündbar und damit kurzfristigen Krediten gleichzusetzen sind.[430] Und *Lutter* trägt erhebliche Zweifel daran, daß die widerlegbare Vermutung in der Praxis überhaupt entkräftet werden kann.[431]

Aus der bestehenden Abgrenzungsproblematik werden im Schrifttum unterschiedliche Schlußfolgerungen gezogen: *Kamprad* ist der Auffassung, daß es der Gesetzgeber bei dem exakt abgrenzbaren Fall "Darlehen zur Abwendung

---

424 Vgl. § 47 Abs. 2 Satz 1 RefE 1969, BJM 1969, S. 18.

425 Vgl. BGHZ 31, 258.

426 Kamprad: Kapitalersatz 1975, S. 56.

427 Vgl. Kamprad: Referenten-Entwurf 1969, S. 171.

428 Vgl. Kamprad: Referenten-Entwurf 1969, S. 171.

429 Vgl. § 47 Abs. 2 Satz 1 und 2 RefE 1969, BJM 1969, S. 18.

430 Vgl. Kamprad: Referenten-Entwurf 1969, S. 171; Mosthaf: Reformen 1994, S. 101; vgl. auch Putzo: Palandt-BGB 1999, § 609 Rz. 1-16.

431 Vgl. Lutter: Rechtsverhältnisse 1970, S. 76.

der Konkursantragspflicht" bewenden lassen sollte.[432] In der Literatur werden aber auch weitergehende Positionen bezogen: Während ein Teil dafür plädiert, kurzerhand alle Gesellschafterdarlehen im Range hinter die Forderungen der außenstehenden Gläubiger zurück zu stufen,[433] treten andere dafür ein, die Vorschrift gänzlich zu streichen.[434]

Bei diesen Extrempositionen ist zwar die Abgrenzungsfrage eindeutig gelöst,[435] jedoch erscheint eine generelle Zurückstufung der Gesellschafterdarlehen genauso unbefriedigend zu sein[436] wie die generelle Gleichbehandlung von Gläubiger- und Gesellschafterforderungen im Konkursverfahren.[437] Im ersten Fall würde sich die Bereitschaft vieler Gesellschafter nachhaltig vermindern, ihrer Gesellschaft überhaupt noch Darlehen zu gewähren. Dies könnte zur Folge haben, daß eine außerordentlich wichtige Finanzierungsquelle der GmbH versiegen würde.[438] Im zweiten Fall könnten die Gesellschafter einen drohenden Konkurs nach Belieben hinauszögern und den Gläubigern empfindliche Vermögensverluste zufügen.[439]

---

432 Vgl. Kamprad: Kapitalersatz 1975, S. 56.

433 Vgl. Lutter: Rechtsverhältnisse 1970, S. 76 f.; Immenga: Kapitalgesellschaft 1970, S. 412 f. und S. 423; Ballerstedt: Reform 1971, S. 393; Winter: Haftung 1973, S. 176 f.; in diesem Sinne bereits Fischer: Gesellschaft 1948, S. 117 f. und S. 137; kritisch jedoch Wiedemann: Gesellschaftsrecht 1980, S. 569.

434 Vgl. Deutsche Gesellschaft für Betriebswirtschaft: Stellungnahme 1970, S. 455; bedingt auch Erlinghagen: Gesellschafter-Darlehen 1972, S. 152, der empfiehlt, auf eine gesetzliche Regelung zu verzichten, falls keine überzeugende Lösung in der Abgrenzungsfrage angeboten werden kann.

435 Vgl. Winter: Haftung 1973, S. 177; Friedrich: Gesellschafterdarlehen 1974, S. 130; Kreuzer: GmbH-Novelle 1980, S. 603.

436 Vgl. Drukarczyk: Gläubigerschutz 1979, S. 122; Verhoeven: Novellierung 1977, S. 810; Friedrich: Gesellschafterdarlehen 1974, S. 130 f.

437 Vgl. Kreuzer: Gläubigerschutz 1978, S. 827.

438 Vgl. Kreuzer: Gläubigerschutz 1978, S. 827; Verhoeven: Novellierung 1977, S. 810; vgl. auch Friedrich: Gesellschafterdarlehen 1974, S. 131; Erlinghagen: Gesellschafter-Darlehen 1972, S. 148 f.; Westermann: Gläubigerschutz 1971, S. 18 und S. 32 f.; Barz: Reform 1963, S. 127; Klausing: Protokolle III 1937, S. 61; Großmann-Doerth: Protokolle III 1937, S. 62; Kolb: Protokolle III 1937, S. 63.

439 Vgl. Zweites Kapitel: Abschnitt B.II.2.b. und 2.d.

Wonach soll sich aber bestimmen, ob nach der Sachlage eine Zuführung zum Eigenkapital geboten ist? Im Schrifttum finden sich zu dieser Frage verschiedene Lösungsvorschläge, die vorwiegend auf bestimmten Verhältniszahlen zur Vermögens- und Kapitalstruktur beruhen.[440] Nicht selten werden diese Vorschläge jedoch mit dem Einwand konfrontiert, daß solche Kennzahlen in der Praxis je nach Branche, und auch innerhalb der einzelnen Branche, sehr unterschiedlich ausfallen können, ohne daß daraus schon die Schlußfolgerung einer gesunden oder gefährlichen Finanzierung der Gesellschaft gezogen werden kann.[441]

Gegenüber diesen kennzahlenorientierten Lösungsvorschlägen finden sich in der Literatur aber auch Ansätze, die weniger auf das Erfordernis der Zuführung von Eigenkapital abstellen, sondern die Formel im Sinne der Zahlungsfähigkeit der Gesellschaft und mit Hilfe von Finanzplänen interpretieren.[442] Besonders hervorzuheben ist hierbei der Lösungsbeitrag von *Albach*,[443] der zur Abgrenzung von Gesellschafterdarlehen einen „rationalen Finanzierungsplan“[444] vorschlägt und dabei prüft, ob die Gesellschafterdarlehen Bestandteil eines solchen Finanzplans sind und die Zahlungsfähigkeit der Gesellschaft in jeder Periode gewahrt ist.[445]

---

440 Vgl. z.B. Kamm: Gesellschafterdarlehen 1967, S. 153-186; Maul: Kapitalzuführung 1969, S. 307-311; Winter: Haftung 1973, S. 122 und S. 140-150.

441 Vgl. Erlinghagen: Gesellschafter-Darlehen 1972, S. 146; Kamprad: Referenten-Entwurf 1969, S. 169; Drukarczyk: Gläubigerschutz 1979, S. 122; vgl. auch Bitz: Gesellschafterdarlehen 1979, S. 356, der noch weitere Argumente gegen die Verwendung von Bilanzkennzahlen anführt.

442 Vgl. dazu Albach: Finanzierung 1962, S. 653-687; Büschgen: Eigenkapitalausstattung 1974, S. 51-53; Rexrodt: Gesellschafterdarlehen 1978, S. 82-131.

443 Vgl. Albach: Finanzierung 1962, S. 653-687, dessen Beitrag sich zwar originär auf § 3 KVStG bezieht, der später allerdings neben dem Vorschlag von Erlinghagen (Kreditunwürdigkeit) zur Auslegung der gesellschaftsrechtlichen Formel in die engere Wahl gezogen worden ist; vgl. hierzu Geßler: Probleme 1966, S. 108; Geßler: GmbH-Recht 1969, S. 591; vgl. zur Kreditunwürdigkeit Erlinghagen: Haftungsfragen 1962, S. 174; Erlinghagen: Gesellschafter-Darlehen 1972, S. 147.

444 Albach: Finanzierung 1962, S. 675.

445 Vgl. dazu Drukarczyk: Gläubigerschutz 1979, S. 57.

Abgesehen von diesen Lösungsvorschlägen steht das Schrifttum der unbestimmten Formel "nach der Sachlage gebotene Eigenkapitalzuführung" weitgehend kritisch gegenüber: Nach *Ballerstedt* ist dieser Maßstab „zu vage“[446] und *Westermann* bezeichnet das „höchst umstrittene Kriterium der gebotenen Eigenkapitalzuführung“[447] als „unzulänglich“ und als „zu unsicher“.[448] Der Arbeitsausschuß der *Deutschen Gesellschaft für Betriebswirtschaft* kommt in seiner Stellungnahme zu dem Ergebnis, „daß es nach dem heutigen Stand der betriebswirtschaftlichen Erkenntnis nicht möglich ist, eine Abgrenzung der Darlehen im Sinne der Vorschrift [...] vorzunehmen.“[449]

Somit steht der Gesetzgeber mit seiner an § 3 Abs. 1 KVStG angelehnten Formel vor ganz ähnlichen Schwierigkeiten, wie sie sich zuvor im Kapitalverkehrsteuerrecht abgezeichnet hatten und demnach hinlänglich bekannt waren.[450]

In einem Gutachten über die Bestimmbarkeit des Begriffes "gebotene Kapitalzuführung" kommt *Lechner* zu dem Ergebnis:[451] „Was gebotene Eigenkapitalzuführung ist, läßt sich [...] theoretisch nur in sehr allgemeinen Formulierungen sagen, praktisch gibt es abweichendste Meinungen und Vorgangsweisen. [...] Es gibt zu viele Einflußgrößen, welche die Finanzierung der Unternehmung bestimmen, zu unterschiedliche unternehmerische Verhaltensweisen (geprägt durch Risikofreude und Risikoscheu, geprägt auch durch Fähigkeiten, Kreditmöglichkeiten zu erkennen, zu nutzen und sinnvoll einzusetzen), zu abweichende Meinungen über sinnvolle Vermögens- und Kapitalstrukturen, als daß es denkbar wäre, in jedem Falle exakt festzustellen, ob eine als Gesellschaf-

---

[446] Ballerstedt: Reform 1971, S. 392.

[447] Westermann: Gläubigerschutz 1971, S. 18.

[448] Westermann: Gläubigerschutz 1971, S. 31.

[449] Deutsche Gesellschaft für Betriebswirtschaft: Stellungnahme 1970, S. 455.

[450] Vgl. Kamprad: Gesellschafterdarlehen 1980, S. 25; Kamprad: Kapitalersatz 1975, S. 56; Ballerstedt: Reform 1971, S. 392; Barz: Reform 1963, S. 127.

[451] Vgl. Lechner: Kapitalzuführung 1969, S. 158-162: Gutachten über die Bestimmbarkeit des Begriffes der "gebotenen Kapitalzuführung" der österreichischen Parallelvorschrift (§ 3 Abs. 1 ÖStKVStG).

terdarlehen erbrachte Leistung tatsächlich den Charakter einer Eigenkapitalzufuhr hat."[452]

Alle Bemühungen im Kapitalverkehrsteuerrecht, die unbestimmte Formel "nach der Sachlage gebotene Kapitalzuführung" mit Hilfe von Finanzierungsregeln (goldene Bilanzregel[453]) oder mit Hilfe eines verantwortungsbewußten und vorsichtigen Kaufmanns, der alle Umstände kennt und verständnisvoll berücksichtigt,[454] auszulegen, haben sich schon in diesem Rechtsgebiet als wenig hilfreich und schließlich als unhaltbar erwiesen.[455]

Die Abgrenzungsproblematik hat schließlich dazu geführt, daß die Vorschrift des § 3 Abs. 1 KVStG - wie zuvor schon die österreichische Parallelvorschrift[456] - als nicht mehr praktikabel und justiziabel angesehen[457] und im Jahre 1971 ersatzlos aufgehoben worden ist.[458]

III. Finanzierungsverhalten ordentlicher Kaufleute

Die gravierenden Abgrenzungsprobleme und die tiefgreifenden Konsequenzen im Kapitalverkehrsteuerrecht haben den Gesetzgeber im Gesellschaftsrecht offenbar dazu bewogen, in seinem Regierungsentwurf 1971 von der Formel

---

452 Lechner: Kapitalzuführung 1969, S. 162.

453 Vgl. BFHE 75, 489 (496); vgl. auch Kamprad: Gesellschafterdarlehen 1980, S. 48; kritisch gegenüber der goldenen Bilanzregel insbesondere: Lechner: Betriebswirtschaftslehre 1967, S. 53; Gutenberg: Finanzen 1980, S. 272-296.

454 Vgl. BFH BStBl. III 1952, 181 (182).

455 Vgl. BFH BStBl. II 1970, 279 (283-286); BFH BStBl. II 1970, 289 (290); Dendorfer: Gesellschafterdarlehen 1985, S. 79-95; Winter: Haftung 1973, S. 132-140.

456 Im Gegensatz zu BVerfGE 13, 153 wurde die gleichlautende Vorschrift des § 3 Abs. 1 ÖStKVStG wegen der Unbestimmtheit ihres Inhaltes vom Österreichischen Verfassungsgerichtshof im Anschluß an das Gutachten Karl Lechners als verfassungswidrig erklärt und anschließend aufgehoben: vgl. dazu ÖStVerfGHE 34, 420; Lechner: Kapitalzuführung 1969, S. 158-162; Ebenroth: Vermögenszuwendungen 1979, S. 258; Vodrazka: Finanzierungsregeln 1972, S. 333 Fn. 1.

457 Vgl. Winter: Haftung 1973, S. 137 f.; Kamprad: Kapitalersatz 1975, S. 56; Kamprad: Gesellschafterdarlehen 1980, S. 25.

458 Vgl. KVStÄndG vom 23.12.1971 (BGBl. I 1971, S. 2134); Friedrich: Gesellschafterdarlehen 1974, S. 25-34; Dendorfer: Gesellschafterdarlehen 1985, S. 79-95.

"nach der Sachlage gebotene Kapitalzuführung" Abstand zu nehmen und sie durch das "Finanzierungsverhalten ordentlicher Kaufleute" zu ersetzen.[459]

Da sich ein ordentlicher Kaufmann aber im Zweifel daran orientiert, was die Sachlage gebietet, dürfte der Unterschied zwischen diesen beiden unbestimmten Rechtsbegriffen allenfalls gering sein.[460] Damit stellt sich (auch weiterhin) die Frage, wann ein ordentlicher Kaufmann seiner Gesellschaft Eigenkapital zuführen muß. Nur wenn sich diese Frage hinreichend exakt beantworten ließe, wäre die Vorschrift auch praktikabel.[461]

Nach der Vorstellung des Arbeitskreises GmbH-Reform wird es bei „der Entscheidung darüber, wie sich ein ordentlicher Kaufmann in der konkreten Situation verhalten hätte, [...] vor allem auf den Umfang und die Ertragskraft des Unternehmens, die branchentypische und seine spezifische Risikostruktur und den üblichen Verschuldungsgrad in dem betreffenden Geschäftszweig ankommen. Die Kreditwürdigkeit der Gesellschaft kann daneben ein weiteres Indiz sein; dabei wäre es freilich verfehlt, ausschließlich die Kreditwürdigkeitsprüfung der Banken über Aberkennung oder Nichtaberkennung von Gesellschafterdarlehen entscheiden zu lassen."[462]

Das überwiegende Schrifttum begegnet der neuen Abgrenzungsformel jedoch mit deutlicher Kritik: *Winter* ist der Auffassung, daß das hypothetische Finanzierungsverhalten eines ordentlichen Kaufmanns gegenüber der zuvor verwendeten Formel keinen Fortschritt „im Hinblick auf Rechtssicherheit und Praktikabilität"[463] darstellt. *Ballerstedt* kommt zu dem Ergebnis, daß man „wenig an Klarheit" gewinnt, wenn man „die Verhaltensweise eines unbeteiligten Dritten [wählt]; denn auch dann stellt man den Richter vor die Auf-

---

[459] Vgl. Erlinghagen: Gesellschafter-Darlehen 1972, S. 145; Friedrich: Gesellschafterdarlehen 1974, S. 121; Kamprad: Gesellschafterdarlehen 1980, S. 27; Drebes: Finanzierungsverhalten 1982, S. 8 f.; Dendorfer: Gesellschafterdarlehen 1985, S. 19; vgl. auch Erstes Kapitel: Abschnitt B.II.2.

[460] Vgl. Erlinghagen: Gesellschafter-Darlehen 1972, S. 145; vgl. auch Winter: Haftung 1973, S. 139, der keinen Unterschied zwischen den beiden Formeln sieht.

[461] Vgl. Kamprad: Kapitalersatz 1975, S. 55.

[462] Arbeitskreis GmbH-Reform 1972, S. 19.

[463] Winter: Haftung 1973, S. 138.

gabe, nachträglich den Beteiligten sagen zu sollen, was ein redlicher, kritischer, umsichtiger etc. Geschäftsmann in einer vielleicht lange Zeit zurückliegenden Situation getan hätte, und damit überfordert man ihn."[464]

In der Arbeitsgruppe GmbH-Reform weist der *Deutsche Sparkassen- und Giroverband* nachdrücklich darauf hin, daß bei der Anwendung der „sehr subjektive[n] Formulierung des "ordentlichen Kaufmanns" [...] erhebliche Schwierigkeiten entstehen" können, weil die Eigenkapitalzuführung ordentlicher Kaufleute „von Branche zu Branche äußerst unterschiedlich [ist und] auch noch innerhalb der Branchen sehr eingehende betriebswirtschaftliche Betrachtungen über Anlage- und Umlaufvermögen, über Umsätze usw. angestellt werden" müssen. „Welcher Richter ist dazu in der Lage, wenn nicht einmal im Rahmen der Kreditprüfung, der Kreditgewährung die Wirtschaftsexperten heute eindeutige Aussagen über solche Dinge machen können"?[465]

Bedenken trägt auch die *Bundessteuerberaterkammer* in der Arbeitsgruppe GmbH-Reform vor: Sie befürchtet, daß die Formulierung des § 32 a GmbHG „in der Praxis zu wesentlichen Schwierigkeiten führen wird"[466] und verweist dabei auf die hinlänglich bekannten Abgrenzungsprobleme bei dem inzwischen aufgehobenen § 3 Abs. 1 KVStG.

Obwohl die schwierige Frage, wann ein ordentlicher Kaufmann seiner Gesellschaft Eigenkapital zuführen muß, (noch) nicht hinreichend geklärt ist, wird die Formel im Jahre 1980 in das GmbH-Gesetz übernommen.[467] In der Amtlichen Begründung gibt der Gesetzgeber keine Antwort auf die Abgrenzungsfrage, sondern verweist auf die Rechtsprechung und das Schrifttum: „Die Feststellung, ob die Gesellschafter als ordentliche Kaufleute im Zeitpunkt der Darlehensgewährung statt dessen Eigenkapital zugeführt hätten, wird im Einzelfall zwar nicht einfach zu treffen sein, jedoch nicht auf unüberwindliche Schwierigkeiten stoßen. Anhaltspunkte werden sich insoweit aus den bisher schon in der

---

464 Ballerstedt: Reform 1971, S. 393.

465 Arbeitsgruppe GmbH-Reform: Protokoll 1979, S. 3/30 (Schmidt).

466 Arbeitsgruppe GmbH-Reform: Protokoll 1979, S. 3/14 (Wehage).

467 Vgl. GmbH-Novelle vom 04.07.1980 (BGBl. I 1980, S. 836); Drebes: Finanzierungsverhalten 1982, S. 11.

Rechtsprechung gefundenen Abgrenzungskriterien finden lassen. Außerdem hat das Schrifttum auch andere Wege aufgezeigt, die das Problem einer Lösung zuführen können."[468]

In Bezug auf diese Argumentation kritisiert *Erlinghagen* zu Recht, daß der Gesetzgeber mit dieser Abgrenzungsformel und dem Hinweis auf Rechtsprechung und Schrifttum „nicht zur Klärung der entscheidenden Frage beiträgt, unter welchen Voraussetzungen Gesellschafter-Darlehen [...] wie (haftendes) Eigenkapital zu behandeln sind."[469] Und *Geßler* merkt an: „Gerade in einer für die Finanzierung der GmbH so bedeutsamen Frage hätte auf eine genaue Abgrenzung nicht verzichtet werden dürfen".[470]

Immerhin ist es das erklärte Anliegen des Gesetzgebers, nicht nur „eine eigene gesetzliche Rechtsgrundlage" für Gesellschafterdarlehen zu schaffen, sondern dabei auch „bestehende Zweifelsfragen soweit wie möglich auszuräumen".[471] Diesem Anspruch vermag der Gesetzgeber jedoch nicht gerecht zu werden.[472] Indem auf der einen Seite zwar eine eigene Rechtsgrundlage geschaffen, auf der anderen Seite aber nur auf das Finanzierungsverhalten eines „ordentlichen Kaufmanns verwiesen wird, werden mehr neue Zweifelsfragen geschaffen als bestehende ausgeräumt."[473]

In der entscheidenden Frage aber, unter welchen Voraussetzungen die Gesellschafterdarlehen eine Erhöhung des (haftenden) Eigenkapitals ersetzen, gibt der Gesetzgeber mit seiner Abgrenzungsformel - wie *Erlinghagen* es plastisch formuliert - „Steine statt Brot";[474] und diese Steine werden auch nicht genieß-

---

468 Begründung zu §§ 32 a, b RegE 1977, BT-Drucksache 8/1347, S. 39; ebenso Begründung zu §§ 49, 50 RegE 1971/73, BT-Drucksache 6/3088, S. 110f. und BT-Drucksache 7/253, S. 110 f.

469 Erlinghagen: Gesellschafter-Darlehen 1972, S. 147; vgl. Verhoeven: Novellierung 1977, S. 809.

470 Geßler: Gesellschafterdarlehen 1981, S. 231.

471 Begründung zu §§ 32 a, b RegE 1977, BT-Drucksache 8/1347, S. 39; ebenso Begründung zu §§ 49, 50 RegE 1971/73, BT-Drucksache 6/3088, S. 110 und BT-Drucksache 7/253, S. 110.

472 Vgl. Erlinghagen: Gesellschafter-Darlehen 1972, S. 152.

473 Erlinghagen: Gesellschafter-Darlehen 1972, S. 145.

474 Erlinghagen: Gesellschafter-Darlehen 1972, S. 152.

barer durch den bloßen Hinweis auf die Abgrenzungskriterien der Rechtsprechung oder auf die divergierenden Lösungsvorschläge im Schrifttum.[475]

Mit seiner These, daß die Auslegung der Formel „nicht auf unüberwindliche Schwierigkeiten stoßen"[476] wird, läßt sich der Gesetzgeber „von einem nur schwer begründbaren Optimismus leiten",[477] der in der Sache nicht geteilt werden kann.[478] Die historische Entwicklung des Eigenkapitalersatzrechts über nahezu vier Jahrzehnte zeigt doch gerade, welche gravierenden Schwierigkeiten mit der Auslegung dieser unbestimmten Rechtsbegriffe verbunden sind.

Insgesamt muß konstatiert werden, daß die neue Abgrenzungsformel "Finanzierungsverhalten ordentlicher Kaufleute" im ganz überwiegenden Schrifttum keine Zustimmung erfährt[479] und sich diese unpraktikable[480] und „unklare Formel"[481] kurzerhand als „wenig hilfreich"[482] und „unbrauchbar"[483] zur Abgrenzung von eigenkapitalersetzenden Gesellschafterdarlehen erwiesen hat.

Erst achtzehn Jahre nach der GmbH-Novelle hat der Gesetzgeber durch die Ergänzung des § 32 a Abs. 1 GmbHG um den Klammerzusatz "(Krise der Gesellschaft)" klargestellt, daß er mit dem „Zeitpunkt, in dem [...] die Gesell-

---

475 Vgl. Erlinghagen: Gesellschafter-Darlehen 1972, S. 152; Geßler: Gesellschafterdarlehen 1981, S. 231.

476 Begründung zu §§ 32 a, b RegE 1977, BT-Drucksache 8/1347, S. 39; ebenso Begründung zu §§ 49, 50 RegE 1971/73, BT-Drucksache 6/3088, S. 111 und BT-Drucksache 7/253, S. 111.

477 Drukarczyk: Gläubigerschutz 1979, S. 122.

478 Vgl. dazu Rexrodt: Gesellschafterdarlehen 1978, S. 77; Dendorfer: Gesellschafterdarlehen 1985, S. 232, der die Vermutung äußert, daß der Gesetzgeber „die Problematik der Klausel der ordentlichen Kaufleute offenbar unterschätzt" hat.

479 Vgl. Kreuzer: GmbH-Novelle 1980, S. 603; Verhoeven: Novellierung 1977, S. 809.

480 Vgl. Kamprad: Kapitalersatz 1975, S. 56; Harrer: Haftungsprobleme 1990, S. 185; Ebenroth: Vermögenszuwendungen 1979, S. 272; Ulmer: Unterkapitalisierung 1977, S. 675, der diesen Maßstab „wegen seiner Abstraktionshöhe [als] wenig praktikabel" ansieht; Hommelhoff: Gesellschaftsrecht 1989, S. 644.

481 Schmidt: Quasi-Eigenkapital 1987, S. 504; ähnlich Strobel: Gesellschafterdarlehen 1973, S. 1962; Drukarczyk: Haftung 1979, S. 131.

482 Kübler: Gesellschaftsrecht 1998, S. 248; vgl. Matschke: Gläubigerschutz 1981, S. 563; Hess: Insolvenzrecht 1996, S. 112, der diese Abgrenzungsformel als „Leerformel" bezeichnet.

483 Reiner: Finanzierungsverantwortung 1996, S. 433.

schafter als ordentliche Kaufleute Eigenkapital zugeführt hätten", tatsächlich die Krise der Gesellschaft meint.[484] Damit erhebt sich aber zugleich die Frage, ob die Abgrenzungsprobleme mit der Orientierung an der Krise der Gesellschaft nunmehr überwunden sind.

D. Krise der Gesellschaft

I. Krisenbegriff

Nachdem spätestens seit 1998 unzweifelhaft feststeht, daß die Sonderbehandlung von Gesellschafterdarlehen nicht nur von der Rechtsprechung, sondern auch von seiten des Gesetzgebers in entscheidendem Maße davon abhängt, daß sich die Gesellschaft im Zeitpunkt der Darlehensgewährung in einer Krise befunden hat,[485] erhebt sich die Frage, inwieweit die einzelnen Krisenmerkmale eine zutreffende und praktikable Abgrenzung von Gesellschafterdarlehen erlauben und welcher Krisenbegriff im Eigenkapitalersatzrecht sinnvollerweise zugrunde zu legen ist.

Der Bundesgerichtshof hat bei der Entwicklung seiner Rechtsprechungsgrundsätze zunächst auf die Krise im konkursrechtlichen Sinne abgestellt.[486] Auch der Gesetzgeber betont in der Amtlichen Begründung zur GmbH-Novelle, daß es bei der Sonderbehandlung von Gesellschafterdarlehen um eine Verbesserung des Gläubigerschutzes in der Insolvenz der Gesellschaft geht.[487]

Mit der Einführung der Kreditunwürdigkeit als weiteres Abgrenzungskriterium wird jedoch - auf einem Zeitstrahl betrachtet - die Krise im ursprünglich kon-

---

[484] Vgl. Gesetz zur Kontrolle und Transparenz im Unternehmensbereich (KonTraG) vom 27.04.1998 (BGBl. I 1998, S. 786); es ist jedoch anzumerken, daß die Änderung des GmbH-Gesetzes in § 32 a Abs. 1 (Krise der Gesellschaft) in dem RegE KonTraG noch nicht vorgesehen war (vgl. RegE KonTraG 1998, BT-Drucksache 13/9712, S. 1-10) und erst auf Empfehlung des Rechtsausschusses (vgl. Rechtsausschuß zum RegE KonTraG 1998, BT-Drucksache 13/10038, S. 18 und S. 28) gemeinsam mit dem "Sanierungsprivileg" in das Gesetz aufgenommen worden ist.

[485] Vgl. statt aller Urteile BGHZ 119, 201 (212 f.); vgl. auch KonTraG 1998 vom 27.04.1998 (BGBl. I 1998, S. 786).

[486] Vgl. statt aller BGHZ 31, 258 (272).

[487] Vgl. Begründung zu §§ 32 a, b RegE 1977, BT-Drucksache 8/1347, S. 38 f.

kursrechtlichen Sinne vor die Insolvenztatbestände Zahlungsunfähigkeit und Überschuldung vorverlagert und erweitert.[488]

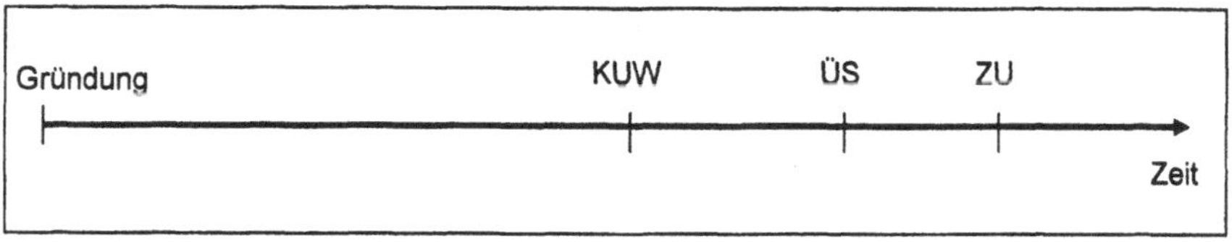

Abb.1: Möglicher Krisenbeginn[489]

Vor dem Hintergrund, daß mit dem besonderen Insolvenzgrund Überschuldung schon eine „Vorverlegung der Konkursreife"[490] beabsichtigt worden ist, erscheint es nicht unmittelbar einleuchtend zu sein, warum mit der Kreditunwürdigkeit nun eine weitere Vorverlagerung des kritischen Stadiums noch vor die Zahlungsunfähigkeit und die Überschuldung vorgenommen werden soll.[491] Auf die Unstimmigkeiten der hier verwendeten Krisenbegriffe hat im übrigen schon *Reiner* hingewiesen: Bezogen auf das Eigenkapitalersatzrecht ist für ihn ein Unterschied zwischen Krise und Konkursreife nicht erkennbar.[492]

Wie weit soll also der Krisenbeginn vor die Insolvenzgründe vorverlagert werden ? Ein Unternehmen kann sich in den unterschiedlichsten Krisen befinden: Es gibt strategische Krisen, Erfolgskrisen, Liquiditätskrisen etc.[493] Der Beginn einer Krise ließe sich auf den Zeitstrahl bezogen nahezu beliebig weit nach vorne verlagern. Im Extremfall könnte man auf die Idee kommen, eine Krise schon bei der Gründung der Gesellschaft anzunehmen.[494] So könnte man die

---

488 Vgl. BGHZ 76, 326 (330).

489 Abb. 1 in Anlehnung an Drukarczyk: Gesellschafterdarlehen 1995, S. 180; wobei die Anordnung der einzelnen Krisenzeitpunkte nicht zwingend ist.

490 Schmidt: Konkursgründe 1978, S. 338; vgl. IDW: Stellungnahme FAR 1/1996, S. 23; Smid: Insolvenzrecht 1999, S. 60; Smid: Smid-InsO 1999, § 19 Rz. 12.

491 Vgl. Claussen: Kapitalersatzrecht 1994, S. 15.

492 Vgl. Reiner: Finanzierungsverantwortung 1996, S. 447; zustimmend Koppensteiner: Eigenkapitalersatzrecht 1997, S. 492 Fn. 36.

493 Vgl. Nonnenmacher: Handbuch 1995, S. 982; vgl. auch Vogelsang: Unternehmenskrisen 1988, S. 100-111.

494 Vgl. v. Gerkan/ Hommelhoff: Kapitalersatz 1997, S. 52; in anderem Zusammenhang Albach: Wachstumsschwellen 1976, S. 686.

Auffassung vertreten, daß allein schon durch das Tätigwerden der Gesellschaft am Markt eine potentielle Gefahr für diejenigen Marktteilnehmer besteht, die mit der Gesellschaft kontrahieren.

Die Frage nach dem relevanten Krisenbeginn ist gleichbedeutend mit der Frage nach dem gebotenen Maß an Gläubigerschutz: Verfolgt man einen überzogenen Gläubigerschutz, so wäre die gesamte Lebensdauer der Gesellschaft als Krise zu betrachten mit der Folge, daß alle Gesellschafterdarlehen unterschiedslos zurückgestuft werden müßten. Die Reformdiskussion hat indes gezeigt, daß aus guten Gründen von einer solchen Auffassung Abstand genommen worden ist.[495]

Auch wenn zuweilen der Eindruck eines überzogenen Gläubigerschutzes im Eigenkapitalersatzrecht entsteht,[496] geht es dem Bundesgerichtshof letztendlich nur darum, eine über das gewöhnliche Maß hinausgehende Gläubigergefährdung zu unterbinden.[497] Der entscheidende Maßstab ist hierbei, ob die Gesellschaft noch aus eigener Kraft lebensfähig wäre.[498] Insofern sind die Krisenmerkmale im Sinne der Eigenkapitalersatzregeln vor dem Hintergrund der fehlenden Lebensfähigkeit der Gesellschaft zu beurteilen. Zudem müssen die dazu herangezogenen Kriterien auch in der Praxis mit hinreichender Sicherheit abgrenzbar sein.

Um der grundlegenden Frage nach dem relevanten Krisenbegriff im Eigenkapitalersatzrecht nachzugehen, sollen in den nachfolgenden Abschnitten die einzelnen Krisenmerkmale, die die Eigenkapitalersatzfunktion eines Gesellschafterdarlehens determinieren, hinsichtlich ihrer Eignung und Abgrenzbarkeit untersucht und gewürdigt werden.

---

495 Vgl. Zweites Kapitel: Abschnitt C.II.

496 Vgl. Zweites Kapitel: Abschnitt B.III.

497 Vgl. BGH WM 1972, 74 (75).

498 Vgl. BGHZ 76, 326 (329); BGHZ 105, 168 (175 f.); BGHZ 127, 336 (344); BGH GmbHR 1996, 844 (846); Röhricht: Eigenkapitalersatz 1992, S. 319.

II. Zahlungsunfähigkeit

Nach der wohl einhelligen Meinung in Rechtsprechung, Gesetzgebung und Schrifttum befindet sich eine Gesellschaft in einer existenzbedrohenden Krise, wenn sie aus eigener Kraft nicht mehr in der Lage ist, ihre fälligen Zahlungspflichten zu erfüllen.[499]

Ist die Zahlungsunfähigkeit der Gesellschaft gemäß § 17 Abs. 2 InsO eingetreten, dann sind ihre Geschäftsführer nach § 64 Abs. 1 Satz 1 GmbHG verpflichtet, „ohne schuldhaftes Zögern, spätestens aber drei Wochen nach Eintritt der Zahlungsunfähigkeit, die Eröffnung des Insolvenzverfahrens zu beantragen."[500]

Bevor es aber zu einem Insolvenzantrag kommt, ist es nicht unwahrscheinlich, daß sich ein Gesellschafter dazu bereit erklärt, der Gesellschaft zur Abwendung der Insolvenzantragspflicht finanzielle Mittel auf dem Darlehenswege zur Verfügung zu stellen. In einem solchen Fall steht ohne jeden Zweifel fest, daß die ausgereichten Gesellschafterdarlehen einzig und allein dem Zweck dienen, die Lebensfähigkeit der notleidenden Gesellschaft aufrecht zu erhalten.

Insofern erscheint es angemessen und auch geboten zu sein, daß im Fall der Zahlungsunfähigkeit die Abwägung zwischen dem Grundsatz des Gläubigerschutzes und dem Grundsatz der Finanzierungsfreiheit zugunsten der außenstehenden Gläubiger ausfällt. Der insolvenzreifen Gesellschaft wird durch das Gesellschafterdarlehen die Fortexistenz in der (Liquiditäts-) Krise ermöglicht, so daß hier eine über das gewöhnliche Maß hinausgehende Gefährdung der Gläubiger zu Recht vermutet werden kann.

---

499 Vgl. BGH ZIP 1996, 275 (276); Begründung zu §§ 32 a, b RegE 1977, BT-Drucksache 8/1347, S. 39; Goette: BGH-Rechtsprechung 1997, S. 90.

500 Vgl. zur Insolvenzantragspflicht: Pape: Kübler-Prütting-InsO 1998, § 17 Rz. 5-19; Ulmer: Hachenburg-GmbHG 1997, § 64 Rz. 7-34; Rowedder: GmbHG 1997, § 64 Rz. 1-12 a; Schulze-Osterloh: Baumbach-Hueck-GmbHG 1996, § 64 Rz. 2-12; vgl. Schmidt: Scholz-GmbHG 1995, § 64 Rz. 1-27.

III. Drohende Zahlungsunfähigkeit

Nicht anders als die bereits eingetretene Zahlungsunfähigkeit wird auch die drohende Zahlungsunfähigkeit zu bewerten sein, die seit Inkrafttreten der Insolvenzordnung einen weiteren Insolvenzgrund darstellt.[501]

Zwar dienen die Gesellschafterdarlehen im Falle der drohenden Zahlungsunfähigkeit nicht unmittelbar der Abwendung der Insolvenzantragspflicht, da ihr Vorliegen lediglich ein Antragsrecht und noch keine Antragspflicht der Geschäftsführer begründet.[502]

Berücksichtigt man jedoch, daß die Aufrechterhaltung der Zahlungsfähigkeit in der Zukunft nicht mehr gewährleistet ist und die Gesellschafterdarlehen gewährt worden sind, um schon im Vorfeld einer drohenden Insolvenz zu begegnen, so erscheint es vertretbar, die Darlehensforderungen der Gesellschafter hinter die Forderungen der übrigen Gläubiger zurück zu stufen. Auch hier dienen die Gesellschafterdarlehen mittelbar dazu, der künftig aus eigener Kraft nicht mehr lebensfähigen Gesellschaft die Fortführung zu ermöglichen, so daß auch hier eine Abwägung zugunsten des Gläubigerschutzes ausfallen sollte.

IV. Überschuldung

Abgesehen von der bestehenden oder drohenden Zahlungsunfähigkeit kann sich die Gesellschaft auch in einer existenzbedrohenden Krise befinden, wenn sie überschuldet ist.[503] Beim Vorliegen der Überschuldung im Sinne des § 19 Abs. 2 InsO sind die Geschäftsführer nach § 64 Abs. 1 Satz 2 GmbHG verpflichtet, binnen drei Wochen Insolvenzantrag bei dem zuständigen Amtsgericht (Insolvenzgericht) zu stellen.[504]

---

501 Vgl. § 18 InsO.

502 Vgl. Pape: Kübler-Prütting-InsO 1998, § 18 Rz. 2.

503 Vgl. Goette: BGH-Rechtsprechung 1997, S. 90 f.

504 Vgl. Pape: Kübler-Prütting-InsO 1998, § 19 Rz. 1-18; Ulmer: Hachenburg-GmbHG 1997, § 64 Rz. 7-34; Rowedder: GmbHG 1997, § 64 Rz. 1-12 a; Schulze-Osterloh: Baumbach-Hueck-GmbHG 1996, § 64 Rz. 2-12; Schmidt: Scholz-GmbHG 1995, § 64 Rz. 1-27.

Gesellschafterdarlehen, die zur Abwendung der Überschuldung respektive der Insolvenzantragspflicht ausgereicht worden sind, dienen zwar ebenfalls der Aufrechterhaltung der Lebensfähigkeit der Gesellschaft, so daß auch hier aus Gläubigerschutzgründen eine Sonderbehandlung der Darlehen erforderlich wäre; allerdings ist im Überschuldungsfall zu berücksichtigen, daß die Abwendung der Überschuldung eine Rangrücktrittsvereinbarung (Forderungserlaß) voraussetzt.[505]

Insofern ist der Gesellschafter einer nachträglichen und zwangsweisen Sonderbehandlung durch das Eigenkapitalersatzrecht zuvor gekommen, weil er bereits zum Zeitpunkt der Darlehensgewährung die Nachrangigkeit seiner Forderung mehr oder weniger freiwillig mit einer Rangrücktrittsvereinbarung anerkennen mußte.[506] In diesem Fall ist sogar die Abgrenzungsproblematik eindeutig durch die Unterschrift der Beteiligten gelöst.

Somit kann festgehalten werden, daß mit dem Anknüpfen an die Insolvenzreife der Gesellschaft ein zutreffendes Kriterium für eine Sonderbehandlung von Gesellschafterdarlehen vorliegt, weil die Lebensfähigkeit der Gesellschaft durch die Insolvenzantragspflicht unmittelbar gefährdet ist.

Außerdem erlaubt das Anknüpfen an die Insolvenzreife auch „eine verhältnismäßig klare Abgrenzung“[507] von eigenkapitalersetzenden und anderen Gesellschafterdarlehen,[508] die allein schon aus Objektivierungsgründen zu begrüßen ist.[509]

---

505 Vgl. Schmidt: Gesellschaftsrecht 1997, S. 527.

506 Vgl. Holzer: Kübler-Prütting-InsO 1998, § 39 Rz. 21 f.

507 BGHZ 76, 326 (330).

508 Vgl. Schmidt: Anmerkung 1977, S. 107; Schmidt: Konkursgründe 1978, S. 340; Kamprad: Kapitalersatz 1975, S. 56; vgl. zur Abgrenzung der (drohenden) Zahlungsunfähigkeit Drittes Kapitel: Abschnitt D.

509 Vgl. v. Gerkan/ Hommelhoff: Kapitalersatz 1997, S. 51.

V. Kreditunwürdigkeit

1. Zentrales Kriterium ?

Die Rechtssicherheit, die mit dem Anknüpfen an die Krise im insolvenzrechtlichen Sinne verbunden ist, hat den Bundesgerichtshof jedoch nicht davon abgehalten, Gesellschafterdarlehen auch außerhalb der Insolvenzreife umzuqualifizieren.[510] Zeitgleich mit der GmbH-Novelle hat der II. Zivilsenat die Kreditunwürdigkeit als weiteres Krisenmerkmal in seine Rechtsprechung aufgenommen und sogleich zum zentralen Umqualifizierungskriterium erhoben.[511]

Bei der Einführung des neuen Kriteriums hat sich der Bundesgerichtshof mit Sicherheit von guten Gründen leiten lassen. Neben der Konkretisierung der besonders auslegungsbedürftigen gesetzlichen Formel "Finanzierungsverhalten ordentlicher Kaufleute"[512] hat offenbar auch die durch den Fremdvergleich erhoffte Objektivierung eine nicht unerhebliche Rolle gespielt. *Geßler* kommt sogar zu dem Schluß, daß mit der objektiven und „jederzeit nachprüfbare[n] Kreditwürdigkeit der Gesellschaft" ein „klarer Trennungsstrich zwischen wirtschaftlich sinnvollen Darlehn und Gläubiger gefährdenden Darlehn gezogen"[513] werden kann.[514]

Auf den ersten Blick scheint also mit der Kreditunwürdigkeit ein Kriterium gefunden zu sein, das eine objektive und klare Abgrenzung zwischen eigenkapitalersetzenden und sonstigen Gesellschafterdarlehen ermöglicht und somit den Siegeszug der Kreditunwürdigkeit als zentralem Abgrenzungskriterium rechtfertigt.[515]

---

510 Vgl. v. Gerkan/ Hommelhoff: Kapitalersatz 1997, S. 51.

511 Vgl. statt aller Urteile BGHZ 76, 326 (330).

512 Vgl. Ulmer: Unterkapitalisierung 1977, S. 675.

513 Geßler: GmbH-Reform 1971, S. 668.

514 Vgl. dazu Hommelhoff: Gesellschafterdarlehen 1988, S. 473; Erlinghagen: Haftungsfragen 1962, S. 174; Lutter: GmbH-Novelle 1980, S. 1321; Harrer: Haftungsprobleme 1990, S. 185; demgegenüber allerdings kritisch: Kamm: Gesellschafterdarlehen 1967, S. 53; Friedrich: Gesellschafterdarlehen 1974, S. 134; Rexrodt: Gesellschafterdarlehen 1978, S. 40-42.

515 Unkritisch v. Gerkan: Eigenkapitalersatz 1997, S. 175.

Bei näherer Betrachtung erheben sich jedoch Bedenken und Zweifel an der Treffsicherheit des neuen Kriteriums. Interessanterweise ist es gerade der Bundesgerichtshof, der noch in dem grundlegenden Urteil vom 24.03.1980 auf mögliche Schwierigkeiten hinsichtlich der Kreditwürdigkeitsprüfung hinweist, sich aber dann doch zuversichtlich zeigt: Die „Prüfung, ob die Gesellschaft zu einem in der Vergangenheit liegenden Zeitpunkt kreditfähig war, mag in manchen Fällen schwierig sein. Sie wird aber im allgemeinen doch zu einem zuverlässigen Ergebnis führen können, so daß mit dem Anknüpfen an die Kreditaussichten auch dem Gesichtspunkt der Rechtssicherheit Genüge getan ist."[516]

Wie soll jedoch nachträglich und mit hinreichender Sicherheit festgestellt werden können, ob ein fremder Dritter der Gesellschaft in einem möglicherweise mehrere Jahre zurückliegenden Zeitpunkt einen Kredit gewährt hätte ?[517] Auch kann nicht ausgeschlossen werden, daß sich bei der Beurteilung der Kreditunwürdigkeit Widersprüche einstellen. Es ist denkbar, daß unterschiedliche Kreditinstitute bei der Bewertung des gleichen Unternehmens und bei gleichem Sachverhalt zu abweichenden Aussagen hinsichtlich der Kreditwürdigkeit gelangen.[518]

Für den einen Kreditgeber können bestimmte Sicherheiten (z.B. ausländische Beteiligungen) noch werthaltig sein, während andere Kreditgeber die gleichen Sicherheiten nicht mehr als Kreditgrundlage akzeptieren und zu einer negativen Bewertung hinsichtlich der Kreditwürdigkeit gelangen würden. Daneben können auch eine ganze Reihe anderer Faktoren (fehlendes Vertrauen, Risikoneigung, etc.) zu divergierenden Bewertungen führen. Vor diesem Hintergrund erscheint die optimistische Einschätzung des Bundesgerichtshofes hinsichtlich der Zuverlässigkeit der Kreditwürdigkeitsprüfung nicht unbedenklich zu sein.[519]

---

516 BGHZ 76, 326 (331); vgl. dazu Geßler: Gesellschafterdarlehen 1981, S. 230.

517 Vgl. Verhoeven: Novellierung 1977, S. 810; Friedrich: Gesellschafterdarlehen 1974, S. 134; Rexrodt: Gesellschafterdarlehen 1978, S. 42; Drebes: Finanzierungsverhalten 1982, S. 104; Claussen: Kreditinstitute 1983, S. 206; Kreuzer: Gläubigerschutz 1978, S. 827.

518 Wie zum Beispiel in BGHZ 81, 252 (253 f.); vgl. Friedrich: Gesellschafterdarlehen 1974, S. 134; Rexrodt: Gesellschafterdarlehen 1978, S. 42; Rudolph: Kreditsicherheiten 1984, S. 20; Dendorfer: Gesellschafterdarlehen 1985, S. 194.

519 Vgl. Drebes: Finanzierungsverhalten 1982, S. 104.

Anlaß zu Bedenken gibt auch das folgende Beispiel: Ein Gesellschafter gewährt einem hoch rentierlichen und liquiden Unternehmen der Dienstleistungsbranche ein Gesellschafterdarlehen. Weil das Unternehmen (branchenbedingt) über einen nur sehr geringen Substanzwert und damit über nur unzureichende Sicherheiten verfügt, wird es trotz seiner hohen Ertragskraft von Dritten als kreditunwürdig eingestuft. Bei isolierter Betrachtung der Kreditunwürdigkeit könnte das Gesellschafterdarlehen als eigenkapitalersetzend qualifiziert werden, obwohl die Gesellschaft „in voller Blüte“[520] steht und aufgrund ihrer Überliquidität überhaupt nicht auf fremde Kredite, geschweige denn auf die finanziellen Mittel des Gesellschafters, angewiesen ist.

Abgesehen von diesen Beispielen mehren sich in der Literatur die Stimmen, die an der Brauchbarkeit der Kreditunwürdigkeit als zentralem und objektivem Umqualifizierungskriterium zweifeln. *Kamm* hat schon vor der Einführung der Kreditunwürdigkeit darauf hingewiesen, daß die „beim ersten Eindruck überraschend klare Abgrenzungsformel [...] keinen eindeutigen und objektiven Maßstab“ enthält und eine Analyse der Formel deutlich macht, „daß es sich letztlich nur um einen rein formalen, inhaltsleeren Satz handelt, der die entscheidenden sachlichen Kriterien für den Urteilsspruch nicht enthält.“[521]

Verhoeven befürchtet, daß die Gerichte und Konkursverwalter wegen der Unbestimmtheit der Kreditunwürdigkeit häufig auf Sachverständigengutachten zurückgreifen müssen. Das bedeutet nach *Verhoeven* aber „nichts anderes, als daß man den betroffenen Gesellschaftern und Konkursverwaltern den Weg in den Prozeß praktisch aufzwingt. Den potentiellen, künftigen Gutachtern muß zwar das Herz lachen, der Rechtssicherheit wird jedoch kaum gedient sein.“[522] Auch *Drebes* ist der Ansicht, daß das Kriterium der Kreditunwürdigkeit „wegen

---

520 v. Gerkan/ Hommelhoff: Kapitalersatz 1997, S. 52.

521 Kamm: Gesellschafterdarlehen 1967, S. 53; ähnlich Reiner: Finanzierungsverantwortung 1996, S. 434, der den Begriff Kreditunwürdigkeit als „inhaltslos“ bezeichnet.

522 Verhoeven: Novellierung 1977, S. 810.

seiner Unbestimmtheit nicht mit dem Gebot der Rechtssicherheit vereinbar"[523] und „für die Praxis nicht geeignet ist."[524]

Dendorfer kommt in seiner Untersuchung zu dem Ergebnis, daß die Abgrenzungsformel Kreditunwürdigkeit „keinen objektiven und auch keinen zweckmäßigen Maßstab enthält" und damit nicht „brauchbar" ist.[525] Diese Ansicht teilt offensichtlich auch *Drukarczyk*, der das Kriterium der Kreditunwürdigkeit als „Papiertiger"[526] bezeichnet, und zu dem Schluß kommt, daß es „nicht den Grad an Objektivierbarkeit aufweist, den es haben müßte, um die Funktion eines zentralen Kriteriums übernehmen zu können."[527]

Claussen ist der Auffassung, daß die Kreditunwürdigkeit „keine Differenzierungskraft"[528] aufweist und seit den Jahren ihrer „Gültigkeit keine exakte Präzisierung"[529] erfahren hat. Außerdem ist es nach *Claussen* „nicht ersichtlich, daß dieser Rechtsbegriff der "Kreditunwürdigkeit" in der Betriebswirtschaft oder der Finanzierungslehre Unterstützung gefunden hätte."[530]

Für *Ebenroth* ist „die Beurteilung der Kreditwürdigkeit ein wenig überzeugendes Kriterium", weil bei der Kreditvergabe „nicht ausschließlich finanzstrukturelle Daten über das Unternehmen entscheidend [sind], sondern etwa auch die Ausstattung der Gesellschaft mit Sachen und Rechten, die Integrität und

---

523 Drebes: Finanzierungsverhalten 1982, S. 98.

524 Drebes: Finanzierungsverhalten 1982, S. 101; vgl. Meilicke: Leistungen 1992, S. 365, der „das völlig schwammige Kriterium der Kreditunwürdigkeit" aufgrund seiner Unbestimmtheit als offenbar wenig geeignet hält.

525 Dendorfer: Gesellschafterdarlehen 1985, S. 195 und S. 198; vgl. dazu Kreuzer: Gläubigerschutz 1978, S. 827; Ebenroth: Vermögenszuwendungen 1979, S. 267 f.; Matschke: Gläubigerschutz 1981, S. 565-568; Müller: Gesellschafterdarlehen 1982, S. 39-41.

526 Drukarczyk: Gesellschafterdarlehen 1995, S. 180.

527 Drukarczyk: Gesellschafterdarlehen 1995, S. 174.

528 Claussen: Deregulierung 1996, S. 319; ebenso auch Drukarczyk: Gesellschafterdarlehen 1995, S. 200.

529 Claussen: Betriebswirtschaft 1992, S. 146.

530 Claussen: Deregulierung 1996, S. 319.

Kapazität der Geschäftsleitung, die Branchenzugehörigkeit und Marktchancen etc.“[531]

In ähnlicher Weise äußert sich *Rowedder* noch in der zweiten Auflage seines GmbHG-Kommentars, in dem er darauf hinweist, daß die „sehr praxisnah erscheinende Definition“ der Kreditunwürdigkeit einer Ausfüllung bedarf, „weil die Kredithingabe einer Bank an einen Kaufmann nicht allein von dessen Bonität abhängt“.[532]

Allgemein kann mit *Gutenberg* festgestellt werden, „daß jede Kreditgewährung einen individuellen Akt darstellt,“[533] und die Einschätzung der Kreditwürdigkeit in hohem Maße auf den subjektiven Einschätzungen des Beurteilenden beruht.[534] Selbst der Bundesgerichtshof räumt in dem "Dornier-Urteil" ein, daß die Bewertung der zur Beurteilung der Kreditunwürdigkeit erforderlichen Faktoren oft „nicht frei von gewissen spekulativen Elementen sein“[535] wird. Subjektive und spekulative Elemente bei der Feststellung der Kreditunwürdigkeit geben jedoch Anlaß zu Bedenken hinsichtlich der Eignung der Kreditunwürdigkeit als objektivem Kriterium.

Hier vermag auch der gut gemeinte Vorschlag von *Hommelhoff* nicht weiterhelfen, der zur Feststellung der Kreditunwürdigkeit in Zweifelsfällen die sachkundige Hilfe von krediterfahrenen Wirtschaftsprüfern einholen will.[536] Wenn die Kreditunwürdigkeit so einfach über Gutachten von Wirtschaftsprüfern festzustellen wäre, dürfte es nach *Claussen* nicht jedes Jahr „Milliarden an Kreditverlusten“[537] geben. Außerdem gehört es sicherlich nicht zu dem Aufgabenbe-

---

[531] Ebenroth: Vermögenszuwendungen 1979, S. 272 f.

[532] Rowedder: GmbHG 1990, § 32 a Rz. 8.

[533] Gutenberg: Finanzen 1980, S. 195.

[534] Vgl. Hauschildt/ Leker: Kreditwürdigkeitsprüfung 1995, Sp. 1327; Dendorfer: Gesellschafterdarlehen 1985, S. 191; Moxter: Kreditwürdigkeitsbeurteilung 1978, S. 321-324.

[535] BGHZ 119, 201 (207).

[536] Vgl. Hommelhoff: Gesellschafterdarlehen 1988, S. 473; vgl. auch Lutter/ Hommelhoff: GmbHG 1995, §§ 32 a, b Rz. 23; Fleck: Bankdarlehen 1984, S. 128.

[537] Claussen: Betriebswirtschaft 1992, S. 146.

reich der Wirtschaftsprüfer, daß sie in ihren Testaten auch Bonitätserklärungen abgeben.[538]

Die Beispiele und Stellungnahmen in der Literatur machen deutlich, daß die Kreditunwürdigkeit nicht unkritisch und schon gar nicht isoliert betrachtet werden darf; allein auf die Kreditunwürdigkeit abzustellen, ist offenbar nicht ausreichend. So kommt auch der Arbeitskreis GmbH-Reform zu dem Schluß, daß die Kreditunwürdigkeit nur ein „weiteres Indiz" für eine Umqualifizierung sein kann und es sogar „verfehlt [wäre], ausschließlich die Kreditwürdigkeitsprüfung der Banken über Aberkennung oder Nichtaberkennung von Gesellschafterdarlehen entscheiden zu lassen."[539]

Es fällt auf, daß seit der Einführung des Kriteriums der Kreditunwürdigkeit eine wahre Flut von Urteilen zu verzeichnen ist,[540] die nicht selten kontroverse Auseinandersetzungen des Bundesgerichtshofes mit den Vorinstanzen zum Inhalt haben.[541] Diese Uneinigkeit der Instanzen zeigt nicht nur die praktischen Probleme bei der Feststellung der Kreditunwürdigkeit auf, sondern läßt darüber hinaus auch das gebotene Maß an Rechtssicherheit in diesem Bereich vermissen.[542]

Um der ursprünglichen Konzeption der Rechtsprechung auf den Grund zu gehen und eine Aussage darüber machen zu können, ob die Kreditunwürdigkeit als Abgrenzungskriterium den Stellenwert verdient, den ihr die Rechtsprechung des Bundesgerichtshofes[543] und die sogenannte herrschende Meinung[544] einräumen, soll in den folgenden Abschnitten die Konzeption der

---

[538] Vgl. Claussen: Betriebswirtschaft 1992, S. 146.

[539] Arbeitskreis GmbH-Reform 1972, S. 19.

[540] Vgl. Claussen: Betriebswirtschaft 1992, S. 142.

[541] Vgl. z.B. BGH WM 1987, 1488 (1488); BGH ZIP 1992, 177 (178).

[542] Vgl. Drebes: Finanzierungsverhalten 1982, S. 98; Verhoeven: Novellierung 1977, S. 810.

[543] Vgl. zu den Rechtsprechungsnachweisen Erstes Kapitel: Abschnitt A.III.2.b.(3).

[544] Vgl. Brandes: Rechtsprechung 1998, S. 9; Rowedder: GmbHG 1997, § 32 a Rz. 19; Altmeppen: GmbHG 1997, § 32 a Rz. 10-16; v. Gerkan/ Hommelhoff: Kapitalersatz 1997, S. 70 f.; Boujong: Rechtsprechungsbericht 1997, S. 292; Goette: BGH-Rechtsprechung 1997, S. 92-94; Henze: Rechtsprechung 1997, S. 162-165; v. Gerkan: Eigenkapitalersatz 1997, S. 175 f.; Schmidt: Gesellschaftsrecht 1997, S. 1152-1154; Hueck: Baumbach-Hueck-GmbHG 1996, § 32 a Rz. 43; Rümker: Gesellschafterdarlehen 1996, S. 821;

Kreditunwürdigkeit sowie die bei der praktischen Umsetzung auftretenden Schwierigkeiten näher beleuchtet werden.

2. Konzeption

Wie im Ersten Kapitel herausgearbeitet worden ist, müssen nach der Konzeption der Rechtsprechung für den Umqualifizierungsgrund Kreditunwürdigkeit zwei notwendige Bedingungen vorliegen: Auf der einen Seite muß feststehen, daß die Gesellschaft im Zeitpunkt der Darlehensgewährung von außenstehenden Dritten keinen Kredit zu marktüblichen Bedingungen hätte erhalten können (Kreditunwürdigkeit). Auf der anderen Seite muß auch gesichert sein, daß die Gesellschaft einen (ungedeckten) Kapitalbedarf aufweist, den sie aus eigener Kraft nicht decken kann, und deshalb ohne die Leistung des Gesellschafters liquidiert werden müßte.[545]

Sofern diese beiden Voraussetzungen auch wirklich vorliegen würden, wäre in der Tat die kreditunwürdige Gesellschaft aus eigener Kraft nicht mehr lebensfähig mit der Folge, daß die zur Aufrechterhaltung der Lebensfähigkeit ausgereichten Gesellschafterdarlehen zum Schutze der außenstehenden Gläubiger eine Sonderbehandlung erfahren sollten.[546]

Lutter/ Hommelhoff: GmbHG 1995, §§ 32 a, b Rz. 21-33; Hense/ Gandenberger: Handbuch 1995, S. 431-434; Schmidt: Scholz-GmbHG 1993, §§ 32 a, b Rz. 35-37; Ulmer: Hachenburg-GmbHG 1992, §§ 32 a, b Rz. 45-57; Röhricht: Eigenkapitalersatz 1992, S. 324 f.; Schmidt: Eigenkapitalersatz 1990, S. 70; Hommelhoff: Gesellschafterdarlehen 1988, S. 473; Priester: Gesellschafterdarlehen 1988, S. 480; Fleck: Bankdarlehen 1984, S. 119; Ulmer: Darlehen 1981, S. 57; Geßler: Gesellschafterdarlehen 1981, S. 228 f.; Lutter: GmbH-Novelle 1980, S. 1321; Geßler: GmbH-Novelle 1980, S. 1390 f.; Lutter/ Hommelhoff: Unterkapitalisierung 1979, S. 38-42; Ulmer: Unterkapitalisierung 1977, S. 672-675; Erlinghagen: Gesellschafter-Darlehen 1972, S. 146-149; Geßler: GmbH-Reform 1971, S. 668; Erlinghagen: Haftungsfragen 1962, S. 174.

545 Vgl. dazu die ständige Rechtsprechung des Bundesgerichtshofes: BGHZ 76, 326 (330); BGHZ 81, 252 (255); BGHZ 81, 311 (318); BGHZ 81, 365 (367); BGH ZIP 1985, 1075 (1076); BGHZ 95, 188 (194); BGH WM 1986, 1554 (1555); BGH WM 1987, 1488 (1488); BGHZ 106, 7 (11); BGH ZIP 1989, 93 (94); BGHZ 119, 201 (206); BGH GmbHR 1994, 394 (396); BGH DStR 1997, 1581 (1583); BGH ZIP 1998, 243 (244).

546 Vgl. Zweites Kapitel: Abschnitt B.II.2.d.

Bei der praktischen Umsetzung der Konzeption erweisen sich jedoch „erhebliche Schwierigkeiten“[547] und die Auseinandersetzung mit den höchstrichterlichen Urteilen erweckt den Eindruck, daß nicht selten der ersten Bedingung (Kreditunwürdigkeit) in ungleich höherem Maße Beachtung beigemessen wird als der zweiten, ebenfalls notwendigen Bedingung (drohende Liquidation wegen Kapitalmangel).[548] Dabei müssen nach der Konzeption des Bundesgerichtshofes beide Voraussetzungen unbedingt vorliegen, um eine Umqualifizierung der Gesellschafterdarlehen aufgrund des Kriteriums der Kreditunwürdigkeit zu rechtfertigen.[549]

3. Praktische Umsetzung

a. Kreditvergabebereitschaft fremder Dritter

(1) Kreis potentieller Kreditgeber

Zur Feststellung der Kreditunwürdigkeit einer Gesellschaft stellt der Bundesgerichtshof zunächst auf die Kreditvergabebereitschaft fremder Dritter ab, die nicht zu irgendwelchen Vertragsbedingungen Kredite vergeben (würden), sondern zu solchen, die am Markt auch üblich sind.[550] Bevor jedoch im einzelnen auf die maßgebenden Faktoren für die Kreditvergabebereitschaft fremder Dritter eingegangen wird, soll zunächst einmal die Frage erörtert werden, wer überhaupt in den Kreis der potentiellen Kreditgeber einbezogen werden sollte.

Den Kreis der potentiellen Kreditgeber könnte man grundsätzlich weit fassen und als mögliche Kreditgeber alle diejenigen einbeziehen, die nicht Gesellschafter sind. Aus Objektivierungsgründen erscheint es jedoch angebracht, bestimmte Personengruppen, die neben dem reinen Kreditgeschäft auch noch andere Interessen verfolgen, auszugrenzen. Dazu gehören beispielsweise

---

[547] Goette: BGH-Rechtsprechung 1997, S. 92; Goette: Rechtsprechung 1997, S. 2031; so auch v. Gerkan: Gesellschafterleistungen 1986, S. 219.

[548] Vgl. Klaus: Gesellschafterfremdfinanzierung 1994, S. 314 f.; Müller: Gesellschafterdarlehen 1982, S. 39 Fn. 48 f.

[549] Vgl. Fleck: Bankdarlehen 1984, S. 117; zustimmend OLG Karlsruhe, ZIP 1989, 588 (590).

[550] Vgl. statt aller BGHZ 76, 326 (330).

nahe Angehörige des Gesellschafters und verbundene Unternehmen. Auch Arbeitnehmer und Lieferanten werden neben dem reinen Kreditgeschäft noch weitere Interessen verfolgen, so daß sich der Kreis der in Frage kommenden Kreditgeber auf professionelle Kreditgeber, insbesondere Kreditinstitute, verengt.[551]

(2) Fiktive oder tatsächliche Kreditunwürdigkeit

In seinen jüngeren Entscheidungen stellt der Bundesgerichtshof verstärkt auf das Verhalten eines wirtschaftlich vernünftig handelnden außenstehenden (fiktiven) Kreditgebers ab.[552] Andere Urteile zeigen, daß mitunter auch die am Markt bestätigte (tatsächliche) Kreditunwürdigkeit der Gesellschaft als Maßstab herangezogen wird.[553] Neben der Frage, ob es sinnvoll ist, einmal auf die fiktive und ein anderes Mal auf die am Markt bestätigte Kreditunwürdigkeit abzustellen, erscheint das "Hin-und-her-Pendeln" zwischen der tatsächlichen und fiktiven Kreditunwürdigkeit in jedem Fall problematisch.[554]

In dem BGH-Urteil vom 28.09.1987 sind die drei Hausbanken der Gesellschaft trotz ausreichender Sicherheiten nicht zur Kreditvergabe bereit, weil sie kein Vertrauen mehr in die Geschäftsführung haben.[555] Dennoch ist nach der Vorstellung des Senats diese am Markt bestätigte Kreditunwürdigkeit nicht entscheidungserheblich, sondern das Berufungsgericht hätte vielmehr feststellen „müssen, daß auch andere Banken, denen es weniger um die Qualifikation des Geschäftsführers", sondern vielmehr darum geht, „sicheres Geld zu verdienen,

---

[551] Vgl. Ulmer: Hachenburg-GmbHG 1992, Anh. § 30 Rz. 17; Schmidt: Scholz-GmbHG 1993, §§ 32 a, b Rz. 37; Geßler: Gesellschafterdarlehen 1981, S. 230; Müller: Gesellschafterdarlehen 1982, S. 39; Hartung: Darlehen 1996, S. 230.

[552] Vgl. BGH WM 1987, 1488 (1488); BGH ZIP 1990, 98 (99); BGH ZIP 1992, 177 (178); BGH GmbHR 1996, 285 (286); BGH DStR 1997, 1581 (1583); Henze: Rechtsprechung 1997, S. 163.

[553] Vgl. BGHZ 76, 326 (330-332); BGHZ 119, 201 (206-210).

[554] Vgl. Drukarczyk: Gesellschafterdarlehen 1995, S. 184.

[555] Vgl. BGH WM 1987, 1488 (1488).

den Kredit trotz ausreichender Sicherheiten von seiten der Gesellschaft nicht gewährt hätten."[556]

Demgegenüber stellt der Bundesgerichtshof im "Dornier-Urteil" explizit auf die tatsächliche Kreditwürdigkeit ab und bejaht diese, weil die Gesellschaft noch über „beträchtliche Finanzierungszusagen" von Dritten verfügt, die „auch tatsächlich im unmittelbaren zeitlichen Zusammenhang mit der Darlehensgewährung durch den [Gesellschafter] eingelöst worden sind."[557]

In einem anderen Urteil hat eine konkrete Bank ebenfalls noch einen Kredit gewährt. Während sich das Oberlandesgericht auf die tatsächliche Kreditwürdigkeit der Gesellschaft beruft, legt der Bundesgerichtshof die fiktive Kreditwürdigkeit zugrunde: Nach Ansicht des II. Zivilsenats kommt es hier „nicht auf das Verhalten einer konkreten Bank [an], sondern darauf, wie sich ein wirtschaftlich vernünftig denkender Kreditgeber verhalten hätte."[558]

Abgesehen von diesem nicht immer nachvollziehbaren Wechselspiel bringen sowohl die fiktive als auch die tatsächliche Kreditunwürdigkeit Probleme mit sich. Auf den ersten Blick könnte das Abstellen auf die tatsächliche Kreditunwürdigkeit als wünschenswert angesehen werden, da eine Bestätigung durch den Markt allein aus Gründen der Objektivierung zu begrüßen ist. Probleme entstehen aber spätestens dann, wenn von den Marktteilnehmern (Kreditinstituten) unterschiedliche Bewertungen vorliegen oder aufgrund besonderer Umstände an der Objektivität der Beurteilung gezweifelt werden muß. So kann beispielsweise nicht ausgeschlossen werden, daß für eine nachträgliche Einschätzung der Kreditwürdigkeit möglicherweise Gefälligkeitsgutachten von seiten der Hausbank ausgestellt werden.[559] Außerdem ist es denkbar, daß eine Hausbank im nachhinein nicht zugeben kann oder zugeben will, daß sie eine in Konkurs gefallene Gesellschaft zuvor noch als kreditwürdig eingestuft hat. Vor diesem Hintergrund erscheint die Folgerung *Drukarczyks* nicht abwegig zu

---

556 BGH WM 1987, 1488 (1488).

557 BGHZ 119, 201 (204).

558 BGH ZIP 1992, 177 (178).

559 Vgl. BGH ZIP 1998, 243 (244), in dem der Senat auf die denkbare „Vorzugsbehandlung" durch einen „wohlgesonnenen Sachbearbeiter" einer Bank hinweist.

sein, „daß die Hoffnung, mit dem Kriterium "Kreditwürdigkeit" über ein am Markt leicht ablesbares (und deshalb objektivierbares) Kriterium zu verfügen, möglicherweise nicht begründet ist.“[560]

Selbst dann, wenn man aufgrund besonderer Umstände von der tatsächlichen Kreditunwürdigkeit Abstand nimmt und statt ihrer die fiktive Kreditunwürdigkeit als Maßstab zugrunde legt, sind die Probleme keineswegs gelöst. Zwar gilt auch für die fiktive Kreditunwürdigkeit die grundsätzlich zu begrüßende Objektivierung durch einen fremden Dritten; hieran knüpft sich jedoch die bereits aufgeworfene Frage an, wie denn im nachhinein noch festgestellt werden kann, ob ein wirtschaftlich vernünftig handelnder Dritter zu dem maßgebenden Zeitpunkt ein Darlehen gewährt hätte.[561]

Fleck konstatiert, daß „hypothetische Feststellungen darüber, wie sich ein Fremdgläubiger in sonst gleicher Lage verhalten hätte, schwierig sein können“.[562] Und *Kamm* stellt zutreffenderweise fest, daß dem urteilenden Richter wenig geholfen ist, „wenn er auf das hypothetische Urteil eines Dritten verwiesen wird, das erst nach Durchführung sämtlicher Operationen zustandekommt, die der Richter für sein eigenes Urteil ohne die geprägte Kurzformel auch vorgenommen hätte.“[563]

Drukarczyk geht noch einen Schritt weiter; er bemerkt im Zusammenhang mit der am Kreditmarkt nicht erkennbaren (verdeckten) Kreditunwürdigkeit: „Warum sollten BGH-Richter besonders qualifiziert sein, um über die Kreditwürdigkeit von Gesellschaften zu befinden ? Sie sind weder entsprechend ausgebildet noch tragen sie die Konsequenzen ihrer Entscheidungen.“[564]

---

560 Drukarczyk: Gesellschafterdarlehen 1995, S. 184.

561 Vgl. Friedrich: Gesellschafterdarlehen 1974, S. 134; Drebes: Finanzierungsverhalten 1982, S. 104; Rexrodt: Gesellschafterdarlehen 1978, S. 42; Claussen: Kreditinstitute 1983, S. 206.

562 Fleck: Bankdarlehen 1984, S. 119.

563 Kamm: Gesellschafterdarlehen 1967, S. 53.

564 Drukarczyk: Gesellschafterdarlehen 1995, S. 184.

Bis hierhin kann festgehalten werden, daß sowohl die fiktive als auch die tatsächliche Kreditunwürdigkeit zu erheblichen Problemen bei der praktischen Umsetzung führen können, so daß die mit dem Fremdvergleich intendierte Objektivierung nicht unbedenklich erscheint. Nach diesen allgemeinen Betrachtungen zur tatsächlichen und fiktiven Kreditunwürdigkeit einer Gesellschaft soll im Folgenden der Blick auf diejenigen Faktoren gerichtet werden, die gemeinhin die Kreditvergabebereitschaft fremder Dritter beeinflussen.

(3) Kreditwürdigkeitsprüfungen

Professionelle Kreditgeber (Kreditinstitute) werden regelmäßig nur dann zur Vergabe von Krediten bereit sein, wenn die Prüfung der Kreditwürdigkeit positiv ausgefallen ist und belastungsfreie Vermögensgegenstände zur Sicherung des Kredits vorhanden sind.[565] Außerdem können noch eine ganze Reihe anderer Faktoren die Kreditvergabebereitschaft fremder Dritter nachhaltig beeinflussen.[566]

Ein wichtiges Element der Kreditvergabebereitschaft ist aber zunächst einmal die Kreditwürdigkeitsprüfung, denn Kreditinstitute werden Ihre Bereitschaft, Kredite zu vergeben, insbesondere von der Bonität des potentiellen Kreditnehmers abhängig machen.[567] Ein Kreditnehmer gilt als kreditwürdig, wenn davon ausgegangen werden kann, daß er fähig und auch willens ist, in Zukunft die vereinbarten Zins- und Tilgungsraten fristgerecht zu begleichen.[568]

Die Kreditwürdigkeitsprüfung selbst ist ein komplexer Prozeß zur Gewinnung und Verarbeitung von Informationen über die Fähigkeit des Kreditnehmers,

---

565 Vgl. zu den Kreditsicherheiten Zweites Kapitel: Abschnitt D.V.3.a.(4).

566 Vgl. zu den sonstigen Einflußfaktoren Zweites Kapitel: Abschnitt D.V.3.a.(5).

567 Vgl. Krause: Kreditwürdigkeitsprüfung 1993, S. 1.

568 Vgl. Becker: Bankbetriebslehre 1997, S. 106; Bodendorf: Expertensysteme 1995, Sp. 547; Schwarze/ Rosenhagen: Expertensysteme 1993, S. 292; Drebes: Finanzierungsverhalten 1982, S. 91; Moxter: Kreditwürdigkeitsbeurteilung 1978, S. 322; Potthoff: Kreditwürdigkeitsprüfung 1975, Sp. 2392.

dem Kapitaldienst nachkommen zu können.[569] Am Ende dieses Prozesses steht zwar ein Urteil über die Kreditwürdigkeit,[570] allerdings darf nicht übersehen werden, daß dieses Urteil ein höchst subjektives Werturteil ist, weil die Feststellung der Kreditwürdigkeit in hohem Maße auf den Einschätzungen, Vorurteilen und Meinungen der Beurteilenden beruht.[571] Außerdem kann „das Ergebnis einer Kreditwürdigkeitsprüfung immer nur eine Prognose über den wahrscheinlichen Ausgang eines Kreditengagements"[572] sein, weil das zukünftige Verhalten und die finanziellen Möglichkeiten des Kreditnehmers nicht mit letzter Sicherheit vorhergesagt werden können.[573]

Zur Informationsbeschaffung kann das Kreditinstitut auf verschiedene interne und externe Informationsquellen zurückgreifen: Zu den wichtigsten internen Quellen gehören neben dem persönlichen Eindruck, der fachlichen Qualifikation und der Zuverlässigkeit des Kreditnehmers auch Erkenntnisse aus dem bisherigen Zahlungsverkehr des Kunden.[574] Bei den externen Informationsquellen kann das Kreditinstitut auf die Auskünfte von Dritten (z.B. amtliche Auskünfte, Auskunfteien, Geschäftspartner) und auf die Selbstauskunft des Kreditnehmers (z.B. testierte Jahresabschlüsse, Zwischenbilanzen, monatliche BWA, Finanzplan, etc.) zurückgreifen.[575]

Nach der Aufbereitung der gewonnenen Informationen können im Rahmen der Kreditwürdigkeitsprüfung die unterschiedlichsten Analyseverfahren zur Anwendung kommen. Ausgangspunkt bei den meisten Verfahren ist in der Regel der handelsrechtliche Jahresabschluß.[576] Bei Krediten über 500.000 DM ist das

---

569 Vgl. Hauschildt/ Leker: Kreditwürdigkeitsprüfung 1995, Sp. 1323; Oser: Kreditwürdigkeitsprüfung 1995, S. 784; Büschgen: Bankbetriebslehre 1998, S. 939.

570 Vgl. Hauschildt/ Leker: Kreditwürdigkeitsprüfung 1995, Sp. 1323.

571 Vgl. Hauschildt/ Leker: Kreditwürdigkeitsprüfung 1995, Sp. 1327.

572 Dietz/ Füser/ Schmidtmeier: Kreditwürdigkeitsprüfung 1997, S. 475.

573 Vgl. Moxter: Kreditwürdigkeitsbeurteilung 1978, S. 323.

574 Vgl. Hauschildt/ Leker: Kreditwürdigkeitsprüfung 1995, Sp. 1324-1327.

575 Vgl. Oser: Kreditwürdigkeitsprüfung 1995, S. 787.

576 Vgl. Becker: Bankbetriebslehre 1997, S. 109; Adrian/ Heidorn: Bankbetrieb 1996, S. 385; Trautner/ Schacht: Bonitätsanalyse 1993, S. 21; Marzen: Bonitätsprüfung 1989, S. 215; Drebes: Finanzierungsverhalten 1982, S. 102.

Kreditinstitut nach § 18 Satz 1 KWG sogar verpflichtet, sich „die wirtschaftlichen Verhältnisse, insbesondere durch Vorlage der Jahresabschlüsse, offenlegen" zu lassen.[577]

Im Rahmen der traditionellen Kreditwürdigkeitsprüfung kommen in der Bankenpraxis zum Beispiel Punktbewertungsverfahren und Kennzahlenrechnungen zur Anwendung.[578] Bei letzteren werden verschiedene Kennzahlen zur Vermögens-, Finanz- und Ertragslage gebildet,[579] mit deren Hilfe eine Prognose über die zukünftige Zahlungsfähigkeit der Unternehmung abgeleitet werden soll.[580] Übliche Kennzahlen sind hierbei der Verschuldungsgrad, die Eigenkapitalquote, sowie Rentabilitäts-, Liquiditäts- und Cash Flow- Ziffern.[581]

Die Aussagefähigkeit solcher Kennzahlenrechnungen ist allerdings begrenzt.[582] Auf der einen Seite sind die Ergebnisse des zugrundeliegenden Jahresabschlusses veraltet[583] und abhängig von den bilanzpolitischen Gestaltungsmöglichkeiten.[584] Auf der anderen Seite ist unklar, welche Kennzahlen sich tatsächlich für eine Krisenfrüherkennung eignen und welche Grenzwerte für ein Unternehmen gelten sollen.[585] In gleicher Weise haben sich bestimmte Finanzierungsregeln, wie beispielsweise die goldene Bilanzregel, in der Vergangenheit als ungeeignet für die Beurteilung der Frage erwiesen, ob ein Unternehmen künftig die vereinbarten Zins- und Tilgungsraten aus dem Ertrag und der Liquidität aufbringen kann.[586]

---

577 Vgl. zu den Ausnahmen § 18 Sätze 2 bis 4 KWG.

578 Vgl. Oser: Kreditwürdigkeitsprüfung 1995, S. 787.

579 Vgl. zur Kennzahlenrechnung z.B.: Küting/ Weber: Bilanzanalyse 1999, S. 21-347; Leffson: Bilanzanalyse 1984, S. 167-197; Harrmann: Kennzahlen 1978, S. 849-854.

580 Vgl. Trautner/ Schacht: Bonitätsanalyse 1993, S. 21.

581 Vgl. Adrian/ Heidorn: Bankbetrieb 1996, S. 385; Rösler: Kreditfinanzierung 1993, S. 423.

582 Vgl. Moxter: Kreditwürdigkeitsbeurteilung 1978, S. 321 f.

583 Die Ergebnisse sind sogar in mehrfacher Hinsicht veraltet, weil der handelsrechtliche Jahresabschluß in großem Maße auf historischen Anschaffungs- oder Herstellungskosten aufbaut und darüber hinaus zwischen Abschlußstichtag und Veröffentlichung eine nicht unerhebliche Zeitspanne liegt; vgl. dazu Küting/ Weber: Bilanzanalyse 1999, S. 48f.

584 Vgl. Küting/ Weber: Bilanzanalyse 1999, S. 48 f.

585 Vgl. Trautner/ Schacht: Bonitätsanalyse 1993, S. 21.

586 Vgl. Gutenberg: Finanzen 1980, S. 272-296.

Um die Mängel der traditionellen Verfahren zu überwinden und die Kreditwürdigkeitsprüfung objektiver, rationeller und einheitlich zu gestalten, werden seit geraumer Zeit moderne Verfahren zur Kreditwürdigkeitsprüfung im Schrifttum vorgeschlagen und auch in der Bankenpraxis eingesetzt.[587] Zu nennen sind hierbei der Einsatz von Expertensystemen, multivariaten Diskriminanzanalysen und Neuronalen Netzen.[588]

Mit Expertensystemen wird das Ziel verfolgt, dem einzelnen Kreditsachbearbeiter das Wissen von Experten bei der Kreditvergabeentscheidung nutzbar zu machen.[589] Es handelt sich dabei um wissensbasierte Systeme, in denen das Sach- und Erfahrungswissen von Experten abgespeichert ist[590] und mit deren Hilfe komplexe Probleme aus dem Gebiet der Kreditwürdigkeitsprüfung besser und schneller gelöst werden sollen.[591]

Bei multivariaten Diskriminanzanalysen handelt es sich um statistische Klassifikationsverfahren zur Trennung von gesunden und kranken Unternehmen.[592] Die Abgrenzung erfolgt mit Hilfe einer Trennfunktion (Diskriminanzfunktion),

---

587 Vgl. Krause: Kreditwürdigkeitsprüfung 1993, S. 11 f.; Trautner/ Schacht: Bonitätsanalyse 1993, S. 22; Oser: Kreditwürdigkeitsprüfung 1995, S. 787; Schwarze/ Rosenhagen: Expertensysteme 1993, S. 307-309, die einen Überblick über den Einsatz von Expertensystemen in der Praxis geben; vgl. auch Küting/ Weber: Bilanzanalyse 1999, S. 352, wonach multivariate Diskriminanzanalysen zum Beispiel von der (ehemaligen) Deutschen Bundesbank, dem Deutschen Sparkassen- und Giroverband, der (ehemaligen) Bayerischen Vereinsbank AG und der Allgemeinen Kreditversicherung AG angewendet werden; vgl. zudem Dietz/ Füser/ Schmidtmeier: Kreditwürdigkeitsprüfung 1997, S. 475, die darauf hinweisen, daß Neuronale Netze in der Süd-West-Kreditbank zum Einsatz kommen.

588 Vgl. Oser: Kreditwürdigkeitsprüfung 1995, S. 784; Küting/ Weber: Bilanzanalyse 1999, S. 349-484.

589 Vgl. Oser: Kreditwürdigkeitsprüfung 1995, S. 788; Hauschildt/ Leker: Kreditwürdigkeitsprüfung 1995, Sp. 1332; Bodendorf: Expertensysteme 1995, Sp. 543.

590 Vgl. Küting/ Weber: Bilanzanalyse 1999, S. 467; vgl. zu den Anforderungen an die Wissensbasis Hauschildt: Expertensysteme 1990, S. 525-537.

591 Vgl. Oser: Kreditwürdigkeitsprüfung 1995, S. 788; Bodendorf: Expertensysteme 1995, Sp. 546.

592 Vgl. Baetge: Bilanzanalyse 1998, S. 560; Leffson: Bilanzanalyse 1984, S. 193-197; Küting/ Weber: Bilanzanalyse 1999, S. 17 f.; Oser: Kreditwürdigkeitsprüfung 1995, S. 787; Busse von Colbe: Finanzanalyse 1995, Sp. 588.

die aus mehreren Jahresabschlußkennzahlen gebildet werden kann.[593] Aus der Fülle der möglichen Kennzahlen werden diejenigen ausgewählt, die sich am besten zur Trennung eignen.[594]

Weil Diskriminanzanalysen ebenfalls auf den Daten des handelsrechtlichen Jahresabschlusses beruhen, gelten für sie grundsätzlich die gleichen Mängel wie für die Kennzahlenrechnungen; sie basieren auf Vergangenheitswerten und sind abhängig von bilanzpolitischen Gestaltungsmöglichkeiten.[595] Außerdem lassen sich Fehlklassifikationen nicht ausschließen.[596] Insofern ist auch hier der „Traum des Analytikers [...], mit Hilfe einer einzigen Kennzahl - die aus mehreren Komponenten zusammengesetzt sein mag - eine Prognose der Zahlungsfähigkeit und Rentabilität der Unternehmung [...] liefern zu können",[597] auch nicht mit Hilfe der multivariaten Diskriminanzanalyse zu erfüllen.[598]

Zur Verbesserung der Klassifikationsleistung wird in jüngerer Zeit der Einsatz von Neuronalen Netzen vorgeschlagen.[599] Hierbei handelt es sich um lernende Systeme, die sich besonders zur Lösung komplexer und schlecht strukturierter Probleme eignen.[600] Die Klassifikation in gesunde und kranke Unternehmen basiert zwar ebenso wie bei der multivariaten Diskriminanzanalyse auf Kennzahlen.[601] Bei Neuronalen Netzen können jedoch neben quantitativen auch

---

593 Vgl. Oser: Kreditwürdigkeitsprüfung 1995, S. 787; Büschgen: Insolvenzgefahr 1975, S. 104 f.

594 Vgl. Trautner/ Schacht: Bonitätsanalyse 1993, S. 22.

595 Vgl. Maus: GmbH 1999, S. 6.

596 Vgl. Dittmar/ Hilbert: Bonitätsprüfung 1998, S. 344; Küting/ Weber: Bilanzanalyse 1999, S. 372 f.

597 Leffson: Bilanzanalyse 1984, S. 167.

598 Vgl. Küting/ Weber: Bilanzanalyse 1999, S. 374.

599 Vgl. Baetge: Insolvenzforschung 1998, S. 111-113; Dittmar/ Hilbert: Bonitätsprüfung 1998, S. 343-352; Hauschildt/ Leker: Kreditwürdigkeitsprüfung 1995, Sp. 1334; Dietz/ Füser/ Schmidtmeier: Kreditwürdigkeitsprüfung 1997, S. 475-489; Oser: Kreditwürdigkeitsprüfung 1995, S. 788; Krause: Kreditwürdigkeitsprüfung 1993, S. 101-215.

600 Vgl. Dittmar/ Hilbert: Bonitätsprüfung 1998, S. 344; Oser: Kreditwürdigkeitsprüfung 1995, S. 788; vgl. auch Küting/ Weber: Bilanzanalyse 1999, S. 18; Krause: Kreditwürdigkeitsprüfung 1993, S. 73.

601 Vgl. Oser: Kreditwürdigkeitsprüfung 1995, S. 788.

qualitative Kriterien in die Analyse einbezogen werden.[602] Trotz dieses bemerkenswerten Fortschritts bleiben allerdings die Nachteile aus dem Vergangenheitsbezug und die grundsätzliche Kritik an den Kennzahlen bestehen.

Somit kann festgestellt werden, daß die Prüfung der Kreditunwürdigkeit eines potentiellen Kreditnehmers in der Bankenpraxis sehr unterschiedlich ausgestaltet ist. Neben Vergangenheitswerten werden auch immer subjektive Elemente in der Kreditwürdigkeitsprüfung enthalten sein. Die Einbeziehung subjektiver Elemente ist mitunter sogar erwünscht: Trotz modernster Verfahren wollen selbst die Großbanken bei der Beurteilung der Kreditwürdigkeit „ganz bewußt subjektive Urteile“[603] des Kreditbearbeiters einfließen lassen. Nach deren Vorstellung wäre es „fatal, die Erfahrung und das Gespür von Mitarbeitern in der Bank völlig ersetzen zu wollen durch statistische, anonym auf der EDV ablaufende Prozesse.“[604]

Vor diesem Hintergrund erscheint es zumindest zweifelhaft, ob ein wirtschaftlich vernünftig handelnder (fiktiver) Kreditgeber, der möglicherweise im nachhinein weder auf vollständige Informationen noch auf die Instrumente der Kreditwürdigkeitsprüfung zurückgreifen kann, überhaupt eine objektive und gesicherte Aussage über die Kreditwürdigkeit der Gesellschaft im Zeitpunkt der Darlehensgewährung machen kann.

(4) Kreditsicherheiten

Ist die Kreditwürdigkeitsprüfung positiv ausgefallen, so stellt sich für den Kreditgeber die Frage, ob der Kredit mit oder ohne Sicherheiten ausgereicht werden soll.[605] Bei Gesellschaften mit beschränkter Haftung ist jedoch davon auszugehen, daß Blankokredite, d.h. nicht durch Sicherheiten unterlegte Kre-

---

602 Vgl. Krause: Kreditwürdigkeitsprüfung 1993, S. 214.

603 Trautner/ Schacht: Bonitätsanalyse 1993, S. 33, die für die (ehemalige) Bayerische Vereinsbank sprechen.

604 Trautner/ Schacht: Bonitätsanalyse 1993, S. 33.

605 Vgl. Adrian/ Heidorn: Bankbetrieb 1996, S. 398.

dite,[606] eher die Ausnahme sein werden.[607] Insofern wird im Regelfall die Kreditvergabebereitschaft fremder Dritter neben der positiven Kreditwürdigkeitsprüfung auch davon abhängen, ob ausreichende respektive werthaltige Kreditsicherheiten vorhanden sind.[608]

Eine Kreditsicherheit ist das vertraglich begründete Recht, das ein Kreditgeber in Anspruch nehmen kann, wenn er wegen einer gesicherten Forderung nicht vollständig befriedigt worden ist.[609] Solche Kreditsicherheiten können Sach- oder Personensicherheiten sein. Bei Sachsicherheiten werden dem Kreditgeber dingliche Verwertungsrechte an Vermögensgegenständen oder Rechten eingeräumt.[610] Hierzu zählen insbesondere Pfandrechte an beweglichen Sachen und Rechten, Sicherungsübereignungen von beweglichen Sachen, Sicherungsabtretungen (Zessionen) von Forderungen und Rechten, aber auch Grundpfandrechte in Form von Grundschulden und Hypotheken.[611]

Personensicherheiten sind dadurch gekennzeichnet, daß sie „auf schuldrechtlichen Ansprüchen gegenüber Dritten“[612] beruhen. Außer dem Kreditnehmer (z.B. GmbH) haften Dritte (z.B. Gesellschafter) persönlich für den Kredit.[613] Die persönliche Haftung des Dritten erfordert im allgemeinen eine zusätzliche Kreditwürdigkeitsprüfung; und zwar gegenüber dem Dritten.[614] Zu den wichtigsten Personensicherheiten gehören Bürgschaften, Garantien und Schuldmitübernahmen.[615]

---

606 Vgl. Jährig/ Schuck: Kreditgeschäft 1990, S. 101.

607 Vgl. demgegenüber BGHZ 119, 201 (209 f.), wonach der Gesellschaft tatsächlich Blankokredite gewährt worden sind.

608 Vgl. Drukarczyk: Finanzierung 1996, S. 412 f.

609 Vgl. Drebes: Finanzierungsverhalten 1982, S. 100.

610 Vgl. Becker: Bankbetriebslehre 1997, S. 110.

611 Vgl. Adrian/ Heidorn: Bankbetrieb 1996, S. 412-465.

612 Becker: Bankbetriebslehre 1997, S. 110.

613 Vgl. Süchting: Finanzmanagement 1995, S. 217.

614 Vgl. Drebes: Finanzierungsverhalten 1982, S. 101.

615 Vgl. zum Beispiel: Büschgen: Bankbetriebslehre 1998, S. 954 f.; Größl: Finanzwirtschaft 1999, S. 69 f.

Welche Kreditsicherheiten im einzelnen in Frage kommen und inwieweit diese auch hinreichend sind, wird man nicht allgemeingültig formulieren können; dies wird vielmehr je nach Vermögenslage, Beleihungsgrenzen und Verwendungszweck im Einzelfall zu entscheiden sein.[616]

Im Ersten Kapitel konnte bereits aufgezeigt werden, daß der Bundesgerichtshof gerade dem Vorhandensein von ausreichenden Kreditsicherheiten ganz besondere Bedeutung für die Kreditwürdigkeit der Gesellschaft zumißt.[617] So kann eine Gesellschaft sogar trotz Verlusten und angespannter Finanzlage noch kreditwürdig sein, solange sie nur ausreichende Sicherheiten aus ihrem Vermögen stellen kann.[618]

Es ist dem Bundesgerichtshof zwar zuzugeben, daß ausreichende Kreditsicherheiten ein wichtiges Element für die Kreditvergabebereitschaft fremder Dritter darstellen, allerdings sollte nicht übersehen werden, daß es sich dabei nur um ein Kriterium von vielen handelt. Bei einer angespannten Finanzlage und einer Verlustsituation erscheint es zumindest fragwürdig, ob ein wirtschaftlich vernünftig handelnder Kreditgeber allein aufgrund von Sicherheiten ein Darlehen gewähren würde, wenn er bereits vor der Kreditvergabe davon ausgehen kann und auch ausgehen muß, daß die Gesellschaft aufgrund ihrer angespannten Lage künftig die vereinbarten Zins- und Tilgungszahlungen nicht betragsgenau und fristgerecht begleichen kann.[619]

(5) Sonstige Einflußfaktoren

Sofern außerfinanzielle Einflußfaktoren noch nicht bei der Kreditwürdigkeitsprüfung einbezogen wurden, sind auch solche Faktoren hinsichtlich der Kredit-

---

616 Vgl. Adrian/ Heidorn: Bankbetrieb 1996, S. 398; Claussen: Kreditinstitute 1983, S. 206.

617 Vgl. Erstes Kapitel: Abschnitt A.III.2.b.(3).

618 Vgl. BGH ZIP 1985, 1075 (1077); BGH WM 1986, 1554 (1556); BGH ZIP 1992, 177 (178).

619 Vgl. Geßler: Gesellschafterdarlehen 1981, S. 230; Claussen: Kreditinstitute 1983, S. 207, der als „Kreditgrundlage die nachhaltige Ertragskraft [...] und weniger das statische Element einer ausreichenden Vermögensgrundlage" sieht; vgl. auch Jährig/ Schuck: Kreditgeschäft 1990, S. 91, die darauf aufmerksam machen, daß sich Kreditinstitute schon wegen des eigenen Ansehens „nicht gern Verwertungsfälle ins Haus" holen.

vergabebereitschaft fremder Dritter zu berücksichtigen. Auch nicht finanzielle Elemente können eine wichtige - möglicherweise sogar eine entscheidende - Rolle bei der Kreditvergabe spielen.[620]

Die Grundvoraussetzung einer jeden Kreditgewährung ist das Vertrauen in die persönlichen Eigenschaften und Fähigkeiten des Kreditnehmers.[621] Ohne das Vertrauen des Kreditgebers wird die Kreditvergabe in aller Regel scheitern. Das gilt vermutlich auch dann, wenn der potentielle Kreditnehmer noch umfangreiche Kreditsicherheiten vorweisen kann.[622]

Die besondere Bedeutung des Vertrauens wird in dem bereits oben zitierten BGH-Urteil vom 28.09.1987 deutlich: Hierin lehnen die drei Hausbanken der Gesellschaft trotz ausreichender Sicherheiten eine Kreditvergabe ab, weil sie kein Vertrauen mehr in die Geschäftsführung haben.[623] Nach der Vorstellung des Bundesgerichtshofes ist das fehlende Vertrauen der Hausbanken jedoch nicht ausschlaggebend. Erst wenn feststeht, „daß der Kredit außer von den genannten Banken allgemein auf dem Kapitalmarkt nicht zu haben“[624] ist, gilt die Gesellschaft nach der Auffassung des Senats als kreditunwürdig.

Es sei dahingestellt, ob ein wirtschaftlich vernünftig handelnder Kreditgeber der Geschäftsführung mehr Vertrauen entgegen bringen und einen Kredit gewähren würde, wenn bereits die drei Hausbanken der Gesellschaft kein Vertrauen mehr in die Geschäftsführung haben. Bemerkenswert ist in diesem Zusammenhang aber die Tatsache, daß der Bundesgerichtshof in dem später ergangenen "Dornier-Urteil" explizit das Vertrauen als einen wichtigen Einflußfaktor für die Kreditvergabebereitschaft hervorhebt.[625]

---

620 Vgl. Ebenroth: Vermögenszuwendungen 1979, S. 273.

621 Vgl. Jährig/ Schuck: Kreditgeschäft 1990, S. 91.

622 Vgl. Mellerowicz/ Jonas: Kreditfähigkeit 1957, S. 15-20; Jährig/ Schuck: Kreditgeschäft 1990, S. 100, die darauf hinweisen, daß selbst „über jeden Zweifel erhabene liquide Sicherheiten [...] keine Grundlage für eine Kreditgewährung sein [können], wenn es an der persönlichen Vertrauenswürdigkeit fehlt.“

623 Vgl. BGH WM 1987, 1488 (1488).

624 BGH WM 1987, 1488 (1488).

625 Vgl. BGHZ 119, 201 (207).

Neben dem Vertrauen und der Integrität der Geschäftsleitung können eine ganze Reihe weiterer Faktoren - wie beispielsweise die Branchenzugehörigkeit, die Marktchancen, die entwickelten Produkte, die Qualifikation der Mitarbeiter, die technische Ausstattung und das Alter des Unternehmens - eine wichtige Rolle für die Kreditvergabebereitschaft spielen.[626]

Führt man sich die Tatsache vor Augen, daß auch professionelle Kreditgeber auf solch unwägbare Faktoren wie Vertrauen und geschäftliche Qualifikation bei ihrer Kreditvergabeentscheidung zurückgreifen, so verdichten sich die Zweifel, ob eine allgemeingültige, objektive und gesicherte Aussage über die Kreditwürdigkeit eines Unternehmens überhaupt möglich ist.[627]

Neben den genannten außerfinanziellen Elementen können auch Faktoren die Kreditvergabe beeinflussen, die unabhängig von der Gesellschaft oder der dahinter stehenden Personen sind. Hierzu zählen beispielsweise politische Risiken im Rahmen einer Exportfinanzierung oder insgesamt die finanziellen Mittel, die den Kreditinstituten zur Verfügung stehen;[628] denn auch die „gesamtwirtschaftliche Liquidität“[629] übt einen nicht unerheblichen Einfluß auf die Kreditvergabebereitschaft von Banken aus.

(6) Marktübliche Bedingungen

Bei der Prüfung der Kreditunwürdigkeit kommt es nach der Auffassung des Bundesgerichtshofes darauf an, daß die Gesellschaft nicht zu irgendwelchen Bedingungen einen Kredit erhalten hätte, sondern zu solchen, die am Markt üblich sind.[630]

---

[626] Vgl. Ebenroth: Vermögenszuwendungen 1979, S. 273; Drebes: Finanzierungsverhalten 1982, S. 102; Schult: Bilanzanalyse 1997, S. 159 f.; vgl. auch BGHZ 119, 201 (207).

[627] Vgl. Drebes: Finanzierungsverhalten 1982, S. 103.

[628] Vgl. Rowedder: GmbHG 1990, § 32 a Rz. 8.

[629] Gutenberg: Finanzen 1980, S. 337.

[630] Vgl. BGHZ 76, 326 (330).

Abgesehen von bestehenden Zweifeln, ob es für individuelle Unternehmenskredite überhaupt einen homogenen Markt gibt,[631] erhebt sich diesbezüglich die Frage, um welche Vertragsbedingungen es geht und inwieweit diese noch als marktüblich eingestuft werden können.[632] Wichtige Bestandteile von Kreditverträgen sind Vereinbarungen über die Höhe und Laufzeit des Darlehens, die Darlehensrückzahlung, die Verzinsung, die Kreditsicherheiten, die Möglichkeiten der vorzeitigen Kündigung sowie die Offenlegung der wirtschaftlichen Verhältnisse.[633]

Mitunter wird es im Schrifttum als marktunüblich angesehen, wenn keine Vereinbarungen über die Laufzeit oder die Rückzahlung der Darlehen getroffen worden sind.[634] Diese Vorstellung, unbefristete Darlehen den Eigenkapitalersatzregeln zu unterwerfen, ist allerdings schon in der Reformdiskussion vertreten worden und hat sich dort als wenig überzeugend erwiesen.[635]

Das Verlangen der Kreditgeber nach ausreichenden Kreditsicherheiten wird man als markt- oder banküblich bezeichnen können.[636] Hieraus ist jedoch nicht ohne weiteres der Umkehrschluß zu ziehen, daß es unüblich sei, wenn keine Sicherheiten verlangt oder zur Verfügung gestellt werden. Einerseits ist es immerhin denkbar, daß auch fremde Dritte - wie beispielsweise im "Dornier-Urteil"[637] - Blankokredite gewähren;[638] andererseits erscheint es keineswegs abwegig zu sein, daß Gesellschafter ihre Darlehen nicht besichern, wenn sie ei-

---

[631] Vgl. Claussen: Kreditinstitute 1983, S. 206 Fn. 41; Müller: Gesellschafterdarlehen 1982, S. 39.

[632] Vgl. Müller: Gesellschafterdarlehen 1982, S. 39.

[633] Vgl. Eilers/ Sieger: Finanzierung 1998, S. 133 f.; Jährig/ Schuck: Kreditgeschäft 1990, S. 97.

[634] Vgl. Hartung: Darlehen 1996, S. 229 f.

[635] Vgl. Zweites Kapitel: Abschnitt C.II.

[636] Vgl. BGH WM 1987, 1488 (1489); BGH ZIP 1998, 243 (244 f.); Geßler: Gesellschafterdarlehen 1981, S. 230.

[637] Vgl. BGHZ 119, 201 (209 f.).

[638] Vgl. Jährig/ Schuck: Kreditgeschäft 1990, S. 101.

nen entsprechenden Einblick in die wirtschaftlichen Verhältnisse ihrer Gesellschaft haben.[639]

Schwer greifbar ist darüber hinaus die Frage nach der marktüblichen Verzinsung. Der Zinssatz ist insbesondere abhängig vom Kreditrisiko und der Risikofreudigkeit des Kreditgebers. Mit steigendem Risiko steigt in der Regel auch die Verzinsung, weil das erhöhte Risiko als Risikozuschlag im Zinssatz entgolten wird.[640] Auch hohe Zinssätze können bei hohem Kreditrisiko noch marktüblich sein.[641] Marktunüblich ist der Zinssatz vermutlich dann, wenn überhaupt keine Zinsen oder Wucherzinsen vereinbart worden sind. Dazwischen liegt aber eine Grauzone, in der eine gesicherte Aussage über die Marktüblichkeit oder -unüblichkeit der Verzinsung nicht zu treffen sein wird.

Die Offenlegung der wirtschaftlichen Verhältnisse des Kreditnehmers, insbesondere durch die Vorlage von (testierten) Jahresabschlüssen, ist im allgemeinen marktüblich und - wie oben schon erwähnt - bei Kreditvolumina über 500.000 DM auch gesetzlich vorgeschrieben.[642]

Somit bleibt festzuhalten, daß die Frage nach der Marktüblichkeit der einzelnen Kreditbedingungen schwer greifbar und objektivierbar erscheint.[643] Unter welchen Konditionen ein individueller Darlehensvertrag zustande kommt, hängt neben den genannten Einflußfaktoren sicherlich auch noch von der Verhandlungsmacht und dem Verhandlungsgeschick der Beteiligten ab.[644]

---

639 Vgl. Ebenroth: Vermögenszuwendungen 1979, S. 268.

640 Vgl. Kübler: Gesellschaftsrecht 1998, S. 245.

641 Vgl. Klaus: Gesellschafterdarlehen 1994, S. 248; Reiner: Finanzierungsverantwortung 1996, S. 435.

642 Vgl. § 18 Satz 1 KWG.

643 Vgl. Drukarczyk: Finanzierung 1996, S. 420, der hinsichtlich der Marktüblichkeit von Kreditkonditionen auf die Probleme der Handhabung aufmerksam macht.

644 Vgl. Süchting: Finanzmanagement 1995, S. 180.

b. Liquidationsgefahr wegen Kapitalmangel

Nach der Konzeption der Rechtsprechung ist bezüglich des Abgrenzungskriteriums der Kreditunwürdigkeit noch die zweite Bedingung und damit die Frage zu klären, ob die Gesellschaft im Zeitpunkt der Darlehensgewährung unter Kapitalmangel leidet und deshalb ohne das Gesellschafterdarlehen liquidiert werden müßte.[645] Demnach ist noch die Feststellung erforderlich, daß die Gesellschaft aufgrund ihrer Liquiditätslage und ihrer Finanzplanung überhaupt auf das Gesellschafterdarlehen oder auf einen Fremdkredit angewiesen ist.[646]

In der Rechtsprechung finden sich allerdings nur wenige Urteile, in denen der Bundesgerichtshof diese wichtige Frage überhaupt aufgreift[647] oder zumindest anhand von Indizien den Versuch unternimmt, einen Kapitalmangel der Gesellschaft nachzuweisen.[648] In den meisten Entscheidungen tritt diese Frage in den Hintergrund.[649]

Hierbei darf allerdings nicht übersehen werden, daß eine Gesellschaft trotz ihrer (vermeintlichen) Kreditunwürdigkeit immer noch über ausreichende finanzielle Mittel verfügen kann. Die Möglichkeiten der Finanzierung von Gesellschaften sind überaus vielseitig und nicht nur auf die Außenfinanzierung im Sinne einer Beteiligungs- oder Fremdfinanzierung beschränkt.[650] Auch Finanzierungsquellen, die innerhalb der Gesellschaft selbst liegen (z.B. einbehaltene Gewinne, Vermögensumschichtungen, etc.), können durchaus zur Deckung

---

645 Vgl. BGHZ 76, 326 (330); BGHZ 81, 252 (255); BGHZ 81, 311 (318); BGHZ 81, 365 (367); BGH ZIP 1985, 1075 (1076); BGHZ 95, 188 (194); BGH WM 1986, 1554 (1555); BGH WM 1987, 1488 (1488); BGHZ 106, 7 (11); BGH ZIP 1989, 93 (94); BGHZ 119, 201 (206); BGH GmbHR 1994, 394 (396); BGH DStR 1997, 1581 (1583); BGH ZIP 1998, 243 (244).

646 Vgl. dazu Ebenroth: Vermögenszuwendungen 1979, S. 268; Geßler: Reform 1938, Sp. 334; vgl. auch Erlinghagen: Gesellschafter-Darlehen 1972, S. 147, der die „Prüfung des Kapitalbedarfs an Hand eines Finanzierungsplanes, der die (geschätzten) zukünftigen Einnahmen und Ausgaben gegenüberstellt", vorschlägt.

647 Vgl. BGHZ 105, 168 (185); BGHZ 119, 201 (204).

648 Vgl. BGHZ 81, 252 (257 f.); BGH ZIP 1990, 98 (99 f.); BGH ZIP 1992, 177 (177).

649 Vgl. Klaus: Gesellschafterfremdfinanzierung 1994, S. 314 f.; Müller: Gesellschafterdarlehen 1982, S. 39 Fn. 48 f.

650 Vgl. Drukarczyk: Kapitalerhaltungsrecht 1994, S. 1741, der eine Übersicht über die Finanzierungsquellen gibt.

ihres Kapitalbedarfs beitragen.[651] Demzufolge bedarf es der Feststellung, daß sämtliche Finanzierungsquellen der Gesellschaft interner und externer Art erschöpft sind, so daß die Gesellschaft auch zwingend auf das Gesellschafterdarlehen angewiesen ist.

4. Verabsolutierung der Kreditunwürdigkeit

Wie bereits mehrfach ausgeführt wurde, knüpft der Bundesgerichtshof in seiner ständigen Rechtsprechung an das Umqualifizierungskriterium der Kreditunwürdigkeit konzeptionell zwei notwendige Bedingungen: Die Gesellschaft muß im maßgebenden Zeitpunkt kreditunwürdig sein und zugleich auch unter Kapitalmangel leiden.[652] Bei der praktischen Umsetzung der Konzeption ist jedoch die Tendenz nicht zu übersehen, daß der ersten notwendigen Bedingung (Kreditunwürdigkeit) in ungleich höherem Maße Beachtung beigemessen wird als der zweiten ebenfalls notwendigen Bedingung (Kapitalmangel).[653]

Unklar bleiben aber die Gründe für diese oft einseitige Auslegung der Konzeption. Ohne die Feststellung des tatsächlichen Kapitalmangels der Gesellschaft läßt sich nicht nachvollziehen, wie eine gesicherte Aussage über die fehlende Lebensfähigkeit und damit über die Liquidationsgefahr der Gesellschaft gemacht werden kann.

Während aus den BGH-Urteilen keine Begründung für diese auffallende Zurückhaltung entnommen werden kann, finden sich im Schrifttum zuweilen Erklärungsansätze, denen im Folgenden nachgegangen werden soll. *Fleck* konstatiert, daß „beide Kriterien [...] zusammenkommen“[654] müssen und folgert an-

---

651 Vgl. Olfert: Finanzierung 1997, S. 317-345.

652 Vgl. BGHZ 76, 326 (330); BGHZ 81, 252 (255); BGHZ 81, 311 (318); BGHZ 81, 365 (367); BGH ZIP 1985, 1075 (1076); BGHZ 95, 188 (194); BGH WM 1986, 1554 (1555); BGH WM 1987, 1488 (1488); BGHZ 106, 7 (11); BGH ZIP 1989, 93 (94); BGHZ 119, 201 (206); BGH GmbHR 1994, 394 (396); BGH DStR 1997, 1581 (1583); BGH ZIP 1998, 243 (244).

653 Vgl. Klaus: Gesellschafterfremdfinanzierung 1994, S. 314 f.; Müller: Gesellschafterdarlehen 1982, S. 39 Fn. 48 f.

654 Fleck: Bankdarlehen 1984, S. 117.

schließend, daß Kreditunwürdigkeit und Kapitalmangel in der Regel zusammenfallen.[655]

Es soll keineswegs bestritten werden, daß in vielen Fällen mit der Kreditunwürdigkeit auch gleichzeitig ein akuter Kapitalmangel der Gesellschaft verbunden ist. Allerdings ist diese Schlußfolgerung nicht zwingend.

Ulmer ist hingegen der Auffassung, daß bereits mit der Gewährung des Gesellschafterdarlehens „ein Datum zur Verfügung [steht], das in aller Regel den Schluß“ auf den Finanzbedarf der Gesellschaft zuläßt, so daß eine Zuspitzung auf das der Beweisaufnahme wesentlich besser zugängliche Merkmal der Kreditunwürdigkeit gerechtfertigt ist und sich „etwaige Bedenken gegen die Praktikabilität der [...] an den Finanzbedarf der Gesellschaft anknüpfenden Begriffsbestimmung“ erledigen.[656]

Die Sichtweise *Ulmers* ist bedenklich und interessant zugleich: Sie erlaubt nicht nur einen Einblick in die Schwierigkeiten, die unweigerlich mit der praktischen Umsetzung dieser Konzeption verbunden sind, sondern zeigt darüber hinaus auch die Achillesferse der Konzeption Kreditunwürdigkeit auf. Allein aus der Tatsache der Darlehensgewährung kann doch nicht ernsthaft und schon gar nicht zwingend auf den dringenden Finanzbedarf der Gesellschaft zum maßgebenden Zeitpunkt geschlossen werden. Unabhängig davon, ob eine Gesellschaft von Dritten als (mutmaßlich) kreditunwürdig eingestuft wird, gibt es neben dem Kapitalmangel der Gesellschaft weitere Gründe dafür, daß der Gesellschafter seiner Gesellschaft ein Darlehen zur Verfügung stellt.[657] Ein solcher Grund kann beispielsweise darin liegen, daß der Gesellschafter einen Bankkredit aus einem bereits bestehenden Kreditverhältnis ablösen und durch ein zinsgünstigeres Gesellschafterdarlehen austauschen will.

---

655 Vgl. Fleck: Bankdarlehen 1984, S. 117; OLG Karlsruhe, ZIP 1989, 588 (590).

656 Ulmer: Hachenburg-GmbHG 1992, Anh. § 30 Rz. 19; vgl. Ulmer: Unterkapitalisierung 1977, S. 670; Ebenroth: Vermögenszuwendungen 1979, S. 270 f.

657 Vgl. BGHZ 76, 326 (330); vgl. auch BGHZ 81, 252 (256), wonach „Gesellschafterdarlehen [...] auch andere Zwecke als den Ausgleich eines ohne sie bestehenden Kapitalmangels haben können“.

Die Tatsache der Darlehensgewährung läßt indes keine gesicherten Rückschlüsse zu, daß die Gesellschaft tatsächlich unter Kapitalmangel leidet und zwingend auf die Mittelzuführung des Gesellschafters angewiesen ist. Die Beweisaufnahme an Daten zu knüpfen, die der Gesellschafter mit der Darlehensgewährung selbst gesetzt hat,[658] dient nur scheinbar der Objektivierung und reduziert die Konzeption des Bundesgerichtshofes auf die erste notwendige Bedingung, die bloße Kreditunwürdigkeit. Im Ergebnis führt diese Sichtweise jedoch zu einer Verabsolutierung der Kreditunwürdigkeit,[659] die der ursprünglichen und in ständiger Rechtsprechung vertretenen Konzeption des Bundesgerichtshofes[660] nicht mehr gerecht wird.

Über diese Tatsache vermag auch der Hinweis *Ulmers* nicht hinweg zu trösten, daß die geistigen Vordenker der Kreditunwürdigkeit (*Erlinghagen* und *Geßler*) „den Eigenkapitalcharakter ausschließlich von der fehlenden Kreditfähigkeit der Gesellschaft im Zeitpunkt der tatsächlichen Gewährung des Gesellschafterdarlehens abhängig machen wollen.“[661] Auf der einen Seite beziehen sowohl *Geßler*[662] als auch *Erlinghagen*[663] die Notwendigkeit der finanziellen Mittel durchaus in ihre Betrachtung ein. Auf der anderen Seite ist nicht ersichtlich, warum der Bundesgerichtshof die Konzeption der Kreditunwürdigkeit in stän-

---

658 Vgl. Ulmer: Hachenburg-GmbHG 1992, Anh. § 30 Rz. 17.

659 Vgl. Ebenroth: Vermögenszuwendungen 1979, S. 272 Fn. 670.

660 Vgl. BGHZ 76, 326 (330); BGHZ 81, 252 (255); BGHZ 81, 311 (318); BGHZ 81, 365 (367); BGH ZIP 1985, 1075 (1076); BGHZ 95, 188 (194); BGH WM 1986, 1554 (1555); BGH WM 1987, 1488 (1488); BGHZ 106, 7 (11); BGH ZIP 1989, 93 (94); BGHZ 119, 201 (206); BGH GmbHR 1994, 394 (396); BGH DStR 1997, 1581 (1583); BGH ZIP 1998, 243 (244).

661 Ulmer: Hachenburg-GmbHG 1992, Anh. § 30 Rz. 19 Fn. 29 mit Verweis auf Erlinghagen: Haftungsfragen 1962, S. 174; Erlinghagen: Gesellschafter-Darlehen 1972, S. 147; Geßler: GmbH-Reform 1971, S. 668.

662 Vgl. Geßler: GmbH-Reform 1971, S. 668, der darauf abstellt, daß die „Aufrechterhaltung des Geschäftsbetriebs der Gesellschaft [...] nur durch die Zuführung neuer Mittel möglich“ ist.

663 Vgl. Erlinghagen: Haftungsfragen 1962, S. 174, der die Frage aufwirft, ob „ein Dritter bereit gewesen wäre, der Gesellschaft die benötigten langfristigen Mittel zu annehmbaren Bedingungen als Kredit zur Verfügung zu stellen“; Erlinghagen: Gesellschafter-Darlehen 1972, S. 147, der an anderer Stelle fragt, ob „das Unternehmen in der Lage gewesen wäre, sich die benötigten Mittel von Dritten als Fremdkapital zu verschaffen“.

diger Rechtsprechung aufrecht erhält, wenn faktisch doch nur die erste Bedingung relevant sein sollte.

Interessant ist in diesem Zusammenhang auch der Stellenwert, den *Ulmer* der Bedingung Kreditunwürdigkeit einräumt: Gegenüber der Feststellung eines ungedeckten Finanzbedarfs soll die Kreditunwürdigkeit der Beweisaufnahme wesentlich besser zugänglich sein.[664] Die möglichen Widersprüche und praktischen Schwierigkeiten bei der Feststellung der Kreditunwürdigkeit haben in den vorangegangenen Abschnitten aber gezeigt,[665] daß die Kreditunwürdigkeit keineswegs den Stellenwert besitzt, den ihr *Ulmer* ganz offensichtlich einräumt.[666]

Es muß nachdrücklich darauf hingewiesen werden, daß eine isolierte Betrachtung des Kriteriums Kreditunwürdigkeit nicht zu überzeugen vermag und - neben den Problemen der praktischen Umsetzung - gerade in denjenigen Fällen zu unbefriedigenden Ergebnissen führen wird, in denen die Gesellschaft mutmaßlich kreditunwürdig ist, jedoch aufgrund ausreichender Liquidität weder auf das Gesellschafterdarlehen noch auf sonstige Mittelzuführungen von außen angewiesen ist. Gerade in diesen Fällen ist die Treffsicherheit des Kriteriums Kreditunwürdigkeit aufgrund der vorhandenen Lebensfähigkeit der Gesellschaft nicht (mehr) gewährleistet.

---

664 Vgl. Ulmer: Hachenburg-GmbHG 1992, Anh. § 30 Rz. 19.

665 Vgl. Zweites Kapitel: Abschnitte D.V.1 bis 3.

666 Vgl. Ulmer: Hachenburg-GmbHG 1992, Anh. § 30 Rz. 19.

Drittes Kapitel und eigener Lösungsvorschlag: Liquiditäterhaltende Gesellschafterdarlehen

A. Regelungsbedarf

Läßt man die Entwicklung des Eigenkapitalersatzrechts im Ersten Kapitel und die damit verbundene Abgrenzungsproblematik im Zweiten Kapitel Revue passieren, so erhebt sich zunächst die grundsätzliche Frage, welche der vorgetragenen Tatbestände, die aus Gläubigerschutzgründen eine Zurückstufung der Gesellschafterdarlehen rechtfertigen sollen, überhaupt (noch) durch das Eigenkapitalersatzrecht regelungsbedürftig sind.

Nicht (mehr) regelungsbedürftig sind offenkundig diejenigen Fälle, in denen der Gesellschafter bereits kraft Vereinbarung oder aufgrund einer vertraglichen Verpflichtung mit seiner Darlehensforderung im Range hinter die Forderungen der außenstehenden Gläubiger zurück getreten ist.[667] Diese freiwillige Zurückstufung wird man grundsätzlich bei dem Instrument der Finanzplankredite annehmen können.[668]

Der Überschuldungsfall kann ebenfalls ausgeklammert werden, sofern die zur Abwendung der Überschuldung unvermeidbare Rangrücktrittsvereinbarung (respektive ein bedingter Forderungserlaß) abgeschlossen worden ist.[669] In diesem Falle bedarf es keiner zwangsweisen (nachträglichen) Zurückstufung der Darlehen mehr, weil der Gesellschafter bereits freiwillig die Nachrangigkeit seiner Forderungen anerkannt hat.[670]

Probleme könnte indes der Fall bereiten, wenn keine oder eine nur unzureichend ausformulierte Rangrücktrittsvereinbarung getroffen wurde. Da in diesem Fall die Überschuldung aber fortbesteht und demzufolge die Geschäftsführer zum Insolvenzantrag verpflichtet sind,[671] werden diese ein nachhaltiges Interesse daran haben, entweder den Gesellschafter zu einer wirksamen

---

[667] Vgl. Erstes Kapitel: Abschnitt D.

[668] Vgl. Erstes Kapitel: Abschnitt D.III.

[669] Vgl. Erstes Kapitel: Abschnitt A.III.2.b.(2).

[670] Vgl. Erstes Kapitel: Abschnitt D.II.

[671] Vgl. § 64 Abs. 1 Satz 2 GmbHG i.V.m. § 19 Abs. 2 InsO.

Rangrücktrittsvereinbarung zu veranlassen oder aber binnen drei Wochen Insolvenzantrag bei dem zuständigen Amtsgericht (Insolvenzgericht) zu stellen.[672] Anderenfalls riskieren die Geschäftsführer, wegen Insolvenzverschleppung persönlich den Altgläubigern für den Quoten- und den Neugläubigern für den Kontrahierungsschaden (Individualschaden) zu haften[673] oder mit Freiheits- und Geldstrafen belegt zu werden.[674]

So besteht schließlich nur bei Gesellschafterdarlehen, die einer Gesellschaft im Stadium der drohenden Zahlungsunfähigkeit, Zahlungsunfähigkeit oder Kreditunwürdigkeit ausgereicht worden sind, ein nachhaltiger Regelungsbedarf durch das Eigenkapitalersatzrecht, da hier im allgemeinen keine entsprechenden Vereinbarungen vorliegen und die Darlehen entgegen dem Willen des Gesellschafters (zwangsweise) hinter die Forderungen der außenstehenden Gläubiger zurückgestuft werden.

Vor dem Hintergrund der bei der praktischen Umsetzung der Konzeption Kreditunwürdigkeit auftretenden Schwierigkeiten[675] erhebt sich somit die grundsätzliche Frage, ob die als regelungsbedürftig einzuordnenden Krisenmerkmale (drohende) Zahlungsunfähigkeit und Kreditunwürdigkeit nicht mit einem einheitlichen und treffsicheren Kriterium abgegrenzt werden können.

---

[672] Vgl. Schmidt: GmbH 1997, S. 262 f.

[673] Vgl. § 823 Abs. 2 BGB i.V.m. § 64 Abs. 1 GmbHG; grundlegend BGHZ 126, 181 (190-201); BGHZ 138, 211 (214-218); Schmidt: GmbH 1999, S. 659-669; Altmeppen/ Wilhelm: Quotenschaden 1999, S. 673-681; Uhlenbruck: Insolvenzrecht 1999, S. 324 f.; Dauner-Lieb: Quotenschaden 1998, S. 617-631; vgl. auch Ehlers: Überschuldungssituation 1998, S. 1756 f.; Kübler: Gesellschaftsrecht 1998, S. 243; Hess/ Kranemann/ Pink: Insolvenzrecht 1998, S. 43 f.; Ulmer: Hachenburg-GmbHG 1997, § 64 Rz. 35-62; Rowedder: GmbHG 1997, § 64 Rz. 19-26; Schmidt: Scholz-GmbHG 1995, § 64 Rz. 28-36.

[674] Vgl. zu den strafrechtlichen Folgen § 84 Abs. 1 Nr. 2 GmbHG; Uhlenbruck: GmbH 1999, S. 673-677; Braun/ Uhlenbruck: Unternehmensinsolvenz 1997, S. 217; Groth: Überschuldung 1995, S. 23.

[675] Vgl. Zweites Kapitel: Abschnitt D.V.

B. Ansätze in Rechtsprechung und Schrifttum

I. Schrifttum

Im juristischen Schrifttum werden im Zusammenhang mit der Sonderbehandlung von Gesellschafterdarlehen auch Überlegungen zur Liquidität angestellt. Bereits im Jahre 1938 weist *Ebbecke* in der Akademie für Deutsches Recht auf die Problematik von Gesellschafterdarlehen hin und argumentiert dabei mit der „Flüssigkeit" (Liquidität) der Gesellschaft: So besteht die Gefahr nach *Ebbecke* „darin, daß durch [die] Gewährung eines Gesellschafterdarlehens die Flüssigkeit eines mit Verlust arbeitenden Unternehmens weiter aufrechterhalten wird".[676]

Liquiditätsüberlegungen bezieht auch *Stimpel* in seine Argumentationskette ein: Hinsichtlich der Gewährung von Gesellschafterdarlehen an eine nicht mehr lebensfähige Gesellschaft stellt er fest, daß diese Darlehen wie haftendes Kapital zu behandeln sind, „solange die Liquiditätskrise nicht beseitigt ist".[677]

In dem Großkommentar von Hachenburg konstatiert *Ulmer*, daß die Hingabe eines Gesellschafterdarlehens „ihren Hauptanwendungsbereich [...] beim Auftreten von Liquiditätsengpässen"[678] hat, und kommt zu dem Ergebnis, daß „die Überwindung erheblicher, andauernder Liquiditätsprobleme"[679] für den eigenkapitalersetzenden Charakter eines Gesellschafterdarlehens sprechen kann.

Auch *Schmidt* bringt die Liquidität in die Diskussion ein: „Die Kreditwürdigkeit kann ex ante aus den Liquiditätsdaten der Gesellschaft erschlossen, ex post

---

676 Ebbecke: Protokolle IV 1938, S. 15.

677 Stimpel: Rechtsprechung 1975, S. 22.

678 Ulmer: Hachenburg-GmbHG 1992, §§ 32 a, b Rz. 47; vgl. Kübler: Gesellschaftsrecht 1998, S. 247, der darauf hinweist, daß sich die „Liquiditätsprobleme einer nur mit dem gesetzlich vorgeschriebenen Mindestkapital ausgestatteten GmbH" nicht nur durch eine Kapitalerhöhung, sondern auch durch (eigenkapitalersetzende) Gesellschafterdarlehen beheben lassen.

679 Ulmer: Hachenburg-GmbHG 1992, §§ 32 a, b Rz. 54 mit Verweis auf das "Hamburger-Stahlwerke-Urteil" OLG Hamburg, DB 1987, 1778 (1778); vgl. v. Gerkan/ Hommelhoff: Kapitalersatz 1997, S. 73.

meist nur anhand von Indizien festgestellt werden."[680] „Entscheidend ist das Liquiditätspotential der Gesellschaft, gemessen an ihrem Liquiditätsbedürfnis."[681]

Gegenüber dem juristischen Schrifttum ist in der betriebswirtschaftlichen Literatur vor allem *Albach* zu nennen, der zur Abgrenzung von Gesellschafterdarlehen auf die künftige Liquidität der Gesellschaft abstellt und als Meßinstrument einen „rationalen Finanzierungsplan"[682] vorschlägt: Ist das Gesellschafterdarlehen Bestandteil eines langfristigen Finanzierungsplans der Gesellschaft und ist die Zahlungsfähigkeit in jeder Periode mit einer noch festzulegenden Wahrscheinlichkeit gewahrt, so ist das Gesellschafterdarlehen als echtes Darlehen ausgewiesen.[683]

Einen ähnlichen Vorschlag unterbreitet *Rexrodt*. Er macht die Abgrenzung von Gesellschafterdarlehen von der zukünftigen Liquidität der Gesellschaft abhängig und schlägt vor, für den Zeitpunkt der Darlehensgewährung einen Finanzplan vorzuschreiben, der binnen zwei Wochen und notariell beglaubigt bei dem zuständigen Registergericht zu hinterlegen ist.[684]

Süchting argumentiert geradezu selbstverständlich mit der Liquidität: „Gibt ein Gesellschafter seiner eigentlich nicht mehr kreditwürdigen Gesellschaft ein Darlehen - etwa um ihre Liquidität aufrecht zu erhalten, aber in einer Form, die in der schwierigen Situation eine Ausweitung seiner Haftungsverpflichtungen

---

680 Schmidt: Scholz-GmbHG 1993, §§ 32 a, b Rz. 37 mit Hinweis auf Braun: Kreditunwürdigkeit 1990, S. 553-562 und S. 593-597.

681 Schmidt: Scholz-GmbHG 1993, §§ 32 a, b Rz. 37; vgl. Schmidt: Insolvenzgesetze 1997, § 32 a KO Anm. 3 c mit Hinweis auf Braun: Kreditunwürdigkeit 1990, S. 553-562 und S. 593-597.

682 Albach: Finanzierung 1962, S. 675.

683 Vgl. Albach: Finanzierung 1962, S. 672-687, der seinen Lösungsvorschlag noch zu § 3 Abs. 1 KVStG unterbreitet, allerdings wird dieser Vorschlag später von Geßler in die gesellschaftsrechtliche Diskussion eingebracht; vgl. dazu Geßler: Probleme 1966, S. 108; Geßler: GmbH-Recht 1969, S. 591; Drukarczyk: Gläubigerschutz 1979, S. 57; Dendorfer: Gesellschafterdarlehen 1985, S. 94.

684 Vgl. Rexrodt: Gesellschafterdarlehen 1978, S. 115-131; in diesem Sinne bereits Erlinghagen: Gesellschafter-Darlehen 1972, S. 147; Büschgen: Eigenkapitalausstattung 1974, S. 51-53; mit objektivierungsbedingten Einschränkungen Strobel: Gesellschafterdarlehen 1973, S. 1962.

vermeiden soll - so wird das Gesellschafterdarlehen unter Umständen gemäß § 32 a GmbHG als Einlage interpretiert".[685]

II. Rechtsprechung

In der Rechtsprechung finden sich im Zusammenhang mit der Sonderbehandlung von Gesellschafterdarlehen bemerkenswerte Ansätze zur Liquidität.[686] Gerade in der älteren Rechtsprechung des Bundesgerichtshofes ist die Liquidität der Gesellschaft in Verbindung mit dem Zweck des Gesellschafterdarlehens ein wichtiger Bestandteil in der Argumentationskette.[687] Bereits in dem grundlegenden "Lufttaxi-Urteil" stellt der II. Zivilsenat fest, daß es bei den Gesellschafterdarlehen „um die Behebung einer Illiquidität"[688] geht und die Gesellschaft ohne die Darlehen zahlungsunfähig gewesen wäre.

Auch in dem "Deckenputz-Urteil" wird von seiten des Bundesgerichtshofes mit der Liquidität argumentiert: Hiernach muß neben anderen Gesichtspunkten „hinzukommen, daß der Gesellschafter den Darlehensbetrag in einem Zeitpunkt aus dem Unternehmen zieht, in dem dessen Liquiditätskrise noch nicht endgültig gebannt ist."[689]

In der Entscheidung vom 27.09.1976 konstatiert der Bundesgerichtshof, daß die Gesellschafterdarlehen gegeben worden sind, um „eine sich ständig vergrößernde Liquiditätslücke"[690] der Gesellschaft zu beseitigen, und daß die Gesellschaft mit der Gewährung der Gesellschafterdarlehen ihre „Liquidität"[691] wiedererlangt hat.

---

685 Süchting: Finanzmanagement 1995, S. 40 f.

686 Vgl. zur Rechtsprechung des Bundesfinanzhofes bezüglich der Abgrenzung von Gesellschafterdarlehen BFH BStBl. II 1970, 279 (288), wonach ein „Finanzierungsplan" noch vor der Hingabe des Gesellschafterdarlehens errichtet werden und Auskunft geben soll, wie die Gesellschaft in Zukunft ihre Vorhaben finanzieren will.

687 Vgl. Erstes Kapitel: Abschnitt A.II. (Rechtsprechung zwischen 1959-1979).

688 BGHZ 31, 258 (269).

689 BGH WM 1972, 74 (76); dazu Stimpel: Rechtsprechung 1975, S. 22.

690 BGHZ 67, 171 (177).

691 BGHZ 67, 171 (176).

Mit der Einführung der Kreditunwürdigkeit als zentralem Abgrenzungskriterium hat sich die Argumentation der Rechtsprechung gewandelt. Zwar beruft sich auch die neuere Rechtsprechung noch gelegentlich auf die Liquidität, sie kehrt dann jedoch letztlich argumentativ zur Kreditunwürdigkeit zurück.[692]

Besonders deutlich wird dies in dem "Hamburger-Stahlwerke-Fall": Das Hanseatische Oberlandesgericht kommt zu dem Schluß, daß erhebliche „und andauernde Liquiditätsschwierigkeiten unterhalb des Tatbestandes der Zahlungsunfähigkeit"[693] zu einer Kreditunwürdigkeit führen können und die Gesellschaft „schon aus Liquiditätsgründen"[694] auf die Darlehen angewiesen war. Auch in dem anschließenden Urteil des Bundesgerichtshofes stehen zunächst Liquiditätsaspekte im Vordergrund: Aus den Abschreibungen der Gewinn- und Verlustrechnung folgert der Senat, daß die Hamburger-Stahlwerke zwar über liquide Mittel „in Höhe der freigesetzten Abschreibungsgegenwerte"[695] verfügt haben müssen, daß diese jedoch nicht ausreichend waren, um ihre Verbindlichkeiten zu tilgen und gleichzeitig die zur Aufrechterhaltung des Produktionsprozesses notwendigen Investitionen zu tätigen.[696] Aufgrund der erheblichen Zahlungsschwierigkeiten schließt der Bundesgerichtshof sodann auf die Kreditunwürdigkeit der Gesellschaft.[697]

In einer anderen Entscheidung vermißt der Bundesgerichtshof eine substantiierte, durch Indizientatsachen belegte Angabe darüber, wann bei der Gesellschaft „Liquiditätsengpässe aufgetreten sind, die dazu angetan waren, eine Krise der Gesellschaft im Sinne der Eigenkapitalersatzregeln zu begründen."[698]

Das Oberlandesgericht Karlsruhe stellt in einem rechtskräftigen Urteil fest, daß die „Befugnis zur Disposition über das Vermögen einer GmbH durch den Alleingesellschafter (oder die Gesamtheit aller Gesellschafter) [...] auch jenseits

---

692 Vgl. Erstes Kapitel: Abschnitt A.III. (Rechtsprechung ab 1980).

693 OLG Hamburg, DB 1987, 1778 (1778).

694 OLG Hamburg, DB 1987, 1778 (1780).

695 BGHZ 105, 168 (181); dazu Lutter: Gesellschafterdarlehen 1989, S. 481.

696 Vgl. BGHZ 105, 168 (180 f.).

697 Vgl. BGHZ 105, 168 (182); dazu Röhricht: Leistungen 1992, S. 369.

698 BGH ZIP 1992, 618 (618).

des von § 30 GmbHG gewährten Vermögensschutzes auf das schutzwerte Eigeninteresse der Gesellschaft [stößt], wenn es um die Haftung für den Entzug von existenznotwendiger Liquidität geht."[699]

Besondere Aufmerksamkeit verdient schließlich das "Dornier-Urteil": In dieser Entscheidung konstatiert der Bundesgerichtshof, daß das Berufungsgericht „keine Tatsachen festgestellt [hat], die darauf hindeuten könnten, daß die [Gesellschaft] zum damaligen Zeitpunkt auf das Darlehen [...] zum Zwecke der Aufrechterhaltung ihrer Liquidität angewiesen gewesen wäre".[700] Im Anschluß daran kehrt der Senat abermals zu dem Kriterium Kreditunwürdigkeit zurück.[701]

Die Argumentationsweise des Bundesgerichtshofes in dem soeben zitierten "Dornier-Urteil"[702] ist sehr beachtlich, denn sie zeigt auf, um was es im Kern eigentlich geht. Es geht um die Liquidität der Gesellschaft und die relevante Prüfungsfrage zur Abgrenzung von Gesellschafterdarlehen könnte demnach lauten: Dienen die Gesellschafterdarlehen im maßgebenden Zeitpunkt der Aufrechterhaltung der Liquidität ? Oder anders ausgedrückt: Ist die Gesellschaft zur Aufrechterhaltung ihrer Liquidität zwingend auf die Gesellschafterdarlehen angewiesen ?

An die Argumentation der Rechtsprechung könnte man anknüpfen und vorschlagen, zur Abgrenzung von Gesellschafterdarlehen generell mit der Liquidität zu argumentieren. Doch bevor ein solcher Vorschlag unterbreitet werden kann, soll zunächst eruiert werden, ob die Liquidität tatsächlich das zutreffende Kriterium für die hier relevante Problematik ist und darüber hinaus auch den Anspruch eines zentralen Abgrenzungskriteriums erfüllen kann.

---

699 OLG Karlsruhe, GmbHR 1998, 235 (235); dazu Schmidt: GmbH 1999, S. 50 f.

700 BGHZ 119, 201 (204).

701 Vgl. BGHZ 119, 201 (205 f.).

702 Vgl. BGHZ 119, 201 (204).

C. Zweck des Gesellschafterdarlehens

I. Aufrechterhaltung der Lebensfähigkeit

Wie in den ersten beiden Kapiteln herausgearbeitet worden ist, wird im Eigenkapitalersatzrecht die Sonderbehandlung von Gesellschafterdarlehen von der fehlenden Lebensfähigkeit der Gesellschaft abhängig gemacht.[703] Die Abwägung zwischen dem Grundsatz des Gläubigerschutzes und dem der Finanzierungsfreiheit soll dann zugunsten der außenstehenden Gläubiger ausfallen, wenn die Gesellschaft im Zeitpunkt der Darlehensgewährung aus eigener Kraft nicht mehr lebensfähig wäre und nur noch dank der Kapitalhilfen des Gesellschafters (künstlich) am Leben gehalten werden kann.[704] Entscheidend ist demzufolge der Zweck des Gesellschafterdarlehens: Das Darlehen dient einzig und allein dem Zweck, die Lebensfähigkeit der Gesellschaft aufrecht zu erhalten.[705]

Der Bundesgerichtshof, der in seiner älteren Rechtsprechung noch explizit auf den Zweck des Darlehens abstellt[706] und diesen heute zumindest implizit in seiner Rechtsprechung zugrunde legt,[707] verbindet mit der fehlenden Lebensfähigkeit der Gesellschaft die Krisenmerkmale (drohende) Zahlungsunfähigkeit, Überschuldung und die Konzeption der Kreditunwürdigkeit.[708] Nimmt man nun die eingangs beschriebene Unterscheidung hinsichtlich des Regelungsbedarfs im Eigenkapitalersatzrecht vor, so verbleiben noch die regelungsbedürftigen Krisenmerkmale drohende Zahlungsunfähigkeit, Zahlungsunfähigkeit und Kreditunwürdigkeit.[709]

---

703 Vgl. Erstes Kapitel: Abschnitt A.III. und Zweites Kapitel: Abschnitt B.

704 Vgl. Zweites Kapitel: Abschnitt B.

705 Vgl. Zweites Kapitel: Abschnitt D.

706 Vgl. Erstes Kapitel: Abschnitt A.II. (Konkursabwendungszweck).

707 Vgl. Erstes Kapitel: Abschnitt A.III.

708 Vgl. Erstes Kapitel: Abschnitt A.III.2.b., wobei im Falle der drohenden Zahlungsunfähigkeit die Rechtsprechung des Bundesgerichtshofes noch abzuwarten bleibt.

709 Vgl. Drittes Kapitel: Abschnitt A.

In den Fällen der drohenden oder bereits eingetretenen Zahlungsunfähigkeit ist offensichtlich, daß die Liquidität der Gesellschaft das maßgebende Kriterium ist.[710] Zur Feststellung der drohenden Zahlungsunfähigkeit fordert der Gesetzgeber in der Amtlichen Begründung sogar ausdrücklich die Aufstellung eines Liquiditätsplans.[711] Eine nähere Betrachtung ist jedoch bei der Konzeption der Kreditunwürdigkeit angezeigt. Vor dem Hintergrund der Probleme, die bei der praktischen Umsetzung dieser Konzeption entstehen,[712] erhebt sich die Frage, ob diese Konzeption nicht einfacher und vielleicht auch eleganter ausgedrückt werden kann.

Konzeptionell müssen für den Tatbestand Kreditunwürdigkeit zwei Bedingungen vorliegen: Die Gesellschaft muß kreditunwürdig sein und zugleich auch unter Kapitalmangel leiden.[713] Diese spezielle Situation ist dadurch gekennzeichnet, daß die gesamten Finanzierungsquellen der Gesellschaft - mit Ausnahme des Gesellschafterdarlehens - erschöpft sind und die Gesellschaft im Zeitpunkt der Darlehensgewährung eine Finanzierungslücke aufweist, die eben nur noch mit Hilfe des Gesellschafterdarlehens geschlossen werden kann.

Daß die Gesellschaft hierbei von Dritten mutmaßlich als kreditunwürdig eingestuft wird, ist mit Sicherheit eine nicht unerhebliche Einschränkung ihrer Außenfinanzierungsmöglichkeiten, gleichwohl dürfen dabei die Möglichkeiten der Innenfinanzierung nicht übersehen werden.[714] Es ist keineswegs ausgeschlossen, daß die Gesellschaft aus ihrem operativen Geschäft oder aufgrund von Vermögensumschichtungen nachhaltige Liquiditätsüberschüsse erzielen kann.[715] Erst wenn sämtliche internen und externen Finanzierungsquellen der Gesellschaft erschöpft sind und immer noch eine Finanzierungslücke vorliegt,

---

710 Vgl. Erstes Kapitel: Abschnitt A.III.2.b.(1).

711 Vgl. Begründung zu § 22 RegE InsO 1992 (heutiger § 18 InsO), BT-Drucksache 12/2443, S. 115.

712 Vgl. Zweites Kapitel: Abschnitt D.V.

713 Vgl. Erstes Kapitel: Abschnitt III.2.b.(3).

714 Vgl. zu den Einzelheiten der Außen- und Innenfinanzierung z.B. Olfert: Finanzierung 1997, S. 165-345.

715 Vgl. Drittes Kapitel: Abschnitt D.II.2.a.

ist die Lebensfähigkeit der Gesellschaft ohne das Gesellschafterdarlehen ernsthaft bedroht.[716]

Insofern kommt es gar nicht so sehr auf die Herkunft der finanziellen Mittel[717] und auf die Kreditunwürdigkeit der Gesellschaft an; entscheidend ist letztendlich die Frage, ob insgesamt die Finanzierungsmöglichkeiten erschöpft sind, so daß die Gesellschaft zur Aufrechterhaltung ihrer Liquidität respektive ihrer Lebensfähigkeit zwingend auf das Gesellschafterdarlehen angewiesen ist.

Die erste Bedingung der Kreditunwürdigkeit, die per se noch keinen Insolvenzgrund darstellt, erscheint diesbezüglich weder notwendig noch hinreichend zu sein. Entscheidend und umfassend ist dagegen die zweite Bedingung, die Aufrechterhaltung der Liquidität. Insofern könnte man sich den "Eiertanz" über die Kreditunwürdigkeit ersparen, wenn man sogleich auf das umfassende Kriterium der Liquidität abstellen würde.

II. Aufrechterhaltung der Liquidität

Die Ausführungen des vorangegangenen Abschnitts haben gezeigt, daß sich hinter der Konzeption der Kreditunwürdigkeit letztendlich das umfassende Kriterium der Liquidität verbirgt. Aber auch unabhängig von der Auslegung der Konzeption Kreditunwürdigkeit ergibt sich dieses Ergebnis bereits aus der fundamentalen Bedeutung der Liquidität für ein Unternehmen.[718] Neben der hier nicht zur Diskussion stehenden Zielfunktion Gewinnmaximierung ist die Aufrechterhaltung der Liquidität eine unabdingbare Nebenbedingung für die Existenz eines jeden Unternehmens und damit die notwendige Voraussetzung für dessen Fortbestand.[719] Ein Unternehmen ist liquide, wenn es sich im Zustand

---

716 Vgl. Zweites Kapitel: Abschnitt D.V.3.b.

717 Vgl. Drebes: Finanzierungsverhalten 1982, S. 57; Beyer: Finanzplanung 1971, S. 217.

718 Vgl. Gutenberg: Unternehmung 1929, S. 62, der schon frühzeitig auf die fundamentale Bedeutung der Liquidität (finanzielles Gleichgewicht) hingewiesen hat.

719 Vgl. Franke/ Hax: Finanzwirtschaft 1999, S. 16; Küting/ Weber: Bilanzanalyse 1999, S. 76; Drukarczyk: Finanzierung 1996, S. 24; Witte: Liquidität 1995, Sp. 1382; Dellmann: Finanzplanung 1993, Sp. 636; Krümmel: Liquidität 1988, S. 49 f.; Ebert: Planungsrechnung 1986, S. 290 f.; Gutenberg: Finanzen 1980, S. 274; Stützel: Liquidität 1975, Sp. 2515; Beyer: Finanzplanung 1971, S. 217.

des "finanziellen Gleichgewichtes" befindet.[720] Dieser Zustand ist gegeben, wenn das Zahlungsvermögen des Unternehmens ausreicht, um die bestehenden und zukünftigen Zahlungsverpflichtungen termingerecht und betragsgenau begleichen zu können.[721]

Störungen des finanziellen Gleichgewichtes können erhebliche Auswirkungen auf die Lebensfähigkeit des Unternehmens haben.[722] Ist ein Unternehmen nicht mehr oder nur eingeschränkt in der Lage, seine fälligen Zahlungsverpflichtungen zu erfüllen, so kann dies sehr schnell die Einstellung des Geschäftsbetriebes zur Folge haben. Bei eingetretener Zahlungsunfähigkeit sind die Geschäftsführer verpflichtet, binnen drei Wochen Insolvenzantrag zu stellen.[723] Im Fall von drohender Zahlungsunfähigkeit besteht zumindest ein Antragsrecht.[724]

Insofern dürfte unstreitig sein, daß die Aufrechterhaltung der Liquidität nachhaltig über den Fortbestand einer Unternehmung entscheidet. Kann die Gesellschaft ihre Liquidität respektive ihr finanzielles Gleichgewicht nicht mehr aufrecht erhalten, ist sie nicht mehr lebensfähig. Ist sie hingegen "nur" kreditunwürdig, so ist dieser Schluß nicht zwingend.

Vor dem Hintergrund einer fehlenden Lebensfähigkeit der Gesellschaft, die im Eigenkapitalersatzrecht erklärtermaßen die Sonderbehandlung von Gesellschafterdarlehen rechtfertigen soll,[725] lautet demnach die entscheidende Abgrenzungsfrage: Dienen die Gesellschafterdarlehen im Zeitpunkt der Darlehensgewährung der Aufrechterhaltung der Liquidität der Gesellschaft ?

---

720 Vgl. Gutenberg: Unternehmung 1929, S. 58; Kosiol: Liquidität 1955, S. 264; Gutenberg: Betriebswirtschaftslehre 1958, S. 110.

721 Vgl. Mellerowicz: Betriebswirtschaftslehre 1947, S. 69 f.; Lechner: Betriebswirtschaftslehre 1967, S. 20; Witte: Liquiditätspolitik 1976, Sp. 1323; Leffson: Bilanzanalyse 1984, S. 30; Süchting: Finanzmanagement 1995, S. 12; Drukarczyk: Finanzierung 1996, S. 24 f.; Reich: Finanzwirtschaft 1994, S. 16.

722 Vgl. Gutenberg: Unternehmung 1929, S. 58-62.

723 Vgl. § 64 Abs. 1 Satz 1 GmbHG i.V.m. § 17 InsO.

724 Vgl. § 18 Abs. 1 und 2 InsO.

725 Vgl. Erstes Kapitel: Abschnitt A.III.1. und Zweites Kapitel: Abschnitt B.II.2.

Solange die Gesellschaft auch ohne die Hilfe des Gesellschafters und aus eigener Kraft heraus in der Lage ist, ihre Liquidität aufrecht zu erhalten, ist kein Raum für eine Zurückstufung der Gesellschafterdarlehen; und das gilt unabhängig davon, ob die Gesellschaft in den Augen Dritter mutmaßlich kreditunwürdig ist oder nicht.[726]

Nachdem nun festgestellt worden ist, daß die Liquidität das zentrale und umfassende Abgrenzungskriterium ist, bleibt noch die Frage zu klären, welche Möglichkeiten zur Beurteilung der Liquidität bestehen.

D. Möglichkeiten zur Beurteilung der Liquidität

I. Überblick

Bezogen auf die hier relevante Fragestellung, ob die Gesellschaft im maßgebenden Zeitpunkt zur Aufrechterhaltung ihrer Liquidität zwingend auf das Gesellschafterdarlehen angewiesen ist, soll in den nachfolgenden Abschnitten zwischen einer Betrachtung ex ante und ex post unterschieden werden.

Zunächst soll der Frage nachgegangen werden, welche Möglichkeiten sich einem Unternehmen bieten, die Liquidität aus der Sicht ex ante zu beurteilen. Hierzu soll eine von dem handelsrechtlichen Jahresabschluß unabhängige Liquiditätsrechnung entwickelt werden, die zeitnah, vollständig und betragsgenau die liquiditätswirksamen Vorgänge in einem Unternehmen abbildet und eine sinnvolle Prognose für die zukünftige Entwicklung ermöglicht.[727]

Sofern man bei der Beurteilung der Liquidität zu dem Ergebnis kommt, daß die Gesellschaft zum maßgebenden Zeitpunkt nicht auf das Gesellschafterdarlehen angewiesen ist, gilt es in einem weiteren Schritt zu überlegen, wie später vor Gericht oder gegenüber den Insolvenzverwaltern diese (subjektive) Behauptung aus der Sicht ex post objektiviert und glaubhaft belegt werden kann.[728]

---

[726] Vgl. Zweites Kapitel: Abschnitt D.V.4.

[727] Vgl. Drittes Kapitel: Abschnitt D.II.

[728] Vgl. Drittes Kapitel: Abschnitt D.III.

II. Beurteilung der Liquidität ex ante

1. Grundlagen

Für die Beurteilung der Liquidität eines Unternehmens ist es erforderlich, daß die zahlungswirksamen Geschäftsvorfälle, d.h. die tatsächlichen Einzahlungen und Auszahlungen, in einer Periode vollständig und lückenlos erfaßt und dokumentiert werden.[729] Die Erfassung der Geldbewegungen erfolgt im allgemeinen auf den Bestandskonten Kasse, Bank und Postbank.[730]

Der Saldo dieser Zahlungskonten gibt den Zahlungsmittelbestand (Bestand an liquiden Mitteln) zu einem bestimmten Zeitpunkt an. Die Stromgrößen Einzahlungen und Auszahlungen sind demgegenüber auf einen bestimmten Zeitraum bezogen und stellen diejenigen Vorgänge dar, die den Zahlungsmittelbestand in positiver oder negativer Weise verändern.[731]

Die Veränderung des Zahlungsmittelbestandes während einer Periode kann auf unterschiedlichen Wegen festgestellt werden:[732] Zum einen kann im Rahmen einer Bestandsrechnung der Liquiditätsnachweis direkt erbracht werden. Hierzu genügt es, daß der Zahlungsmittelbestand zum Anfang und zum Ende der Periode verglichen wird.[733]

Will man die Veränderung des Zahlungsmittelbestandes nicht nur feststellen, sondern auch erklären und die Ursachen der Bestandsänderung herausfinden, so ist eine Stromgrößenrechnung erforderlich.[734] Diese soll die Zahlungsströme darstellen[735] und Auskunft darüber geben, wie das Unternehmen die liquiden Mittel erwirtschaftet hat und wohin diese Mittel geflossen sind.[736]

---

729 Vgl. Drukarczyk: Finanzierung 1996, S. 69-74 und S. 99-103; Uhlenbruck: GmbH 1997, S. 266, der darauf hinweist, daß „Liquidität im insolvenzrechtlichen Sinne [...] Bar- oder Buchgeld" bedeutet; ebenso Uhlenbruck: Insolvenzrecht 1999, S. 320.

730 Gegebenenfalls auch "Schecks".

731 Vgl. Wöhe: Bilanzierung 1997, S. 9.

732 Vgl. Chmielewicz: Finanzplanung 1993, S. 44 f.

733 Vgl. Röhrenbacher/ Fleischer: Kapitalflußrechnung 1989, S. 47.

734 Vgl. Burger: Jahresabschlußanalyse 1995, S. 108.

735 Vgl. Chmielewicz: Finanzplanung 1995, Sp. 798.

736 Vgl. Baetge: Bilanzanalyse 1998, S. 257.

Zur Veranschaulichung der beiden Möglichkeiten soll die nachfolgende Abbildung dienen:

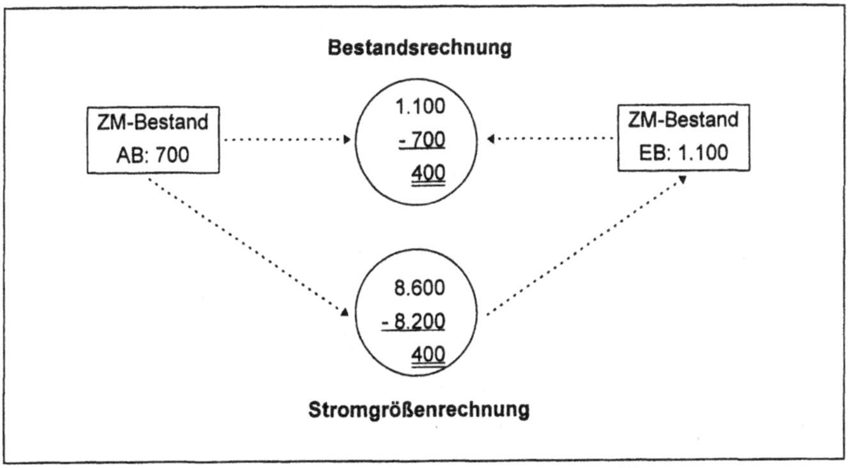

Abb.2: Bestands- und Stromgrößenrechnung[737]

Beide Rechnungen müssen zum gleichen Ergebnis führen.[738] Insofern kann anhand der Stromgrößenrechnung die Veränderung des Zahlungsmittelbestandes zunächst erklärt werden; mit Hilfe einer Bestandsrechnung lassen sich die Ergebnisse der Stromgrößenrechnung schließlich auf ihre Richtigkeit hin überprüfen.[739]

Es gilt nun im Folgenden eine Liquiditätsrechnung zu entwickeln, die zunächst die historische (gegenwärtige) Liquidität der Unternehmung abbildet und anschließend als Grundlage für die Beurteilung der zukünftigen Liquidität herangezogen werden kann.

---

737 Abb. 2 in Anlehnung an Röhrenbacher/ Fleischer: Kapitalflußrechnung 1989, S. 40.

738 Vgl. Burger: Jahresabschlußanalyse 1995, S. 103.

739 Vgl. Drittes Kapitel: Abschnitt D.II.2.

2. Historische Liquidität

a. Stromgrößenrechnung

Im Rahmen der hier zu entwickelnden Stromgrößenrechnung soll eine Trennung zwischen dem operativen Geschäft und dem Investitions-, Finanz- und Steuerbereich vorgenommen werden.[740] Dadurch wird die Möglichkeit eröffnet, zunächst den Cash Flow aus dem operativen Geschäft zu ermitteln, um anschließend feststellen zu können, inwieweit der (positive) Cash Flow in den einzelnen Bereichen verwendet wird.

(1) Cash Flow aus dem operativen Geschäft

Der Cash Flow aus dem operativen Geschäft soll den in einer Periode erwirtschafteten finanziellen Überschuß aus der betrieblichen Tätigkeit eines Unternehmens beschreiben.[741] Zur Ermittlung des Cash Flow werden nach der sogenannten direkten Methode die finanzwirksamen Erträge und die finanzwirksamen Aufwendungen einer Periode gegenübergestellt.[742] Finanzwirksam bedeutet in diesem Zusammenhang, daß die Aufwendungen und Erträge in der Periode auch zu Auszahlungen oder Einzahlungen geführt haben.[743]

Zur Veranschaulichung möge das nachfolgende Beispiel, das sich nur auf die wesentlichen Bestimmungsgrößen bezieht, dienen:

---

[740] Vgl. Burger: Insolvenzordnung 1992, S. 2152; ähnlich IDW: Stellungnahme HFA 1/1995, S. 210 f.; Mansch/ Stolberg/ v. Wysocki: Kapitalflußrechnung 1995, S. 188 f.; Busse von Colbe: Kapitalflußrechnung 1993, Sp. 1080; Steiner: Cash Management 1995, Sp. 395; Dellmann: Cash Flow 1988, S. 1631.

[741] Vgl. z.B. Lachnit: Cash Flow 1973, S. 65; Harrmann: Cash Flow 1986, S. 2613; vgl. auch Burger/ Schellberg: Cash Flow 1996, S. 184; Adelberger: Innenfinanzierung 1993, S. 205.

[742] Vgl. Franke/ Hax: Finanzwirtschaft 1999, S. 120; Perridon/ Steiner: Finanzwirtschaft 1997, S. 552; Baetge: Bilanzanalyse 1998, S. 320; Hauschildt: Erfolgsanalyse 1996, S. 235; Hauschildt: Cash-Flow-Analyse 1993, Sp. 638; Coenenberg/ Günther: Cash Flow 1993, Sp. 302; Buchner: Liquiditätsanalyse 1993, Sp. 1366; Ebert: Planungsrechnung 1986, S. 297; Köhler: Cash Flow 1981, Sp. 358 f.; Busse von Colbe: Cash Flow 1976, Sp. 242.

[743] Vgl. Baetge: Bilanzanalyse 1998, S. 320; Hauschildt: Erfolgsanalyse 1996, S. 235.

		Mai	Juni
+	Umsatzerlöse	8.200	8.200
+	Forderungsbestand am Anfang der Periode	1.000	1.200
–	Forderungsbestand am Ende der Periode	1.200	1.000
=	Umsatzeinzahlungen	8.000	8.400
+	Sonstige betriebliche Ertragseinzahlungen	0	0
=	**Finanzwirksame Erträge der Periode**	**8.000**	**8.400**
+	Materialaufwand	3.000	3.000
+	Lieferantenverbindlichkeiten am Anfang der Periode	500	400
–	Lieferantenverbindlichkeiten am Ende der Periode	400	500
=	Materialauszahlungen	3.100	2.900
+	Personalauszahlungen	2.000	2.000
+	Sonstige betriebliche Aufwandsauszahlungen	1.000	1.000
=	**Finanzwirksame Aufwendungen der Periode**	**6.100**	**5.900**
=	**Cash Flow aus dem operativen Geschäft**	**1.900**	**2.500**

Tab. 1: Cash Flow aus dem operativen Geschäft[744]

Die tatsächlichen Umsatzeinzahlungen einer Periode können nun aufgrund der Verkäufe auf Ziel ganz erheblich von den Umsatzerlösen abweichen.[745] Sofern die Umsatzeinzahlungen nicht bekannt sein sollten, kann man versuchen, diese durch eine systematische Berücksichtigung der dazu gehörigen Bestandsveränderungen zu ermitteln.[746]

In dem vorliegenden Beispiel hat sich der Forderungsbestand im Monat Mai um 200 GE erhöht, so daß die tatsächlichen Umsatzeinzahlungen in diesem Monat geringer waren als die Umsatzerlöse. Insofern kann durch eine entsprechende Korrektur von den Umsatzerlösen auf die Umsatzeinzahlungen geschlossen werden.

---

[744] Tab. 1 in Anlehnung an Siegwart: Cash Flow 1994, S. 27-29.

[745] Ebenso können natürlich auch andere Aus-/ Einzahlungen von den Aufwendungen/ Erträgen abweichen, wie zum Beispiel die Materialauszahlungen.

[746] Vgl. Hauschildt: Erfolgsanalyse 1996, S. 235; Siegwart: Cash Flow 1994, S. 27-29; vgl. auch Wöhe: Bilanzierung 1997, S. 840 f.; Wagner: Cash Flow 1985, S. 1604; Lachnit: Cash Flow 1973, S. 67-69.

Wenn das Unternehmen allerdings über eine gesonderte Liquiditätsrechnung verfügt beziehungsweise ein solches System in das betriebliche Rechnungswesen implementiert, können die tatsächlichen Ertragseinzahlungen und Aufwandsauszahlungen von Anfang an erfaßt und entsprechend verbucht werden.[747]

Damit läßt sich der Cash Flow aus dem operativen Geschäft dann vergleichsweise einfach durch eine Gegenüberstellung der finanzwirksamen Erträge und Aufwendungen der Periode ermitteln.

Als Finanzindikator zeigt der Cash Flow an, in welchem Umfang das Unternehmen „aus eigener Kraft"[748] und im Rahmen seiner betrieblichen Umsatztätigkeit finanzielle Mittel erwirtschaftet hat,[749] die sogleich in den Bereichen Investition, Finanzen und Steuern Verwendung finden oder aber zur Aufstokkung (Abstockung) der Liquiditätsbestände führen.[750]

(2) Investitions-, Finanz- und Steuerbereich

Durch die Einbeziehung des Investitions-, Finanz- und Steuerbereichs kann nachvollzogen werden, ob der Cash Flow aus dem operativen Geschäft hinreichend positiv ist, um die erforderlichen Maßnahmen in den einzelnen Bereichen zu tätigen. Um dies zu verdeutlichen, soll das vorangegangene Beispiel fortgeführt werden:

---

[747] Vgl. Baetge: Bilanzanalyse 1998, S. 260.

[748] Bühler: Cash Flow 1974, Sp. 1079.

[749] Vgl. Braun: Kreditunwürdigkeit 1990, S. 559.

[750] Vgl. Baetge: Bilanzanalyse 1998, S. 314; Leffson: Bilanzanalyse 1984, S. 153 f.; Küting/ Weber: Bilanzanalyse 1999, S. 124; Coenenberg/ Cantner/ Günther: Cash Flow 1995, Sp. 374; Lachnit: Cash Flow 1973, S. 72-74.

		Mai	Juni
–	Auszahlungen für Sachinvestitionen (Ersatzinvestitionen)	200	890
+	Einzahlungen aus Desinvestitionen (Anlagenverkäufe)	120	0
–	Auszahlungen für Finanzinvestitionen (Beteiligungen)	0	100
+	Einzahlungen aus der Auflösung von Finanzinvestitionen	0	0
=	**Saldo Investitionsbereich**	**- 80**	**- 990**
+	Einzahlungen aus EK-Aufnahme (Kapitalerhöhung)	0	0
–	Auszahlungen für EK-Rückführung (Kapitalherabsetzung)	0	0
–	Auszahlungen für Gewinnausschüttungen	200	0
+	Einzahlungen aus der Aufnahme von GD	0	200
–	Auszahlungen für die Rückführung von GD	0	0
+	Einzahlungen aus FK-Aufnahme (Kreditaufnahme)	0	0
–	Auszahlungen für FK-Rückführung (Kredittilgung)	800	800
–	Auszahlungen für fällige Zinsen	120	110
=	**Saldo Finanzbereich**	**- 1.120**	**- 710**
–	Auszahlungen für Steuern (Voraus- und Nachzahlungen)	200	400
+	Einzahlungen aus Steuererstattungen	0	0
=	**Saldo Steuerbereich**	**- 200**	**- 400**
=	**Saldo Investitions-, Finanz- und Steuerbereich**	**- 1.400**	**- 2.100**

Tab.2: Investitions-, Finanz- und Steuerbereich

Im Investitionsbereich läßt sich beispielsweise nachvollziehen, inwieweit finanzielle Mittel für Sach- oder Ersatzinvestitionen eingesetzt wurden. Im Finanzbereich kann man sich einen Überblick verschaffen, in welchem Umfang die erwirtschafteten Mittel für den Kapitaldienst (Zins- und Tilgung) oder für Gewinnausschüttungen verwendet worden sind. Deutlich wird in dem Finanzbereich aber auch die Herkunft (weiterer) finanzieller Mittel von außen: In dem vorliegenden Beispiel sind dem Unternehmen im Monat Juni liquide Mittel in Form von Gesellschafterdarlehen zugeflossen. Schließlich kann im Steuerbereich nachvollzogen werden, inwieweit Geldbeträge für die Begleichung von Steuerzahlungen in der jeweiligen Periode eingesetzt worden sind.

Faßt man den Cash Flow aus dem operativen Geschäft und den Saldo aus dem Investitions-, Finanz- und Steuerbereich zusammen, so ergibt sich innerhalb der jeweiligen Periode ein Nettozufluß (-abfluß) an liquiden Mitteln, der zur Aufstockung (Abstockung) der Liquiditätsbestände führt. Die nachfolgende Tabelle soll einen Überblick über die Liquiditätsentwicklung geben:

		Mai	Juni
±	Zahlungsmittelbestand am Anfang der Periode	200	700
±	Cash Flow aus dem operativen Geschäft	1.900	2.500
±	Saldo Investitions-, Finanz- und Steuerbereich	- 1.400	- 2.100
=	Nettozufluß/-abfluß	500	400
=	**Zahlungsmittelbestand am Ende der Periode**	**700**	**1.100**

Tab.3: Entwicklung der Liquidität

Für das hier vorliegende Beispiel kann festgestellt werden, daß der Cash Flow aus dem operativen Geschäft in den beiden Monaten hinreichend positiv ist, um die erforderlichen Transaktionen im Investitions-, Finanz- und Steuerbereich zu tätigen und darüber hinaus auch noch einen Beitrag (Nettozufluß) zur Erhöhung des Zahlungsmittelbestandes zu leisten. Diese Feststellung gilt in dem Beispiel auch dann, wenn der Gesellschaft kein Gesellschafterdarlehen zugeflossen wäre; selbst ohne das Gesellschafterdarlehen wäre der Cash Flow immer noch hinreichend positiv.

b. Kontrollrechnung

Mit Hilfe einer Kontrollrechnung (Bestandsrechnung) kann jetzt noch die Richtigkeit der in der Stromgrößenrechnung gewonnenen Ergebnisse überprüft werden: Hierzu ist lediglich eine Zusammenstellung aller Zahlungskonten und die Gegenüberstellung des Zahlungsmittelbestandes zum Anfang und zum Ende der jeweiligen Periode erforderlich.[751] Für den Monat Juni läßt sich zum Beispiel folgende Kontrollrechnung durchführen:

		01.Juni	30.Juni	Differenz
+	Kassenbestand	50	100	50
±	Guthaben Bank A	400	500	100
±	Guthaben Bank B	200	400	200
±	Guthaben Postbank	50	100	50
=	Zahlungsmittelbestand	700	1.100	400

Tab.4: Kontrollrechnung

---

751 Vgl. Wöhe: Bilanzierung 1997, S. 842.

Nach der Kontrollrechnung hat sich der Zahlungsmittelbestand im Monat Juni um 400 GE erhöht. Das gleiche Ergebnis liefert auch die Stromgrößenrechnung. Auch hier kann für den Monat Juni aus der Differenz zwischen dem Cash Flow (2.500) und dem Saldo des Investitions-, Finanz- und Steuerbereichs (2.100) ein Nettozufluß an finanziellen Mitteln in Höhe von 400 GE festgestellt und darüber hinaus auch erklärt werden. Zum Zwecke einer etwaigen späteren Beweisführung könnten neben diesen beiden Rechnungen das Kassenbuch und die jeweiligen Kontoauszüge herangezogen werden.[752]

c. Liquiditätsreserven

Für die Beurteilung der Liquidität wird es im allgemeinen nicht unerheblich sein, vorhandene Liquiditätsreserven in die Betrachtung einzubeziehen.[753] Diese Reserven sollten aber sofort oder in kürzester Zeit verfügbar sein.

		Mai	Juni
+	Kurzfristige Wertpapiere	250	250
+	Nicht ausgeschöpfte Kreditlinie Bank A	0	0
+	Nicht ausgeschöpfte Kreditlinie Bank B	0	0
+	Nicht ausgeschöpfte Kreditlinie Postbank	0	0
=	**Liquiditätsreserven**	**250**	**250**

Tab.5: Liquiditätsreserven

In dem Beispiel sind zwar sämtliche Kreditlinien bei den Hausbanken ausgeschöpft, allerdings verfügt die Unternehmung noch über kurzfristige Wertpapiere. Unterstellt man, daß es sich bei diesen Wertpapieren um frei verfügbare börsennotierte Aktien handelt, so bestehen keine Bedenken, diese zum jeweiligen Börsenkurs (ggf. vermindert um einen Risikoabschlag) in die Betrachtung einzubeziehen.

---

[752] Vgl. Drittes Kapitel: Abschnitt D.III.1.

[753] Vgl. Witte: Liquidität 1995, Sp. 1386; Witte: Liquiditätspolitik 1993, Sp. 1372.

d. Zwischenergebnis

Als Zwischenergebnis kann in Bezug auf das hier vorliegende Beispiel festgehalten werden, daß die Gesellschaft in den vergangenen Perioden einen operativen Cash Flow erwirtschaftet hat, der hinreichend positiv war, um die erforderlichen Maßnahmen im Investitions-, Finanz- und Steuerbereich zu tätigen. Hierzu wäre die Gesellschaft aber auch in der Lage gewesen, wenn ihr kein Gesellschafterdarlehen zugeflossen wäre. Berücksichtigt man darüber hinaus noch den Bestand an liquiden Mitteln sowie die vorhandenen Liquiditätsreserven, so kann festgestellt werden, daß die Gesellschaft ohne das Gesellschafterdarlehen historisch liquide war.

Allerdings ist allein mit der historischen Liquidität noch nicht die Frage hinreichend beantwortet, ob die Gesellschaft im Zeitpunkt der Darlehensgewährung zwingend auf das Gesellschafterdarlehen angewiesen ist.[754] Hierzu ist es vielmehr erforderlich, neben der historischen Liquidität die zukünftige Liquidität in die Betrachtung einzubeziehen. Dies erscheint zwingend, da es zum einen sein kann, daß die Gesellschaft im Zeitpunkt der Darlehensgewährung zwar über ausreichende liquide Mittel verfügt, jedoch wenige Tage später (bereits bekannte) Auszahlungsverpflichtungen hat und faktisch doch auf das Gesellschafterdarlehen angewiesen ist. Zum anderen hat der Gesetzgeber mit der drohenden Zahlungsunfähigkeit einen weiteren Insolvenzgrund in das Insolvenzrecht aufgenommen, der ebenfalls auf die zukünftige Liquidität der Gesellschaft abzielt.[755] Allein schon aus diesen beiden Gründen erscheint die Einbeziehung der zukünftigen Liquidität in die Betrachtung unumgänglich zu sein. Die Beurteilung der zukünftigen Liquidität setzt jedoch voraus, daß man nicht nur die Kasse oder das Bankkonto berücksichtigt, sondern auch eine entsprechende Rechnung zugrunde legen kann, die die liquiditätswirksamen Vorgänge in der Vergangenheit schon hinreichend dokumentiert und erklärt hat. Erst auf dieser Grundlage erscheint eine sinnvolle Prognose der zukünftigen Liquidität möglich zu sein.

---

[754] Vgl. Drittes Kapitel: Abschnitt C.II.

[755] Vgl. § 18 InsO.

3. Zukünftige Liquidität

a. Finanzplan

(1) Grundlagen

Für die Beurteilung der künftigen Liquidität eines Unternehmens ist das verwendete Instrumentarium von grundlegender Bedeutung für die Aussagefähigkeit der gewonnenen Ergebnisse. Der Rückgriff auf einen Kreditstatus oder auf (Liquiditäts-) Kennzahlen hat sich zu diesem Zweck in der Vergangenheit als wenig hilfreich erwiesen.[756] Demgegenüber steht mit dem Finanzplan ein geeignetes und leistungsfähiges Instrument zur Beurteilung der zukünftigen Liquidität zur Verfügung.[757] Der Finanzplan mißt „das, was zu messen ist, wenn Aussagen über die künftige Liquidität eines Unternehmens zu machen sind."[758]

In einem Finanzplan sollen die zukünftigen Einzahlungen und Auszahlungen termingenau und vollständig erfaßt und gegenüber gestellt werden.[759] Um jedoch die künftigen Zahlungsströme sinnvoll planen zu können, benötigt man auf der einen Seite Vorpläne (z.B. Investitions-, Personal-, Beschaffungspläne)[760] und auf der anderen Seite Ist-Daten der Vergangenheit. Daher wurde in dem vorangegangenen Abschnitt ein Konzept erarbeitet, das jetzt als Grundlage für den Finanzplan dienen soll.[761]

---

756 Vgl. Drukarczyk: Finanzierung 1996, S. 39-98; Vormbaum/ Rautenberg: Liquidität 1993, Sp. 1357-1360; Witte: Liquiditätspolitik 1993, Sp. 1372-1374; Moxter: Kreditwürdigkeitsbeurteilung 1978, S. 321 f.

757 Vgl. Küting/ Weber: Bilanzanalyse 1999, S. 78 f.; IDW: Prüfungsstandard 1999, S. 250-253; IDW: Stellungnahme FAR 1998, S. 515-518; Möhlmann: Zahlungsunfähigkeit 1998, S. 956 f.; Drukarczyk: Finanzierung 1996, S. 99; Forster: Finanzielle Lage 1995, Sp. 610; Vormbaum/ Rautenberg: Liquidität 1993, Sp. 1360; Buchner: Liquiditätsanalyse 1993, Sp. 1362; Chmielewicz: Finanzplanung 1993, S. 65; Burger: Insolvenzordnung 1992, S. 2151; Knief: Kapitaldienst-Grenzen 1985, S. 255; Scheidl: Liquiditätsstatus 1976, Sp. 1343; Erlinghagen: Gesellschafter-Darlehen 1972, S. 147; Moxter: Kreditwürdigkeitsbeurteilung 1978, S. 321 f.; Kosiol: Liquidität 1955, S. 269.

758 Drukarczyk: Finanzierung 1996, S. 99.

759 Vgl. Drukarczyk: Überschuldung 1994, S. 1244 f.; Moxter: Kreditwürdigkeitsbeurteilung 1978, S. 322.

760 Vgl. Drukarczyk: Finanzierung 1996, S. 99.

761 Vgl. Drittes Kapitel: Abschnitt D.II.2.

Auf dieser Grundlage sollen nun die einzelnen Positionen des operativen Cash Flow sowie des Investitions-, Finanz- und Steuerbereichs überdacht und in die künftigen Monate fortgeschrieben werden. Die oben entwickelte Liquiditätsrechnung läßt sich dann in einen Finanzplan transformieren, der nach folgendem Schema erstellt werden kann:[762]

		Juli		August		September		...
		Soll	Ist	Soll	Ist	Soll	Ist	
±	ZM-Anfangsbestand							
± =	... Operativer Cash Flow							
± =	... Saldo Investitionsbereich							
± =	... Saldo Finanzbereich							
± =	... Saldo Steuerbereich							
=	ZM-Endbestand							
+	Liquiditätsreserven							

Tab.6: Grundstruktur eines Finanzplans

Für die Beurteilung der zukünftigen Liquidität ist zu fragen, wie sich der Cash Flow aus dem operativen Geschäft sowie der Investitions-, Finanz- und Steuerbereich in der Zukunft entwickeln werden und ob größere (negative) Veränderungen zu erwarten sind. Sind keine größeren Veränderungen zu erwarten, die das Ergebnis umkehren, dann gilt das Unternehmen auch zukünftig als liquide.

(2) Prognose des Cash Flow

Für die Entwicklung des Cash Flow ist die Position Umsatzeinzahlungen von besonderer Bedeutung. Grundlage für eine Prognose können hier die Daten des Absatzplans sowie die Zahlungsgewohnheiten der Kunden sein.[763] Negative Veränderungen sind beispielsweise dann zu erwarten, wenn gerade ein

---

762 Vgl. zu den einzelnen Positionen Drittes Kapitel: Abschnitt D.II.2.a.

763 Vgl. zu den Zahlungsgewohnheiten der Kunden (Verweilzeitverteilungen von Kundenforderungen) z.B. Langen: Liquidität 1976, Sp. 1290.

Großkunde abgesprungen ist oder beträchtliche Forderungen gegen einen insolventen Kunden nicht mehr oder nicht vollständig zu realisieren sind.

Auf der Auszahlungsseite können für die Prognose der Material- und Personalauszahlungen entsprechende Beschaffungs- und Personalpläne zugrunde gelegt werden. Hier können sich Veränderungen ergeben, wenn zum Beispiel das Produktionsvolumen ausgedehnt oder Neueinstellungen vorgenommen werden sollen.

(3) Prognose des Investitions-, Finanz- und Steuerbereichs

Bezüglich der Einschätzung der Entwicklung im Investitions-, Finanz- und Steuerbereich werden folgende Positionen von besonderem Interesse sein: Im Investitionsbereich wird man anhand von Investitionsplänen prüfen müssen, ob größere (Ersatz-) Investitionen anstehen und es dadurch zu bedeutenden Veränderungen kommen kann.

Im Finanzbereich lassen sich die Auszahlungen für bestehende Kreditverhältnisse (Zins und Tilgung) verhältnismäßig leicht prognostizieren. Zu größeren Veränderungen könnte es hier aufgrund von neuen Kreditverhältnissen kommen, die dann aber auch bekannt sind und rechtzeitig in die Prognose einbezogen werden können.

Im Steuerbereich kann man zu Prognosezwecken auf die vierteljährlichen Vorauszahlungen zur Körperschaft-, Gewerbe- und Grundsteuer zurückgreifen. Hier sind sogar die genauen Termine und in der Regel auch die Auszahlungsbeträge bekannt. Gleichwohl kann es bei den Erfolgsteuern zu größeren (negativen) Veränderungen kommen, wenn aufgrund eines erhöhten Gewinns aus dem Vorjahr die Vorauszahlungen von der Finanzverwaltung heraufgesetzt werden und entsprechende Steuernachzahlungen zu leisten sind.

(4) Prognose der Liquiditätsreserven

Darüber hinaus ist auch eine Prognose hinsichtlich der Entwicklung der Liquiditätsreserven anzustellen. Gerade die Positionen Kreditlinien können erhebliche Auswirkungen auf die Liquiditätslage der Gesellschaft haben. In dem Beispielsfall wurden aber die nicht ausgeschöpften Kreditlinien bei den Hausbanken schon mit null angesetzt, so daß hier zumindest keine negative Veränderungen zu erwarten sind.

b. Finanzkontrolle

Der oben skizzierte Finanzplan sollte nicht nur Planwerte (Sollwerte), sondern auch die (später) tatsächlich realisierten Istwerte enthalten. Dadurch wird es der Finanzkontrolle ermöglicht, im Rahmen eines "Soll-Ist-Vergleichs" Abweichungen festzustellen und zu analysieren.[764] Die Erkenntnisse aus der Finanzkontrolle können dann für bestehende oder künftige Planungen wertvolle Impulse geben.[765]

4. Ergebnis

Bezogen auf das hier vorliegende Beispiel konnte bereits als Zwischenergebnis festgehalten werden, daß die Gesellschaft auch ohne das Gesellschafterdarlehen historisch liquide war.[766] Stellt sich aufgrund der Finanzplanung und nach dem Kenntnisstand zum Zeitpunkt der Darlehensgewährung heraus, daß in Zukunft keine größeren negativen Veränderungen zu erwarten sind, so ist die Gesellschaft auch zukünftig liquide. In diesem Fall wäre die Gesellschaft aus der Sicht ex ante zur Aufrechterhaltung ihrer Liquidität nicht auf das Gesellschafterdarlehen angewiesen.

---

[764] Vgl. Lachnit: Finanzplanung 1995, Sp. 786 f.; Reich: Finanzwirtschaft 1994, S. 24.

[765] Vgl. Olfert: Finanzierung 1997, S. 120.

[766] Vgl. Drittes Kapitel: Abschnitt D.II.2.d.

III. Beurteilung der Liquidität ex post

1. Nachweis

Kommt man zu dem Ergebnis, daß die Gesellschaft zum Zeitpunkt der Darlehensgewährung aufgrund ihrer ausreichenden Liquidität nicht auf das Gesellschafterdarlehen angewiesen ist, so erhebt sich immer noch die Frage, wie diese (subjektive) Behauptung später vor Gericht oder gegenüber den Insolvenzverwaltern aus der Sicht ex post objektiviert und glaubhaft belegt werden kann.[767]

Hier erweist es sich als überaus hilfreich, wenn in der Vergangenheit schon Liquiditätsrechnungen durchgeführt worden sind, auf die man im Bedarfsfalle zurückgreifen kann. Auf dieser Grundlage kann aus der Sicht ex post die Entwicklung der Liquidität anhand von Ist-Daten plausibel dargestellt und anhand von Kontoauszügen beziehungsweise Kassenbüchern glaubhaft belegt werden.[768]

Ob man hieraus allerdings die Schlußfolgerung ziehen sollte, daß den Gesellschaften generell die Aufstellung von Liquiditätsrechnungen vorzuschreiben ist,[769] soll hier offen gelassen werden. Immerhin müßten diese nicht nur wegen der Gesellschafterdarlehen ein erhebliches Eigeninteresse zur Dokumentation ihrer Liquiditätslage haben.

Aber selbst dann, wenn die Gesellschaft auf keine Liquiditätsrechnungen zurückgreifen kann, läßt sich die Liquidität im Unterschied zur Kreditunwürdigkeit aus der Sicht ex post vergleichsweise einfach beurteilen. Da sich die Liquidität letztendlich auf den einzelnen Zahlungskonten niederschlägt, hat die Gesell-

---

767 Beweispflichtig ist zwar grundsätzlich derjenige, der den eigenkapitalersetzenden Charakter eines Gesellschafterdarlehens behauptet, allerdings kann in einem Insolvenzverfahren die Beweislast auf den Gesellschafter übertragen werden: vgl. dazu Rowedder: GmbHG 1997, § 32 a Rz. 81; Schmidt: Scholz-GmbHG 1993, §§ 32 a, b Rz. 52; Ulmer: Hachenburg-GmbHG 1992, §§ 32 a, b Rz. 64.

768 Vgl. Goerdeler/ Müller: Hachenburg-GmbHG 1992, § 31 Rz. 39, die diese Möglichkeit der Beweisführung in einem anderen Zusammenhang vorsehen; vgl. zum Nachweis der drohenden Zahlungsunfähigkeit aus der Sicht ex ante Pape: Kübler-Prütting-InsO 1998, § 18 Rz. 10.

769 Vgl. Hommel: Insolvenzrecht 1998, S. 308-311, der für eine Verpflichtung zur Aufstellung von (Grob-) Finanzplänen plädiert.

schaft immer noch die Möglichkeit, durch eine Zusammenstellung der einzelnen Zahlungskonten die Liquiditätsentwicklung nachzuzeichnen, die sie durch Kontoauszüge und Kassenbücher ebenfalls glaubhaft belegen kann.[770]

Wird der Nachweis anhand von Ist-Daten erbracht, daß die Gesellschaft im maßgebenden Zeitpunkt zur Aufrechterhaltung ihrer Liquidität nicht auf das Gesellschafterdarlehen angewiesen war, so kann eine nachträgliche Zurückstufung der Darlehensforderung unabhängig von einer mutmaßlichen Kreditunwürdigkeit der Gesellschaft nicht in Betracht kommen.[771]

Wird demgegenüber der Liquiditätsnachweis nicht erbracht, so kann das Gesellschafterdarlehen im Insolvenzverfahren nur als nachrangige Forderung geltend gemacht werden. Im Falle einer Unterbilanz greift unabhängig von der Eröffnung des Insolvenzverfahrens das gesellschaftsrechtliche Rückzahlungsverbot ein.

2. Soll-Ist-Problem

Es darf an dieser Stelle nicht übersehen werden, daß sich bei der relevanten Fragestellung, ob die Gesellschaft zur Aufrechterhaltung ihrer Liquidität auf das Gesellschafterdarlehen angewiesen ist, ein "Soll-Ist-Problem" ergeben kann. Die Gesellschaft mag aufgrund der ihr vorliegenden Daten und Informationen im Zeitpunkt der Darlehensgewährung zu Recht vermutet haben, daß sie auch ohne das Gesellschafterdarlehen liquide ist. In späteren Perioden können jedoch Umstände eingetreten sein, die weder vorhersehbar noch abhängig von der Darlehensgewährung waren, und schließlich doch zum Falliment der Gesellschaft führen.

Ein Beispiel aus der Rechtsprechung des Bundesgerichtshofes verdeutlicht dieses "Soll-Ist-Problem": In dem "Dornier-Urteil" ist die Gesellschaft zum Zeitpunkt der Darlehensgewährung aufgrund ausreichender Liquidität nicht auf das Gesellschafterdarlehen angewiesen.[772] Die Gesellschaft konnte zum maßge-

---

[770] Vgl. Drittes Kapitel: Abschnitt D.II.

[771] Vgl. Drittes Kapitel: Abschnitt C.

[772] Vgl. BGHZ 119, 201.

benden Zeitpunkt offenbar zu Recht vermuten, daß sie gegenwärtig und künftig liquide ist. Später sind jedoch Streitigkeiten zwischen den Gesellschaftern eingetreten, die schließlich doch zum Zusammenbruch der Gesellschaft geführt haben.[773]

Richtungweisend ist hierbei aber nicht das bessere Wissen in späteren Perioden, sondern vielmehr der Kenntnisstand zum Zeitpunkt der Darlehensgewährung.[774] Insofern erweist sich dieses "Soll-Ist-Problem" als lösbar, wenn die Gesellschaft aus der Sicht ex post die besonderen Umstände, die erst nach der Darlehensgewährung eingetreten sind[775] oder zu diesem Zeitpunkt noch nicht bekannt sein konnten, vor Gericht oder gegenüber den Insolvenzverwaltern ebenfalls darlegen und glaubhaft machen kann.

E. Alternativer Ansatz

Um das Abgrenzungskriterium der Liquidität für die unternehmerische und gerichtliche Praxis noch praktikabler zu gestalten, soll in Anlehnung an *Strobel*[776] ein alternativer Lösungsvorschlag nicht unerwähnt bleiben.

Ausgangspunkt der Überlegung ist nach wie vor, daß die Nachrangigkeit von Gesellschafterdarlehen eine Frage der Beurteilung der künftigen Zahlungsfähigkeit der Gesellschaft ist.[777] Dient das Darlehen der Aufrechterhaltung der Liquidität und damit der Lebensfähigkeit, so ist es als nachrangige Darlehensforderung zu qualifizieren.[778] In diesem Falle hätte der Gesellschafter Eigenkapital und nicht Fremdkapital zuführen müssen.

---

[773] Vgl. BGHZ 119, 201 (203).

[774] Vgl. Albach: Finanzierung 1962, S. 676; BGHZ 119, 201 (207 f.).

[775] Zum Beispiel der Insolvenzantrag eines Großkunden oder der Produktionsausfall aufgrund eines Brand- oder Hochwasserschadens.

[776] Vgl. Strobel: Gesellschafterdarlehen 1973, S. 1961-1963.

[777] Ebenso Strobel: Gesellschafterdarlehen 1973, S. 1962.

[778] Vgl. Drittes Kapitel: Abschnitt C.

Abgesehen von nicht vorhersehbaren Ereignissen[779] wird man in vielen Fällen davon ausgehen können, daß bei einer sorgfältigen Finanzplanung künftige Zahlungsschwierigkeiten, die zu einem Zusammenbruch der Gesellschaft führen, zumindest für einen Betrachtungszeitraum von zwölf Monaten erkennbar sind.[780]

Wenn nun der Gesellschafter aufgrund der Finanzplanung oder aus sonstigen Beweggründen zum Zeitpunkt der Mittelzuführung die Auffassung vertritt, daß die Liquidität der Gesellschaft nicht gefährdet ist und ihr Fremdkapital anstatt Eigenkapital zuführt, so muß man aus Objektivierungsgründen im Umkehrschluß auch konstatieren, daß der Gesellschafter für den Betrachtungszeitraum von zwölf Monaten für seine (subjektive) Einschätzung einstehen muß, wenn die Gesellschaft innerhalb dieses Zeitraums zusammenbricht oder insolvent wird. Denn in diesem Falle wäre die Gesellschaft sehr wohl auf die finanziellen Mittel des Gesellschafters angewiesen.[781]

Insofern erscheint es naheliegend, diejenigen Gesellschafterdarlehen, die binnen Jahresfrist vor dem Insolvenzantrag oder Zusammenbruch der Gesellschaft gewährt worden sind, als liquiditäterhaltende respektive nachrangige Darlehensforderungen einzustufen.[782]

Nicht anders als Gesellschafterdarlehen, die binnen Jahresfrist vor dem Insolvenzantrag oder Zusammenbruch der Gesellschaft gewährt worden sind, sind auch stehengelassene Darlehen zu behandeln, die noch vor dieser Frist gewährt und nicht abgezogen worden sind, obwohl die Möglichkeit der Rückgewähr bestanden hätte. Denn auch in diesem Fall dienen die belassenen Dar-

---

779 Vgl. zur Berücksichtigung von nicht vorhersehbaren Ereignisse Drittes Kapitel: Abschnitt D.III.2.

780 Vgl. Strobel: Gesellschafterdarlehen 1973, S. 1962 f., der sogar einen Zeitraum von drei bis fünf Jahren wählt.

781 Vermutlich wären hierbei auch noch weitere Mittel erforderlich, um den Zusammenbruch zu verhindern.

782 Ähnlich Strobel: Gesellschafterdarlehen 1973, S. 1963, der allerdings nur auf die tatsächliche Einleitung eines Konkurs-/ Vergleichsverfahren abstellt und einen Zeitraum von drei bis fünf Jahren vorschlägt.

lehen letztendlich dazu, die Liquidität der Gesellschaft (weiterhin) aufrecht zu erhalten.

Aufbauend auf diesem Ansatz läßt sich die Sonderbehandlung von Gesellschafterdarlehen auf die einfache und praktikable Formel bringen: Gesellschafterdarlehen dürfen nicht binnen Jahresfrist vor dem Insolvenzantrag oder Zusammenbruch der Gesellschaft an den Gesellschafter zurückgezahlt werden. Verstöße gegen das Rückzahlungsverbot können insolvenzrechtlich durch die Möglichkeit der (Insolvenz-) Anfechtung und gesellschaftsrechtlich, sofern auch eine Unterbilanz vorliegt, durch einen Erstattungsanspruch sanktioniert werden.

Dieser Vorschlag hat den Vorteil, daß er für die unternehmerische und gerichtliche Praxis sehr praktikabel ist. Gleichwohl darf dabei nicht übersehen werden, daß dieses hohe Maß an Praktikabilität auf einer objektivierungsbedingten und typisierenden Festlegung des Krisenbeginns (ein Jahr vor dem Insolvenzantrag oder Zusammenbruch) beruht.

F. Fazit

Der hier unterbreitete Vorschlag, die Liquidität als einheitliches Abgrenzungskriterium für die Sonderbehandlung von Gesellschafterdarlehen zu verwenden, hat gegenüber der Konzeption der Kreditunwürdigkeit wesentliche Vorzüge.

Die Liquidität mißt das, was zu messen ist, wenn es um die Lebensfähigkeit von Unternehmen geht. Insofern wird die an die fehlende Lebensfähigkeit anknüpfende Sonderbehandlung von Gesellschafterdarlehen mit dem Maßstab der Liquidität auch adäquat umgesetzt.[783] Demgegenüber erweist sich die Kreditunwürdigkeit gerade in denjenigen Fällen als wenig treffsicher, in denen die Gesellschaft mutmaßlich kreditunwürdig ist, jedoch aufgrund ausreichender Liquidität überhaupt nicht auf das Gesellschafterdarlehen angewiesen ist.[784]

---

[783] Vgl. Drittes Kapitel: Abschnitt C.

[784] Vgl. Zweites Kapitel: Abschnitt D.V.4.

Auch hinsichtlich der Abgrenzbarkeit und Praktikabilität hat die Liquidität erhebliche Vorzüge. Gerade aus der Sicht ex post läßt sich die Liquidität wesentlich leichter nachvollziehen als die Kreditunwürdigkeit.[785] Das gilt um so mehr, wenn sich die Gesellschaft bei dem Nachweis auf vorhandene Liquiditätsrechnungen stützen kann.[786] Darüber hinaus ließe sich die Praktikabilität durch den alternativen Lösungsvorschlag[787] noch weiter steigern.

Im übrigen müßte bei einer konsequenten Umsetzung der Konzeption Kreditunwürdigkeit ohnehin die Liquidität der Gesellschaft festgestellt werden. Konzeptionell muß die Gesellschaft nicht nur kreditunwürdig sein, sondern auch zugleich unter Kapitalmangel leiden.[788] Insofern könnte man sich den Umweg über die problematische Feststellung der Kreditunwürdigkeit ersparen, wenn man sogleich auf das umfassende Kriterium der Liquidität abstellen würde.[789]

Bemerkenswert ist auch der aktuelle Bezug zur neuen Insolvenzordnung: Mit der Liquidität als Abgrenzungskriterium wird der Brückenschlag zur Insolvenzordnung vollzogen,[790] die in § 18 InsO als zusätzlichen Insolvenzgrund die drohende Zahlungsunfähigkeit vorsieht. Insofern fügt sich das vorgeschlagene Abgrenzungskriterium der (zukünftigen) Liquidität auch nahtlos in das neue Insolvenzrecht ein.

Wenn sich der II. Zivilsenat des Bundesgerichtshofes dazu durchringen würde, die Konzeption der Kreditunwürdigkeit durch die drohende Zahlungsunfähigkeit zu ersetzen, könnte er wieder einen einheitlichen Krisenbegriff - die Krise im

---

[785] Vgl. zu den Abgrenzungsproblemen bei der Kreditunwürdigkeit Zweites Kapitel: Abschnitt D.V.

[786] Vgl. Drittes Kapitel: Abschnitt D.III.1.

[787] Vgl. Drittes Kapitel: Abschnitt E.

[788] Vgl. Erstes Kapitel: Abschnitt A.III.2.b.(3) und Zweites Kapitel: Abschnitt D.V.2.

[789] Vgl. Drittes Kapitel: Abschnitt C.I.

[790] Der Brückenschlag wird im übrigen dann auch zum Strafrecht vollzogen, das für die Bankrottdelikte der §§ 283, 283 d StGB die drohende Zahlungsunfähigkeit als Krisenmerkmal bereits vorsieht.

insolvenzrechtlichen Sinne[791] - und darüber hinaus mit der Liquidität ein einheitliches und treffsicheres Abgrenzungskriterium seiner Rechtsprechung zugrunde legen.

Durch diese (wiedergewonnene) Rechtssicherheit könnten in Zukunft viele Prozesse von Anfang an vermieden werden, die heute noch aufgrund der Unbestimmtheit der Kreditunwürdigkeit geradezu unvermeidbar erscheinen.[792] Damit könnte auch ein wertvoller Beitrag zur Eindämmung der Urteilsflut der letzten Jahre geleistet und eine Entlastung der ohnehin schon überlasteten Gerichte herbeigeführt werden.

Legt man schließlich die Liquidität als zentrales Abgrenzungskriterium für die Sonderbehandlung von Gesellschafterdarlehen zugrunde, dann sollte man konsequenterweise die nachrangigen Darlehensforderungen nicht mehr als eigenkapitalersetzende, sondern als "liquiditäterhaltende Gesellschafterdarlehen" bezeichnen.

---

[791] Vgl. die ältere Rechtsprechung des Bundesgerichtshofes, die ursprünglich auf die Konkursreife der Gesellschaft und den Konkursabwendungszweck des Gesellschafterdarlehens abstellte; dazu Erstes Kapitel: Abschnitt A.II.

[792] Vgl. Verhoeven: Novellierung 1977, S. 810.

Zusammenfassung

Das Eigenkapitalersatzrecht hat in den vergangenen Jahrzehnten eine lange und komplizierte Entwicklung durchlaufen und stellt sich heute als ein zweistufiges Schutzsystem von Rechtsprechungsgrundsätzen und Novellen-Regeln dar. Mit Hilfe dieses Schutzsystems sollen Gesellschafterdarlehen, die eine Gefährdung der außenstehenden Gläubiger hervorrufen, haftungsrechtlich wie Eigenkapital behandelt werden.

Das damit einhergehende Abgrenzungsproblem haben Rechtsprechung und Gesetzgeber auf unterschiedlichen Wegen zu lösen versucht: Der Gesetzgeber hat zur Abgrenzung von eigenkapitalersetzenden und sonstigen Gesellschafterdarlehen auf das Erfordernis der Zuführung von Eigenkapital abgestellt. Die damit ausgelöste Reformdiskussion hat indes gezeigt, daß die (gesetzlichen) Abgrenzungsformeln wenig hilfreich für die Unterscheidung von Gesellschafterdarlehen sind.

Demgegenüber lag der älteren Rechtsprechung des Bundesgerichtshofes mit dem Anknüpfen an die Konkursreife und dem Zweck des Darlehens (noch) ein geeigneter Maßstab für die Sonderbehandlung von Gesellschafterdarlehen vor: Auf der einen Seite ist die Lebensfähigkeit der Gesellschaft beim Vorliegen der Konkursgründe unmittelbar bedroht, andererseits erlaubt das Abstellen auf die Eröffnungsgründe eine verhältnismäßig klare Abgrenzung der Gesellschafterdarlehen. Im Überschuldungsfall ist das Abgrenzungsproblem bereits durch die notwendige Rangrücktrittsvereinbarung eindeutig gelöst.

Die Rechtssicherheit, die mit dem Anknüpfen an die Konkursgründe verbunden ist, hat den Bundesgerichtshof jedoch nicht davon abgehalten, Gesellschafterdarlehen auch außerhalb der Konkursreife umzuqualifizieren. Seit der Erweiterung des Krisenbegriffs um das Kriterium der Kreditunwürdigkeit, das konzeptionell neben der (bloßen) Kreditunwürdigkeit auch den dringenden Kapitalbedarf der Gesellschaft voraussetzt, wird die Rechtsprechung mit erheblichen Abgrenzungsproblemen konfrontiert. Diese Schwierigkeiten bestehen nicht in der Konzeption als solcher, sondern vielmehr in ihrer praktischen Umsetzung.

Durch die Zuspitzung auf die erste Bedingung der Kreditunwürdigkeit wird die Konzeption in vielen Fällen nicht konsequent umgesetzt. Dies führt insbesondere in denjenigen Fällen zu unbefriedigenden Ergebnissen, in denen die Gesellschaft mutmaßlich kreditunwürdig ist, jedoch aufgrund ausreichender Liquidität weder auf die Gesellschafterdarlehen noch auf sonstige Mittelzuführungen von außen angewiesen ist.

Abgesehen von dieser oft einseitigen Auslegung der Konzeption hat die Untersuchung gezeigt, daß bereits bei der Feststellung der ersten Bedingung Kreditunwürdigkeit erhebliche Probleme und Widersprüche entstehen können. Die Kreditvergabebereitschaft fremder Dritter wird von zu vielen (subjektiven) Faktoren bestimmt, als daß es denkbar wäre, eine objektive und gesicherte Aussage über die Kreditunwürdigkeit einer Gesellschaft in einer möglicherweise lange zurückliegenden Zeit machen zu können.

Unter Rückgriff auf bestehende Ansätze in Rechtsprechung und Schrifttum konnte schließlich aufgezeigt werden, daß die Aufrechterhaltung der Liquidität das entscheidende Abgrenzungskriterium ist: Einerseits wird die an die fehlende Lebensfähigkeit der Gesellschaft anknüpfende Sonderbehandlung von Gesellschafterdarlehen mit der Liquidität adäquat umgesetzt. Zum anderen läßt sich dieses Kriterium gerade aus der Sicht ex post wesentlich einfacher nachvollziehen als die Kreditunwürdigkeit, so daß die Liquidität nicht nur ein zutreffendes, sondern zugleich auch ein praktikables Kriterium für die hier erörterte Abgrenzungsproblematik darstellt.

Literaturverzeichnis

Abramenko, Andrik (Kapitalerhaltungsgrundsatz 1997):
Die Sicherheitsleistung einer GmbH für Gesellschafter und der Kapitalerhaltungsgrundsatz (§§ 30, 31 GmbHG), nochmals zu BGH vom 20.9.1982 - II ZR 268/81, in: GmbHR 88. Jg. (1997), S. 875-880.

Adelberger, Otto (Innenfinanzierung 1993):
Formen der Innenfinanzierung, in: Handbuch des Finanzmanagements, Instrumente und Märkte der Unternehmensfinanzierung, herausgegeben von Günther Gebhardt, Wolfgang Gerke und Manfred Steiner, München 1993, S. 197-228.

Adrian, Reinhold/ Heidorn, Thomas (Bankbetrieb 1996):
Der Bankbetrieb, Lehrbuch und Aufgaben, unter Mitarbeit von Klaus Gourgé, begründet von Karl Friedrich Hagenmüller und Gerhard Diepen, 14. Auflage, Wiesbaden 1996.

Albach, Horst (Finanzierung 1962):
Zur Finanzierung von Kapitalgesellschaften durch ihre Gesellschafter, in: ZfgS 118. Bd. (1962), S. 653-687.

Albach, Horst (Wachstumsschwellen 1976):
Kritische Wachstumsschwellen in der Unternehmensentwicklung, in: ZfB 46. Jg. (1976), S. 683-696.

Altmeppen, Holger (Kapitalersatzrecht 1996):
Verschlimmbesserungen im Kapitalersatzrecht, in: ZIP 17. Jg. (1996), S. 1455.

Altmeppen, Holger (GmbHG 1997):
Kommentar zu §§ 30-44 und §§ 63, 64 GmbHG, in: Gesetz betreffend die Gesellschaften mit beschränkter Haftung (GmbHG) mit Erläuterungen von Holger Altmeppen und Günter H. Roth, 3. Auflage, München 1997.

Altmeppen, Holger/ Wilhelm, Jan (Quotenschaden 1999):
Quotenschaden, Individualschaden und Klagebefugnis bei der Verschleppung des Insolvenzverfahrens über das Vermögen der GmbH, in: NJW 52. Jg. (1999), S. 673-681.

Andres, Dirk (Nerlich-Römermann-InsO 1999):
Kommentar zu § 39 InsO, in: Insolvenzordnung (InsO), Kommentar, herausgegeben von Jörg Nerlich und Volker Römermann, bearbeitet von Thomas E. Abeltshauser, Dirk Andres, Helmut Balthasar u.a., München 1999.

Arbeitskreis (GmbH-Reform 1972):
Thesen und Vorschläge zur GmbH-Reform, Band II, von Götz Hueck, Marcus Lutter, Hans-Joachim Mertens u.a., Heidelberg 1972.

Bachem, Wilfried (Bilanzierung 1993):
Probleme der Bilanzierung und Besteuerung von eigenkapitalersetzenden Maßnahmen, Institut „Finanzen und Steuern" e.V., Bonn 1993.

Bäcker, Roland M. (GmbH 1989):
Die Vermietung von Betriebsmitteln an die GmbH durch einen Gesellschafter als kapitalersetzende Rechtshandlung gem. § 32 a Abs.3 GmbHG, zugleich eine Besprechung des Urteils des OLG Düsseldorf vom 14.07. 1988 - 10 U 11/88, ZIP 1988, 1201, in: ZIP 10. Jg. (1989), S. 681-691.

Baetge, Jörg (Bilanzanalyse 1998):
Bilanzanalyse, Düsseldorf 1998.

Baetge, Jörg (Insolvenzforschung 1998):
Aktuelle Ergebnisse der empirischen Insolvenzforschung auf der Basis von Jahresabschlüssen, in: Beiträge zum neuen Insolvenzrecht, Vorträge und Diskussionen zum 13. Münsterischen Tagesgespräch des Münsteraner Gesprächskreises Rechnungslegung und Prüfung e.V. am 5. Juni 1997, herausgegeben von Jörg Baetge, Düsseldorf 1998, S. 105-121.

Ballerstedt, Kurt (Reform 1971):
Gesellschaftsrechtliche Probleme der Reform des GmbH-Rechts, in: ZHR 135. Bd. (1971), S. 383-409.

Balser, Heinrich/ Bokelmann, Günther/ Piorreck, Friedrich (GmbH 1997):
Die GmbH, umfassende Erläuterungen, Beispiele und Musterformulare für die Rechtspraxis, 11. Auflage, Freiburg im Breisgau, Berlin und München 1997.

Bartels, Hans G. (Haftung 1989):
Das Privileg der beschränkten Haftung: Ein freies Gut ?, in: WISU 18. Jg. (1989), S. 27-29.

Bartl, Harald (GmbH-Recht 1998):
Kommentar zu §§ 30, 31 und §§ 32 a, 32 b GmbHG, in: Heidelberger Kommentar zum GmbH-Recht, von Harald Bartl, Helmar Fichtelmann, Eberhard Schlarb und Hans-Jürgen Schulze, 4. Auflage, Heidelberg 1998.

Barz, Carl Hans (Reform 1963):
Die Reform des GmbH-Rechts, in: GmbHR 54. Jg. (1963), S. 124-128.

Basedow, Jürgen (Verzugszinsen 1979):
Die Aufgabe der Verzugszinsen in Recht und Wirtschaft, Bemerkungen zu § 288 BGB und § 352 HGB, in: ZHR 143. Bd. (1979), S. 317-337.

Becker, Hans Paul (Bankbetriebslehre 1997):
Bankbetriebslehre, 3. Auflage, Ludwigshafen 1997.

Beckers, Gisbert (Gesellschafterdarlehen 1992):
Aktuelle Probleme aus dem Recht kapitalersetzender Gesellschafterdarlehen, Diss. Münster und Hamburg 1992.

Beine, Frank (Gesellschafterleistungen 1994):
Eigenkapitalersetzende Gesellschafterleistungen, finanzwirtschaftliche und bilanzrechtliche Grundsätze, Diss. Düsseldorf 1994.

Beintmann, Ulrike (Überschuldungsstatus 1998):
Eigenkapitalersetzende Gesellschafterdarlehen im Überschuldungsstatus, Diss. Bielefeld 1998.

Beyer, Horst-Tilo (Finanzplanung 1971):
Allgemeine Finanzplanung, in: Handbuch der Unternehmensfinanzierung, herausgegeben von Oswald Hahn, München 1971, S. 213-282.

Bitz, Michael (Gesellschafterdarlehen 1979):
Zur rechtlichen Behandlung von Gesellschafterdarlehen an Gesellschaften mit beschränkter Haftung, eine betriebswirtschaftliche Analyse der Reformvorschläge zum GmbH-Gesetz, in: WiSt 8. Jg. (1979), S. 353-358.

Bodendorf, Freimut (Expertensysteme 1995):
Expertensysteme im Kreditgewerbe, in: Handwörterbuch des Bank- und Finanzwesens, herausgegeben von Wolfgang Gerke und Manfred Steiner, unter Mitarbeit von zahlreichen Fachgelehrten und Experten aus Wissenschaft und Praxis, 2. Auflage, Stuttgart 1995, Sp. 542-552.

Bork, Reinhard (Insolvenzrecht 1998):
Einführung in das neue Insolvenzrecht, 2. Auflage, Tübingen 1998.

Boujong, Karlheinz (GmbH-Recht 1992):
Zur Auslegung und Fortbildung des GmbH-Rechts in der neueren Judikatur des Bundesgerichtshofs, in: GmbHR 83. Jg. (1992), S. 207-212.

Boujong, Karlheinz (Rechtsprechungsbericht 1997):
Rechtsprechungsbericht: Die Entwicklung der Judikatur zum GmbH-Recht in den Jahren 1994- 1996, in: WiB 4. Jg. (1997), S. 238-245 und S. 292-297 und S. 345-356.

Brändel, Oliver C. (Rechtsfragen 1988):
Rechtsfragen bei der Abtretung oder Pfändung von Erstattungsansprüchen wegen der verbotenen Rückgewähr „kapitalersetzender" Darlehen, in: Festschrift für Hans-Joachim Fleck zum 70. Geburtstag am 30. Januar 1988, herausgegeben von Reinhard Goerdeler, Peter Hommelhoff, Marcus Lutter und Herbert Wiedemann, in: ZGR 17. Jg. (1988), Sonderheft 7, S. 1-11.

Brandes, Helmut (Rechtsprechung 1998):
Die Rechtsprechung des Bundesgerichtshofs zur GmbH, in: WM 52. Jg. (1998), S. 1-19.

Brandner, Hans Erich (Erstattungsanspruch 1988):
Wegfall oder Beständigkeit des Erstattungsanspruchs aus § 31 GmbHG bei anderweitiger Wiederherstellung des Stammkapitals ?, in: Festschrift für Hans-Joachim Fleck zum 70. Geburtstag am 30. Januar 1988, herausgegeben von Reinhard Goerdeler, Peter Hommelhoff, Marcus Lutter und Herbert Wiedemann, in: ZGR 17. Jg. (1988), Sonderheft 7, S. 23-34.

Braun, Eberhard (Kreditunwürdigkeit 1990):
Die Ableitung der Kreditunwürdigkeit gem. § 32 a GmbHG aus dem Jahresabschluß der Gesellschaft, zugleich eine Anmerkung zu BGHZ 105, 168 ff. (Hamburger Stahlwerke Fall), in: WPg 43. Jg. (1990), S. 553-562 und S. 593-597.

Braun, Eberhard/ Uhlenbruck, Wilhelm (Unternehmensinsolvenz 1997):
Unternehmensinsolvenz, Grundlagen, Gestaltungsmöglichkeiten, Sanierung mit der Insolvenzordnung, Düsseldorf 1997.

Breska, Herbert von (Protokolle III 1937):
Akademie für Deutsches Recht, Ausschuß für GmbH-Recht, Bericht über die dritte Sitzung des Auschusses am 10. und 11. Dezember 1937 in der "Akademie für Deutsches Recht" in Berlin 1937.

Breuer, Wolfgang (Insolvenzrecht 1998):
Das neue Insolvenzrecht, München 1998.

Buchner, Robert (Liquiditätsanalyse 1993):
Liquiditätsanalyse, in: Handwörterbuch des Rechnungswesens, herausgegeben von Klaus Chmielewicz und Marcell Schweitzer, unter Mitarbeit von zahlreichen Fachgelehrten und Experten aus Wissenschaft und Praxis, 3. Auflage, Stuttgart 1993, Sp. 1360-1368.

Bühler, Wilhelm (Cash Flow 1974):
Cash-Flow, in: Handwörterbuch der Betriebswirtschaft, herausgegeben von Erwin Grochla und Waldemar Wittmann, 4. Auflage, Stuttgart 1974, Sp. 1079-1084.

Büschgen, Hans E. (Eigenkapitalausstattung 1974):
Zur Eigenkapitalausstattung der GmbH und GmbH & Co. KG, in: GmbHR 65. Jg. (1974), S. 25-35 und S. 49-53.

Büschgen, Hans E. (Insolvenzgefahr 1975):
Zunehmende Fremdfinanzierung als Insolvenzgefahr, in: BFuP 27. Jg. (1975), S. 93-109.

Büschgen, Hans E. (Bankbetriebslehre 1998):
Bankbetriebslehre, Bankgeschäfte und Bankmanagement, 5. Auflage, Wiesbaden 1998.

Burgard, Ulrich (Krise 1997):
Der praktische Fall - Gesellschaftsrecht: Eine GmbH in der Krise, in: JuS 37. Jg. (1997), S. 1096-1101.

Burger, Anton (Insolvenzordnung 1992):
Zahlungsunfähigkeit und drohende Zahlungsunfähigkeit nach der geplanten Insolvenzordnung (InsO), in: DB 45. Jg. (1992), S. 2149-2152.

Burger, Anton (Jahresabschlußanalyse 1995):
Jahresabschlußanalyse, München und Wien 1995.

Burger, Anton/ Buchhart, Anton (Insolvenztatbestand 1999):
Zur Notwendigkeit des neuen Insolvenztatbestands „drohende Zahlungsunfähigkeit", in: WPg 52. Jg. (1999), S. 155-162.

Burger, Anton/ Schellberg, Bernhard (Cash Flow 1996):
Zur Abhängigkeit der Kapitalflußrechnung und des Cash Flow vom Finanzmittelfonds, in: WPg 49. Jg. (1996), S. 179-185.

Busse von Colbe, Walther (Cash Flow 1976):
Cash-Flow, in: Handwörterbuch der Finanzwirtschaft, herausgegeben von Hans E. Büschgen, unter Mitarbeit von zahlreichen Fachgelehrten und Experten aus Wissenschaft und Praxis, Stuttgart 1976, Sp. 241-252.

Busse von Colbe, Walther (Kapitalflußrechnung 1993):
Kapitalflußrechnung, in: Handwörterbuch des Rechnungswesens, herausgegeben von Klaus Chmielewicz und Marcell Schweitzer, unter Mitarbeit von zahlreichen Fachgelehrten und Experten aus Wissenschaft und Praxis, 3. Auflage, Stuttgart 1993, Sp. 1074-1085.

Busse von Colbe, Walther (Finanzanalyse 1995):
Finanzanalyse, in: Handwörterbuch des Bank- und Finanzwesens, herausgegeben von Wolfgang Gerke und Manfred Steiner, unter Mitarbeit von zahlreichen Fachgelehrten und Experten aus Wissenschaft und Praxis, 2. Auflage, Stuttgart 1995, Sp. 587-599.

Castor, Bernd (Gesellschafterleistungen 1997):
Das Recht der eigenkapitalersetzenden Gesellschafterleistungen unter besonderer Berücksichtigung der Rechtsfolgen nachträglicher Änderungen in den Tatbestandsvoraussetzungen, Diss. Frankfurt am Main, Berlin, Bern u.a. 1997.

Centrale für GmbH (Novellierung 1977):
Zur Novellierung des GmbH-Gesetzes, in: GmbHR 68. Jg. (1977), S. 121-122.

Centrale für GmbH (Eigenkapitalersatz 1995):
Rückzahlung eines Darlehens und Eigenkapitalersatz, in: GmbHR 86. Jg. (1995), S. 513-514.

Centrale für GmbH (Jahresbericht 1996):
Jahresbericht 1995/ 96, wichtige Neuerungen in GmbH- Gesetzgebung und -Rechtsprechung, Arbeit und Leistungen der Centrale für GmbH, in: GmbHR 87. Jg. (1996), S. 1-8.

Centrale für GmbH (Zwergbeteiligungen 1996):
Deregulierung des Kapitalersatzrechts für die GmbH, Ausnahmeregelung für sog. „Zwergbeteiligungen" durch den Regierungsentwurf eines Kapitalaufnahmeerleichterungsgesetzes vorgelegt, in: GmbHR 87. Jg. (1996), S. 600-601.

Centrale für GmbH (Jahresbericht 1999):
Jahresbericht 1998/ 99, wichtige Neuerungen in GmbH- Gesetzgebung und -Rechtsprechung, Arbeit und Leistungen der Centrale für GmbH, in: GmbHR 90. Jg. (1999), S. 1-8.

Chmielewicz, Klaus (Finanzplanung 1993):
Integrierte Finanz-, Bilanz- und Erfolgsplanungen, in: Handbuch des Finanzmanagements, Instrumente und Märkte der Unternehmensfinanzierung, herausgegeben von Günther Gebhardt, Wolfgang Gerke und Manfred Steiner, München 1993, S. 43-66.

Chmielewicz, Klaus (Finanzplanung 1995):
Finanz- und Erfolgsplanung, integrierte, in: Handwörterbuch des Bank- und Finanzwesens, herausgegeben von Wolfgang Gerke und Manfred Steiner, unter Mitarbeit von zahlreichen Fachgelehrten und Experten aus Wissenschaft und Praxis, 2. Auflage, Stuttgart 1995, Sp. 798-810.

Claussen, Carsten P. (Kreditinstitute 1983):
Kapitalersetzende Darlehen und Sanierungen durch Kreditinstitute, in: ZHR 147. Bd. (1983), S. 195-219.

Claussen, Carsten P. (Betriebswirtschaft 1992):
Betriebswirtschaft und Kapitalersatzrecht, in: Rechnungslegung, Entwicklungen bei der Bilanzierung und Prüfung von Kapitalgesellschaften, Festschrift zum 65. Geburtstag von Karl-Heinz Forster, herausgegeben von Adolf Moxter, Hans-Peter Müller, Rolf Windmöller und Klaus v. Wysocki, Düsseldorf 1992, S. 139-154.

Claussen, Carsten P. (Kapitalersatzrecht 1994):
Zeitwende im Kapitalersatzrecht ?, in: GmbHR 85. Jg. (1994), S. 9-15.

Claussen, Carsten P. (Deregulierung 1996):
Die GmbH braucht eine Deregulierung des Kapitalersatzrechts, in: GmbHR 87. Jg. (1996), S. 316-327.

Coenenberg, Adolf/ Günther, Edeltraud (Cash Flow 1993):
Cash Flow, in: Handwörterbuch des Rechnungswesens, herausgegeben von Klaus Chmielewicz und Marcell Schweitzer, unter Mitarbeit von zahlreichen Fachgelehrten und Experten aus Wissenschaft und Praxis, 3. Auflage, Stuttgart 1993, Sp. 301-331.

Coenenberg,Adolf/ Cantner,Jochen/ Günther,Edeltraud (Cash Flow 1995):
Cash Flow, in: Handwörterbuch des Bank- und Finanzwesens, herausgegeben von Wolfgang Gerke und Manfred Steiner, unter Mitarbeit von zahlreichen Fachgelehrten und Experten aus Wissenschaft und Praxis, 2. Auflage, Stuttgart 1995, Sp. 373-386.

Coing, Helmut (Durchgriff 1977):
Zum Problem des sogenannten Durchgriffs bei juristischen Personen, in: NJW 30. Jg. (1977), S. 1793-1797.

Crezelius, Georg (EWiR 1992):
Kurzkommentar zu dem BFH-Urteil vom 05.02.1992, I R 127/90, ZIP 1992, 620, in: Entscheidungen zum Wirtschaftsrecht 1992, S. 691-692.

Dauernheim, Jörg (Anfechtungsrecht 1999):
Das Anfechtungsrecht in der Insolvenz, Neuwied und Kriftel 1999.

Dauernheim, Jörg (Frankfurter Kommentar-InsO 1999):
Kommentar zu §§ 135, 143 InsO, in: Frankfurter Kommentar zur Insolvenzordnung, herausgegeben von Klaus Wimmer, bearbeitet von Martin Ahrens, Michael App, Kurt Bartenbach u.a., Neuwied und Kriftel 1999.

Dauner-Lieb, Barbara (Quotenschaden 1998):
Die Berechnung des Quotenschadens, Besprechung des Urteils BGH ZIP 1997, 1542, in: ZGR 27. Jg. (1998), S. 617-631.

Dauner-Lieb, Barbara (Kapitalersatzhaftung 1998):
Die Freistellung geringfügig beteiligter Gesellschafter von der Kapitalersatzhaftung, ein Eingriff in die Fortbildungkompetenz der Gerichte ?, in: DStR 36. Jg. (1998), S. 609-617.

Dellmann, Klaus (Cash Flow 1988):
Renaissance des Cash Flow, Anmerkungen zum Statement of Financial Accounting Standards No. 95 - Statement of Cash Flows, in: BB 43. Jg. (1988), S. 1630-1634.

Dellmann, Klaus (Finanzplanung 1993):
Finanzplanung, in: Handwörterbuch des Rechnungswesens, herausgegeben von Klaus Chmielewicz und Marcell Schweitzer, unter Mitarbeit von zahlreichen Fachgelehrten und Experten aus Wissenschaft und Praxis, 3. Auflage, Stuttgart 1993, Sp. 636-646.

Dendorfer, Wilhelm (Gesellschafterdarlehen 1985):
Die Feststellung eigenkapitalersetzender Gesellschafterdarlehen im Sinne des § 32 a Abs. 1 Satz 1 GmbHG, eine Analyse auf der Grundlage ausgewählter Beurteilungskriterien, Diss. Frankfurt am Main, Bern und New York 1985.

Deutler, Karl-F. (Novelle 1981):
Die GmbH-Gesetz-Novelle im Überblick, in: Das neue GmbH-Recht in der Diskussion, zugleich Bericht über die Centrale- Arbeitstagung in Köln am 8.9.1980, herausgegeben von der Centrale für GmbH Dr. Otto Schmidt, mit Beiträgen von Karl-F. Deutler, Thomas Raiser, Peter Ulmer u.a., Köln 1981, S. 3-20.

Deutsche Gesellschaft für Betriebswirtschaft (Stellungnahme 1970):
Zum Referenten-Entwurf eines GmbH-Gesetzes, Stellungnahme des Arbeitsausschusses der Deutschen Gesellschaft für Betriebswirtschaft, in: DB 23. Jg. (1970), S. 454-457.

Dietz, J./ Füser, K./ Schmidtmeier, S. (Kreditwürdigkeitsprüfung 1997):
Neuronale Kreditwürdigkeitsprüfung im Konsumentenkreditgeschäft, in: DBW 57. Jg. (1997), S. 475-489.

Dittmar, Thomas/ Hilbert, Andreas (Bonitätsprüfung 1998):
Bonitätsprüfung mit Hilfe Künstlicher Neuronaler Netze, in: ZBB 10. Jg. (1998), S. 343-352.

Dörrie, Robin (Sanierungsprivileg 1999):
Das Sanierungsprivileg des § 32 a Abs. 3 Satz 3 GmbHG, in: ZIP 20. Jg. (1999), S. 12-17.

Drebes, Eckhard (Finanzierungsverhalten 1982):
Das hypothetische Finanzierungsverhalten "ordentlicher Kaufleute" (§ 32 a GmbHG), Diss. Gießen 1982.

Drukarczyk, Jochen (Haftung 1979):
Begrenzte Haftung, Gläubigerrisiko und Gesellschafterdarlehen, zur Vorschrift des § 32 a im Entwurf eines neuen GmbHG, in: Betriebswirtschaftslehre und Recht, Bericht von der wissenschaftlichen Tagung des Verbandes der Hochschullehrer für Betriebswirtschaft e.V. vom 17. bis 19. Mai 1978 in Nürnberg, herausgegeben von Anton Heigl und Peter Uecker, Wiesbaden 1979, S. 107-132.

Drukarczyk, Jochen (Gläubigerschutz 1979):
Gläubigerschutz und Gesellschafterdarlehen, zur Vorschrift des § 32 a im Entwurf eines neuen GmbHG, in: KP 5. Jg. (1979), S.53-58 und S.122-124.

Drukarczyk, Jochen (Unternehmen 1987):
Unternehmen und Insolvenz, zur effizienten Gestaltung des Kreditsicherungs- und Insolvenzrechts, unter Mitarbeit von Reinhard Rieger und Josef Duttle, Wiesbaden 1987.

Drukarczyk, Jochen (Theorie 1993):
Theorie und Politik der Finanzierung, 2. Auflage, München 1993.

Drukarczyk, Jochen (Kapitalerhaltungsrecht 1994):
Kapitalerhaltungsrecht, Überschuldung und Konsistenz, Besprechung der Überschuldungs-Definition in BGH WM 1992, 1650, in: WM 48. Jg. (1994), S. 1737-1746.

Drukarczyk, Jochen (Überschuldung 1994):
Überschuldung: Zur Konstruktion eines Insolvenztatbestandes im Spannungsfeld von Kapitalerhaltungsrecht und Kreditmarkt, in: Bilanzrecht und Kapitalmarkt, Festschrift zum 65. Geburtstag von Adolf Moxter, herausgegeben von Wolfgang Ballwieser, Hans-Joachim Böcking, Jochen Drukarczyk und Reinhard H. Schmidt, Düsseldorf 1994, S. 1232-1258.

Drukarczyk, Jochen (Gesellschafterdarlehen 1995):
Gesellschafterdarlehen, Rechtsprechungsgrundsätze des BGH und § 32 a GmbHG, einige kritische Anmerkungen, in: Unternehmenstheorie und Besteuerung, Festschrift für Dieter Schneider zum 60. Geburtstag, herausgegeben von Rainer Elschen, Wiesbaden 1995, S. 172-202.

Drukarczyk, Jochen (Finanzierung 1996):
Finanzierung, eine Einführung, 7. Auflage, Stuttgart 1996.

Drukarczyk, Jochen/ Schüler, Andreas (Insolvenzauslöser 1997):
Zahlungsunfähigkeit, drohende Zahlungsunfähigkeit und Überschuldung als Insolvenzauslöser, in: Kölner Schrift zur Insolvenzordnung, das neue Insolvenzrecht in der Praxis, Arbeitskreis für Insolvenz- und Schiedsgerichtswesen e.V. Köln (Hrsg.), Herne und Berlin 1997, S. 57-95.

Ebbecke, Julius Max (Protokolle I 1937):
Akademie für Deutsches Recht, Ausschuß für GmbH-Recht, Bericht über die erste Sitzung des Auschusses vom 8. und 9. Juni 1937 im Bürgersaal des Römers und in der Johann Wolfgang Goethe- Universität zu Frankfurt am Main 1937.

Ebbecke, Julius Max (Protokolle II 1937):
Akademie für Deutsches Recht, Ausschuß für GmbH-Recht, Bericht über die Besprechung mit Vertretern von Familiengesellschaften am 24. September 1937 in der Johann Wolfgang Goethe- Universität zu Frankfurt am Main 1937.

Ebbecke, Julius Max (Protokolle IV 1938):
Akademie für Deutsches Recht, Ausschuß für GmbH-Recht, Bericht über die vierte Sitzung des Auschusses am 25. und 26. Februar 1938 in den Räumen der Bayerischen Versicherungsbank in München 1938.

Ebenroth, Carsten Thomas (Vermögenszuwendungen 1979):
Die verdeckten Vermögenszuwendungen im transnationalen Unternehmen, ein Beitrag zum Schutz von Fiskal-, Aktionärs-, Gläubiger- und Arbeitnehmerinteressen im transnationalen Unternehmen, Bielefeld 1979.

Ebert, Günter (Planungsrechnung 1986):
Planungsrechnung, in: Praktisches Lehrbuch Rechnungswesen, Landsberg am Lech 1986, S. 285-340.

Ehlers, Harald (Überschuldungssituation 1998):
Die Überschuldungssituation einer GmbH, ihre Rechtsfolgen und deren Anwendung, in: DStR 36. Jg. (1998), S. 1756-1761.

Eickmann, Dieter (Heidelberger Kommentar-InsO 1999):
Kommentar zu § 39 InsO, in: Heidelberger Kommentar zur Insolvenzordnung, von Dieter Eickmann, Axel Flessner, Friedrich Irschlinger u.a., Heidelberg 1999.

Eilers, Stephan/ Sieger, Jürgen (Finanzierung 1998):
Die Finanzierung der GmbH durch ihre Gesellschafter, Zivilrecht, Steuerrecht, unter Mitarbeit von Hans-Gerd Wienands und Gesa Baron, Köln 1998.

Emmerich, Volker (Scholz-GmbHG 1993):
Kommentar zu § 13 GmbHG, in: Scholz, Kommentar zum GmbH-Gesetz mit Nebengesetzen und den Anhängen Konzernrecht sowie Umwandlung und Verschmelzung, bearbeitet von Georg Crezelius, Volker Emmerich, Hans-Joachim Priester u.a., 8. Auflage, I. Band, Köln 1993.

Erlinghagen, Peter (Haftungsfragen 1962):
Haftungsfragen bei einer unterkapitalisierten GmbH, in: GmbHR 53. Jg. (1962), S. 169-176.

Erlinghagen, Peter (Gesellschafter-Darlehen 1972):
Gesellschafter-Darlehen im Regierungsentwurf eines neuen GmbH-Gesetzes, in: Beiträge zum Wirtschaftsrecht, Festschrift für Heinz Kaufmann zum 65. Geburtstag, herausgegeben von Horst Bartholomeyczik, Kurt H. Biedenkopf und Helmuth von Hahn, Köln 1972, S. 139-152.

Fastrich, Lorenz (Ausfallsicherheiten 1983):
Ausfallsicherheiten als eigenkapitalersetzende Leistungen, in: NJW 36. Jg. (1983), S. 260-264.

Feil, Erich (Gesellschafterdarlehen 1996):
Eigenkapital ersetzende Gesellschafterdarlehen in Lehre und Rechtsprechung, Wien 1996.

Fischer, Curt (Gesellschaft 1948):
Die Gesellschaft mit beschränkter Haftung, eine gesellschaftsrechtliche und wirtschaftshistorische Studie, Berlin, Göttingen und Heidelberg 1948.

Fleck, Hans-Joachim (Bankdarlehen 1984):
Das kapitalersetzende Bankdarlehen in der GmbH, in: Festschrift für Winfried Werner zum 65. Geburtstag, Handelsrecht und Wirtschaftsrecht in der Bankpraxis, herausgegeben von Walther Hadding, Ulrich Immenga, Hans-Joachim Mertens u.a., Berlin und New York 1984, S. 107-129.

Fleck, Hans-Joachim (Gesellschafterdarlehen 1988):
Die Bilanzierung kapitalersetzender Gesellschafterdarlehen in der GmbH, in: Handelsrecht und Steuerrecht, Festschrift für Georg Döllerer, herausgegeben von Brigitte Knobbe-Keuk, Franz Klein und Adolf Moxter, Düsseldorf 1988, S. 109-131.

Fleck, Hans-Joachim (Kapitalerhaltung 1992):
Der Grundsatz der Kapitalerhaltung - seine Auswertung und seine Grenzen, in: Festschrift 100 Jahre GmbH-Gesetz, herausgegeben von Marcus Lutter, Peter Ulmer und Wolfgang Zöllner, Köln 1992, S. 391-419.

Fleischer, Holger (Finanzplankredite 1995):
Finanzplankredite und Eigenkapitalersatz im Gesellschaftsrecht, Diss. Köln, Berlin, Bonn u.a. 1995.

Fleischer, Holger (Gesellschafterdarlehen 1996):
Eigenkapitalersetzende Gesellschafterdarlehen und Überschuldungsstatus, in: ZIP 17. Jg. (1996), S. 773-779.

Fleischer, Holger (Kapitalersatz 1998):
Covenants und Kapitalersatz, in: ZIP 19. Jg. (1998), S. 313-321.

Förschle, Gerhart/ Kofahl, Günther (Sonderbilanzen 1999):
Sonderbilanzen, von der Gründungsbilanz bis zur Liquidationsbilanz, bearbeitet von Wolfgang Dieter Budde und Gerhart Förschle, 2. Auflage, München 1999.

Förschle, Gerhart/ Scheffels, Rolf (Sonderbilanzen 1999):
Sonderbilanzen, von der Gründungsbilanz bis zur Liquidationsbilanz, bearbeitet von Wolfgang Dieter Budde und Gerhart Förschle, 2. Auflage, München 1999.

Forster, Karl-Heinz (Finanzielle Lage 1995):
Finanzielle Lage der Unternehmung, Darstellung und Prüfung, in: Handwörterbuch des Bank- und Finanzwesens, herausgegeben von Wolfgang Gerke und Manfred Steiner, unter Mitarbeit von zahlreichen Fachgelehrten und Experten aus Wissenschaft und Praxis, 2. Auflage, Stuttgart 1995, Sp. 608-618.

Franke, Günter/ Hax, Herbert (Finanzwirtschaft 1999):
Finanzwirtschaft des Unternehmens und Kapitalmarkt, 4. Auflage, Berlin, Heidelberg, New York u.a. 1999.

Friedrich, Uwe-Jens (Gesellschafterdarlehen 1974):
Die Finanzierung der GmbH durch Gesellschafterdarlehen, zugleich ein Beitrag zur Reform des GmbH-Rechts, Diss. Hamburg 1974.

Friedrich, Wilhelm (Protokolle III 1937):
Akademie für Deutsches Recht, Ausschuß für GmbH-Recht, Bericht über die dritte Sitzung des Auschusses am 10. und 11. Dezember 1937 in der "Akademie für Deutsches Recht" in Berlin 1937.

Gabler (Wirtschafts-Lexikon 1997):
Gabler Wirtschafts-Lexikon, 14. Auflage, Wiesbaden 1997.

Gätsch, Andreas (Ausfallhaftung 1999):
Ausfallhaftung von Mitgesellschaftern für rückständige Einlagen und verbotswidrige Ausschüttungen - Summenmäßige Beschränkung ?, in: BB 54. Jg. (1999), S. 701-706.

Gebhard, Joachim (Gesellschafterdarlehen 1984):
Kapitalersetzende Gesellschafterdarlehen: Stehenlassen als Gewähren i. S. des § 32 a GmbHG ?, in: DB 37. Jg. (1984), S. 1385-1387.

Geißler, Markus (Eigenkapitalersatzfunktion 1994):
Rechtsfragen um die Eigenkapitalersatzfunktion des in der Krise belassenen Gesellschafterdarlehens, in: GmbHR 85. Jg. (1994), S. 152-159.

Geißler, Markus (Rechtsentwicklung 1996):
Stationen der Rechtsentwicklung zur eigenkapitalersetzenden Gesellschafterbürgschaft, in: GmbHR 87. Jg. (1996), S. 565-573.

Gerkan, Hartwin von (Gesellschafterleistungen 1986):
Schwerpunkte und Entwicklungen im Recht der kapitalersetzenden Gesellschafterleistungen, in: GmbHR 77. Jg. (1986), S. 218-225.

Gerkan, Hartwin von (Anmerkung 1992):
Anmerkung zum Urteil des BGH vom 13.07.1992, II ZR 269/91, WM 1992, 1650, in: WuB II C. § 32 a GmbHG 4.92, S. 1431-1432.

Gerkan, Hartwin von (Eigenkapitalersatz 1997):
Das Recht des Eigenkapitalersatzes in der Diskussion, in: ZGR 26. Jg. (1997), S. 173-205.

Gerkan, Hartwin von (Entwurf 1997):
Der Entwurf des „Kapitalaufnahmeerleichterungsgesetzes“ und das Recht des Eigenkapitalersatzes, in: GmbHR 88. Jg. (1997), S. 677-682.

Gerkan, Hartwin von/ Hommelhoff, Peter (Kapitalersatz 1997):
Kapitalersatz im Gesellschafts- und Insolvenzrecht, 5. Auflage, Köln 1997.

Geßler, Ernst (Reform 1938):
Die Reform des Rechts der Gesellschaft mit beschränkter Haftung, in: Soziale Praxis 47. Jg. (1938), Sp. 329-336.

Geßler, Ernst (Probleme 1966):
Probleme der GmbH-Rechtsreform, in: GmbHR 57. Jg. (1966), S. 102-112.

Geßler, Ernst (GmbH-Recht 1969):
Die Reform des GmbH-Rechts, zu dem Referenten-Entwurf eines Gesetzes über Gesellschaften mit beschränkter Haftung, in: BB 24. Jg. (1969), S. 589-595.

Geßler, Ernst (GmbH-Reform 1971):
Grundfragen der GmbH-Reform, in: BB 26. Jg. (1971), S. 665-670.

Geßler, Ernst (Gewinnausschüttung 1979):
Zur handelsrechtlichen verdeckten Gewinnausschüttung, in: Festschrift für Robert Fischer, herausgegeben von Marcus Lutter, Walter Stimpel und Herbert Wiedemann, Berlin und New York 1979, S. 131-148.

Geßler, Ernst (GmbH-Novelle 1980):
Die GmbH-Novelle, in: BB 35. Jg. (1980), S. 1385-1391.

Geßler, Ernst (Gesellschafterdarlehen 1981):
Zur Problematik bei kapitalersetzenden Gesellschafterdarlehen, in: ZIP 2. Jg. (1981), S. 228-235.

Goerdeler, Reinhard/ Müller, Welf (Hachenburg-GmbHG 1992):
Kommentar zu §§ 30, 31 GmbHG, in: Hachenburg, Gesetz betreffend die Gesellschaften mit beschränkter Haftung (GmbHG), Großkommentar, 8. Auflage, Erster Band, herausgegeben von Peter Ulmer, Berlin und New York 1992.

Goette, Wulf (BGH-Rechtsprechung 1997):
Die GmbH nach der BGH- Rechtsprechung, zivilrechtliche Grundlagen steuerlicher Beratung, München 1997.

Goette, Wulf (Rechtsprechung 1997):
Die höchstrichterliche Rechtsprechung zur Behandlung eigenkapitalersetzender Leistungen im GmbH-Recht, in: DStR 35. Jg. (1997), S. 2027-2035.

Goette, Wulf (Kapitalaufbringung 1997):
Der Stand der höchstrichterlichen Rechtsprechung zur Kapitalaufbringung im GmbH-Recht, in: DStR 35. Jg. (1997), S. 924-932.

Goette, Wulf (Kapitalerhaltung 1997):
Der Stand der höchstrichterlichen Rechtsprechung zur Kapitalerhaltung und zum Rückgewährverbot im GmbH-Recht, in: DStR 35. Jg. (1997), S. 1495-1500.

Goette, Wulf (Eigenkapitalersatzrecht 1998):
Einige Aspekte des Eigenkapitalersatzrechts aus richterlicher Sicht, in: ZHR 162. Bd. (1998), S. 223-231.

Goette, Wulf (Anmerkung 1999):
Anmerkung zum Beschluß des BGH vom 01.03.1999 - II ZR 362/97, in: DStR 37. Jg. (1999), S. 553-555.

Götz, Alexander/ Hegerl, Hans-Jörg (Eigenkapitalersatzrecht 1997):
Die Sanierungsfeindlichkeit des Eigenkapitalersatzrechts und die Sanierungsobjektgesellschaft als Ausweg, ein Diskussionsbeitrag im Rahmen der anstehenden Novellierung des § 32 a GmbHG, in: DB 50. Jg. (1997), S. 2365-2370.

Größl, Lothar (Finanzwirtschaft 1999):
Betriebliche Finanzwirtschaft, Sicherung des Unternehmensbestandes als Aufgabe der Finanzwirtschaft, 4. Auflage, Renningen- Malmsheim und Wien 1999.

Großmann-Doerth, Hans (Protokolle III 1937):
Akademie für Deutsches Recht, Ausschuß für GmbH-Recht, Bericht über die dritte Sitzung des Auschusses am 10. und 11. Dezember 1937 in der "Akademie für Deutsches Recht" in Berlin 1937.

Groth, Matthias (Überschuldung 1995):
Überschuldung und eigenkapitalersetzende Gesellschafterdarlehen, eine konkursrechtliche und konkursstrafrechtliche Untersuchung, Diss. Baden-Baden 1995.

Grunewald, Barbara (Gesellschafterdarlehen 1997):
Plädoyer für eine Abschaffung der Rechtsregeln für eigenkapitalersetzende Gesellschafterdarlehen, in: GmbHR 88. Jg. (1997), S. 7-10.

Gutenberg, Erich (Unternehmung 1929):
Die Unternehmung als Gegenstand betriebswirtschaftlicher Theorie, Berlin und Wien 1929.

Gutenberg, Erich (Betriebswirtschaftslehre 1958):
Einführung in die Betriebswirtschaftslehre, Wiesbaden 1958.

Gutenberg, Erich (Finanzen 1980):
Grundlagen der Betriebswirtschaftslehre, Band 3, die Finanzen, 8. Auflage, Berlin, Heidelberg und New York 1980.

Haarmeyer, Hans/ Wutzke, Wolfgang/ Förster, Karsten (InsO 1998):
Handbuch zur Insolvenzordnung, InsO/ EGInsO, 2. Auflage, München 1998.

Habersack, Mathias (Finanzplankredit 1997):
Der Finanzplankredit und das Recht der eigenkapitalersetzenden Gesellschafterhilfen, in: ZHR 161. Bd. (1997), S. 457-490.

Habersack, Mathias (Eigenkapitalersatz 1998):
Eigenkapitalersatz im Gesellschaftsrecht, Überlegungen zum Anwendungsbereich der Regeln über eigenkapitalersetzende Gesellschafterhilfen, in: ZHR 162. Bd. (1998), S. 201-222.

Häsemeyer, Ludwig (Insolvenzrecht 1998):
Insolvenzrecht, 2. Auflage, Köln, Berlin, Bonn u.a. 1998.

Harrer, Friedrich (Haftungsprobleme 1990):
Haftungsprobleme bei der GmbH, Wien 1990.

Harrmann, Alfred (Kennzahlen 1978):
Zur Bildung von Kennzahlen aus der Bilanz, in: DB 31. Jg. (1978), S. 849-854.

Harrmann, Alfred (Cash Flow 1986):
Cash-flow - Ermittlung, Bedeutung und Aussagefähigkeit, in: DB 39. Jg. (1986), S. 2612-2616.

Hartung, Wolfgang (Darlehen 1996):
Kapitalersetzende Darlehen - eine Chance für Wirtschaftskriminelle ?, in: NJW 49. Jg. (1996), S. 229-236.

Hauschildt, Jürgen (Expertensysteme 1990):
Methodische Anforderungen an die Ermittlung der Wissensbasis von Expertensystemen, in: DBW 50. Jg. (1990), S. 525-537.

Hauschildt, Jürgen (Cash-Flow-Analyse 1993):
Cash-Flow-Analyse, in: Handwörterbuch der Betriebswirtschaft, herausgegeben von Waldemar Wittmann, Werner Kern, Richard Köhler u.a., unter Mitarbeit von zahlreichen Fachgelehrten und Experten aus Wissenschaft und Praxis, 5. Auflage, Stuttgart 1993, Sp. 637-647.

Hauschildt, Jürgen (Erfolgsanalyse 1996):
Erfolgs-, Finanz- und Bilanzanalyse, Analyse der Vermögens-, Finanz- und Ertragslage von Kapital- und Personengesellschaften, unter Mitwirkung von Harald Krehl und Jens Leker, 3. Auflage, Köln 1996.

Hauschildt, Jürgen/ Leker, Jens (Kreditwürdigkeitsprüfung 1995):
Kreditwürdigkeitsprüfung, inkl. automatisierte, in: Handwörterbuch des Bank- und Finanzwesens, herausgegeben von Wolfgang Gerke und Manfred Steiner, unter Mitarbeit von zahlreichen Fachgelehrten und Experten aus Wissenschaft und Praxis, 2. Auflage, Stuttgart 1995, Sp. 1323-1335.

Hense, Burkhard/ Gandenberger, Ralf (Handbuch 1995):
Beck´sches Handbuch der GmbH: Gesellschaftsrecht - Steuerrecht, herausgegeben von Welf Müller und Burkhard Hense, bearbeitet von Björn Ahrenkiel, Michael Axhausen, Klaus Bigge u.a., München 1995, S. 351-479.

Henze, Hartwig (Rechtsprechung 1997):
Handbuch zum GmbH-Recht, Höchstrichterliche Rechtsprechung, 2. Auflage, Köln 1997.

Herrmann, Harald (Quasi-Eigenkapital 1996):
Quasi-Eigenkapital im Kapitalmarkt- und Unternehmensrecht, ein deutsch-amerikanischer Vergleich und Beitrag zum internationalen Wirtschaftsrecht, Berlin und New York 1996.

Hess, Harald (Insolvenzrecht 1996):
Insolvenzrecht, 4. Auflage, Köln 1996.

Hess, Harald (Konkursordnung 1998):
Kommentar zu § 102 KO, in: Kommentar zur Konkursordnung, von Harald Hess, 6. Auflage, Neuwied und Kriftel 1998.

Hess, Harald/ Kranemann, Karl/ Pink, Andreas (Insolvenzrecht 1998):
InsO´ 99, das neue Insolvenzrecht, Köln 1998.

Hess, Harald/ Obermüller, Manfred (Insolvenzordnung 1995):
Die Rechtsstellung der Verfahrensbeteiligten nach der Insolvenzordnung, Heidelberg 1995.

Hess, Harald/ Weis, Michaela (Anfechtungsrecht 1996):
Das neue Anfechtungsrecht, §§ 129-147 InsO - §§ 1-20 AnfG 1999, Heidelberg 1996.

Hess, Harald/ Weis, Michaela (Überschuldungsstatus 1999):
Die Berücksichtigung nachrangiger Gesellschafterverbindlichkeiten im Überschuldungsstatus nach der Insolvenzordnung, zugleich eine Erwiderung auf Holzapfel InVo 1999, Heft 1, in: InVo 4. Jg. (1999), S. 33-36.

Hirte, Heribert (Gesellschaftsrecht 1996):
Die Entwicklung des Unternehmens- und Gesellschaftsrechts in Deutschland in den Jahren 1991- 1995, in: NJW 49. Jg. (1996), S. 2827-2847.

Hirte, Heribert (Kapitalersatzrecht 1998):
Aktuelle Schwerpunkte im Kapitalersatzrecht, in: Gesellschaftsrecht 1997, herausgegeben von Peter Hommelhoff und Volker Röhricht, Köln 1998, S. 145-179.

Höffner, Dietmar (Überschuldung 1999):
Überschuldung: Ein Tatbestandsmerkmal im Schnittpunkt von Bilanz-, Insolvenz- und Strafrecht, in: BB 54. Jg. (1999), S. 198-205 und S. 252-254.

Hörtnagl, Robert (Krise 1996):
Die GmbH in der Krise - Pflichten und Risiken für den Geschäftsführer, in: INF 50. Jg. (1996), S. 528-533.

Hofmann, Paul (GmbH 1966):
Zum „Durchgriffs"-Problem bei der unterkapitalisierten GmbH, in: NJW 19. Jg. (1966), S. 1941-1946.

Holzapfel, Lothar (Rangrücktritt 1999):
Überschuldung und Rangrücktritt bei der GmbH, in: InVo 4. Jg. (1999), S. 1-3.

Holzer, Johannes (Kübler-Prütting-InsO 1998):
Kommentar zu § 39 InsO, in: InsO, Kommentar zur Insolvenzordnung, herausgegeben von Bruno M. Kübler und Hanns Prütting, bearbeitet von Johannes Holzer, Jutta Kemper, Johannes Köndgen u.a., Band I, Köln 1998.

Hommel, Michael (Insolvenzrecht 1998):
Überschuldungsmessung nach neuem Insolvenzrecht: Probleme und Lösungsmöglichkeiten, in: ZfB 68. Jg. (1998), S. 297-322.

Hommelhoff, Peter (Gesellschafterdarlehen 1988):
Das Gesellschafterdarlehen als Beispiel institutioneller Rechtsfortbildung, Referat, in: ZGR 17. Jg. (1988), S. 460-493.

Hommelhoff, Peter (Konkursantragspflicht 1988):
Eigenkapitalersetzende Gesellschafterdarlehen und Konkursantragspflicht, in: Handelsrecht und Steuerrecht, Festschrift für Georg Döllerer, herausgegeben von Brigitte Knobbe-Keuk, Franz Klein und Adolf Moxter, Düsseldorf 1988, S. 245-268.

Hommelhoff, Peter (Gesellschaftsrecht 1989):
Handels- und Gesellschaftsrecht: Eigenkapitalersetzendes Gesellschafterdarlehen, in: JuS 29. Jg. (1989), S. 643-649.

Hommelhoff, Peter/ Kleindiek, Detlef (Finanzierungsinstrumente 1992):
Flexible Finanzierungsinstrumente im GmbH-Recht, das eigenkapitalersetzende Gesellschafterdarlehen zwischen Nachschußkapital und Finanzplankredit, in: Festschrift 100 Jahre GmbH-Gesetz, herausgegeben von Marcus Lutter, Peter Ulmer und Wolfgang Zöllner, Köln 1992, S. 421-445.

Hueck, Götz (Baumbach-Hueck-GmbHG 1996):
Kommentar zu §§ 1-34 GmbHG, in: GmbH-Gesetz, Gesetz betreffend die Gesellschaften mit beschränkter Haftung, begründet von Adolf Baumbach, fortgeführt von Alfred Hueck, 16. Auflage, von Götz Hueck, Joachim Schulze-Osterloh und Wolfgang Zöllner, München 1996.

Immenga, Ulrich (Kapitalgesellschaft 1970):
Die personalistische Kapitalgesellschaft, eine rechtsvergleichende Untersuchung nach deutschem GmbH-Recht und dem Recht der Corporations in den Vereinigten Staaten, Bad Homburg 1970.

Immenga, Ulrich (Besprechung 1975):
Besprechung der Entscheidung BGHZ 60, 324, in: ZGR 4. Jg. (1975), S. 487-492.

Institut der Wirtschaftsprüfer (Stellungnahme HFA 1/1995):
Stellungnahme HFA 1/1995: Die Kapitalflußrechnung als Ergänzung des Jahres- und Konzernabschlusses, in: WPg 48. Jg. (1995), S. 210-214.

Institut der Wirtschaftsprüfer (Stellungnahme FAR 1/1996):
Stellungnahme des Fachausschuß Recht FAR 1/1996: Empfehlungen zur Überschuldungsprüfung bei Unternehmen, in: WPg 50. Jg. (1997), S. 22-25.

Institut der Wirtschaftsprüfer (Stellungnahme FAR 1998):
Entwurf einer Stellungnahme, Fachausschuß Recht, Empfehlungen zur Prüfung eingetretener oder drohender Zahlungsunfähigkeit bei Unternehmen, in: WPg 51. Jg. (1998), S. 515-518.

Institut der Wirtschaftsprüfer (Prüfungsstandard 1999):
IDW Prüfungsstandard: Empfehlungen zur Prüfung eingetretener oder drohender Zahlungsunfähigkeit bei Unternehmen (IDW PS 800; Stand: 22.1.1999), in: WPg 52. Jg. (1999), S. 250-253.

Jährig, Alfred/ Schuck, Hans (Kreditgeschäft 1990):
Handbuch des Kreditgeschäfts, völlig neu bearbeitet von Peter Rösler und Manfred Woite, Berlin 1990.

Joost, Detlev (Kapitalbegriff 1983):
Kapitalbegriff und Reichweite der Bindung des aufgebrachten Vermögens in der GmbH, in: GmbHR 74. Jg. (1983), S. 285-290.

Joost, Detlev (Kapitalerhaltungsregeln 1984):
Grundlagen und Rechtsfolgen der Kapitalerhaltungsregeln in der GmbH, in: ZHR 148. Bd. (1984), S. 27-55.

Kallmeyer, Harald (Zwergbeteiligungen 1996):
Eigenkapitalersatz bei „Zwergbeteiligungen" an GmbH ?, in: GmbHR 87. Jg. (1996), R 177.

Kallmeyer, Harald (Probleme 1998):
Ungelöste Probleme des Eigenkapitalersatzrechts: Sanierung, Finanzplan und Nutzungsüberlassung, in: GmbHR 89. Jg. (1998), S. 307-308.

Kallmeyer, Harald (Überschuldung 1999):
Good will und Überschuldung nach neuem Insolvenzrecht, in: GmbHR 90. Jg. (1999), S. 16-18.

Kamm, Christoph (Gesellschafterdarlehen 1967):
Gesellschafterdarlehen an Kapitalgesellschaften, nach deutschem Recht unter Berücksichtigung des schweizerischen und des französischen Rechts, Diss. München (Genf) 1967.

Kamprad, Balduin (Stammeinlagen 1967):
Die Behandlung von Gesellschafterdarlehen an eine GmbH als verdeckte Stammeinlagen im Steuer- und Privatrecht, Diss. Berlin 1967.

Kamprad, Balduin (Referenten-Entwurf 1969):
Die Behandlung von Gesellschafterdarlehen in dem Referenten-Entwurf eines GmbH-Gesetzes, in: GmbHR 60. Jg. (1969), S. 168-175.

Kamprad, Balduin (Kapitalersatz 1975):
Kapitalersetzende Gesellschafterdarlehen im Konkurs und Vergleich der GmbH in der rechtspolitischen Diskussion, in: GmbHR 66. Jg. (1975), S. 54-57.

Kamprad, Balduin (Gesellschafterdarlehen 1980):
Gesellschafterdarlehen an die GmbH und GmbH & Co., 2. Auflage, Köln 1980.

Kamprad, Balduin (Rechtsentwicklung 1984):
Die Rechtsentwicklung kapitalersetzender Gesellschafterdarlehen seit dem Inkrafttreten der GmbH-Novelle am 1.1.1981, in: GmbHR 75. Jg. (1984), S. 339-343.

Karollus, Martin (Reform 1996):
Zur geplanten Reform des Kapitalersatzrechts, in: ZIP 17. Jg. (1996), S. 1893-1895.

Kilger, Joachim/ Schmidt, Karsten (Konkursordnung 1993):
Konkursordnung mit Gesamtvollstreckungsordnung, 16. Auflage, neubearbeitet von Karsten Schmidt, München 1993.

Kirchhof, Hans-Peter (Heidelberger Kommentar-InsO 1999):
Kommentar zu §§ 17-19 InsO, in: Heidelberger Kommentar zur Insolvenzordnung, von Dieter Eickmann, Axel Flessner, Friedrich Irschlinger u.a., Heidelberg 1999.

Kirchhof, Hans-Peter (Insolvenzrecht 1999):
Leitfaden zum Insolvenzrecht, Herne und Berlin 1999.

Klaus, Hans (Gesellschafterdarlehen 1994):
Gesellschafterdarlehen, Eigenkapitalersatzrecht und Fortführung einer nicht mehr fortführungswürdigen GmbH, in: ZBB 6. Jg. (1994), S. 247-257.

Klaus, Hans (Gesellschafterfremdfinanzierung 1994):
Gesellschafterfremdfinanzierung und Eigenkapitalersatzrecht bei der Aktiengesellschaft und der GmbH, Diss. Frankfurt am Main, Berlin, Bern u.a. 1994.

Klausing, Friedrich (Protokolle III 1937):
Akademie für Deutsches Recht, Ausschuß für GmbH-Recht, Bericht über die dritte Sitzung des Auschusses am 10. und 11. Dezember 1937 in der "Akademie für Deutsches Recht" in Berlin 1937.

Klausing, Friedrich (GmbH-Reform 1938):
Die Neuordnung der Gesellschaft mit beschränkter Haftung, erster Arbeitsbericht zur „Reform“ der GmbH, Frankfurt am Main 1938.

Knief, Peter (Kapitaldienst-Grenzen 1985):
Erlös- und Finanzierungsstrukturen mit Hilfe von Kapitaldienst-Grenzen analysieren, in: DSWR 14. Jg. (1985), S. 255-260.

Knobbe-Keuk, Brigitte (Leistungen 1992):
Eigenkapitalersetzende Leistungen im Zivil- und Steuerrecht, Podiumsdiskussion, in: StbJb 1991/92, zugleich Bericht über den 43. Fachkongreß der Steuerberater, Köln, 8. und 9. Oktober 1991, herausgegeben im Auftrag des Fachinstituts der Steuerberater von Norbert Herzig, Rudolf Curtius-Hartung und Ursula Niemann, Köln 1992, S. 363-398.

Köhler, Richard (Cash Flow 1981):
Cash Flow, in: Handwörterbuch des Rechnungswesens, herausgegeben von Erich Kosiol und Klaus Chmielewicz, unter Mitarbeit von zahlreichen Fachgelehrten und Experten aus Wissenschaft und Praxis, 2. Auflage, Stuttgart 1981, Sp. 353-364.

Kolb, Eugen (Protokolle III 1937):
Akademie für Deutsches Recht, Ausschuß für GmbH-Recht, Bericht über die dritte Sitzung des Auschusses am 10. und 11. Dezember 1937 in der "Akademie für Deutsches Recht" in Berlin 1937.

Koppensteiner, Hans-Georg (Eigenkapitalersatzrecht 1997):
Kritik des „Eigenkapitalersatzrechts“, in: Wbl 11. Jg. (1997), S. 489-499.

Kosiol, Erich (Liquidität 1955):
Finanzplanung und Liquidität, in: ZfhF 7. Jg. (1955), S. 251-272.

Krause, Clemens (Kreditwürdigkeitsprüfung 1993):
Kreditwürdigkeitsprüfung mit Neuronalen Netzen, Diss. Düsseldorf 1993.

Kreft, Gerhart (Heidelberger Kommentar-InsO 1999):
Kommentar zu §§ 135, 143 InsO, in: Heidelberger Kommentar zur Insolvenzordnung, von Dieter Eickmann, Axel Flessner, Friedrich Irschlinger u.a., Heidelberg 1999.

Kreis, Stefan (Finanzierungsverantwortung 1990):
Finanzierungsverantwortung bei eigenkapitalersetzenden Gesellschafterdarlehen, Diss. Mannheim 1990.

Kreuzer, Karl F. (Gläubigerschutz 1978):
Probleme des Gläubigerschutzes in der GmbH-Reform, in: DB 31. Jg. (1978), S. 825-830.

Kreuzer, Karl F. (GmbH-Novelle 1980):
Die allgemeinen Gläubigerschutzbestimmungen der GmbH-Novelle, in: ZIP 1. Jg. (1980), S. 597-605.

Krümmel, Hans-Jacob (Liquidität 1988):
Liquidität, in: Handwörterbuch der Wirtschaftswissenschaft, Band 5, herausgegeben von Willi Albers, Karl Erich Born, Ernst Dürr u.a., Stuttgart, New York, Tübingen u.a. 1988, S. 47-54.

Kübler, Friedrich (Gesellschafterdarlehen 1985):
Die Autorität der Sachnähe, Beobachtungen zum Verhältnis von Richter und Gesetz am Beispiel des kapitalersetzenden Gesellschafterdarlehens, in: Festschrift für Walter Stimpel zum 68. Geburtstag am 29. November 1985, herausgegeben von Marcus Lutter, Hans-Joachim Mertens und Peter Ulmer, Berlin und New York 1985, S. 3-14.

Kübler, Friedrich (Gesellschaftsrecht 1998):
Gesellschaftsrecht, die privatrechtlichen Ordnungsstrukturen und Regelungsprobleme von Verbänden und Unternehmen, ein Lehrbuch, 5. Auflage, Heidelberg 1998.

Küting, Karlheinz/ Weber, Claus-Peter (Bilanzanalyse 1999):
Die Bilanzanalyse, Lehrbuch zur Beurteilung von Einzel- und Konzernabschlüssen, unter Mitarbeit von Jürgen Bender, Peter Göth, Benita Hayn u.a., 4. Auflage, Stuttgart 1999.

Kuhn, Georg (Haftungsprobleme 1968):
Haftungsprobleme bei der GmbH & Co, in: Ehrengabe für Bruno Heusinger, herausgegeben von Roderich Glanzmann unter Mitwirkung von Hans Joachim Faller, München 1968, S. 203-216.

Kuhn, Georg/ Uhlenbruck, Wilhelm (Konkursordnung 1994):
Konkursordnung, Kommentar von Georg Kuhn, fortgeführt von Wilhlem Uhlenbruck, unter Mitarbeit zum internationalen Konkursrecht von Hans-Jochem Lüer, 11. Auflage des von Franz Mentzel begründeten Werks, München 1994.

Lachnit, Laurenz (Cash Flow 1973):
Wesen, Ermittlung und Aussage des Cash Flow, in: ZfbF 25. Jg. (1973), S. 59-77.

Lachnit, Laurenz (Finanzplanung 1995):
Finanzplanung, in: Handwörterbuch des Bank- und Finanzwesens, herausgegeben von Wolfgang Gerke und Manfred Steiner, unter Mitarbeit von zahlreichen Fachgelehrten und Experten aus Wissenschaft und Praxis, 2. Auflage, Stuttgart 1995, Sp. 776-788.

Langen, Heinz (Liquidität 1976):
Liquidität, Prognose der, in: Handwörterbuch der Finanzwirtschaft, herausgegeben von Hans E. Büschgen, unter Mitarbeit von zahlreichen Fachgelehrten und Experten aus Wissenschaft und Praxis, Stuttgart 1976, Sp. 1287-1293.

Larenz, Karl/ Canaris, Claus-Wilhelm (Methodenlehre 1995):
Methodenlehre der Rechtswissenschaft, 3. Auflage, Berlin, Heidelberg, New York u.a. 1995.

Lechner, Karl (Betriebswirtschaftslehre 1967):
Betriebswirtschaftslehre, einzelwirtschaftliche Grundfragen, Wien 1967.

Lechner, Karl (Kapitalzuführung 1969):
Die Bestimmbarkeit des Begriffes der „gebotenen Kapitalzuführung“ (§ 3 Abs. 1 KVStG), in: ÖStZ 22. Jg. (1969), S. 158-162.

Leffson, Ulrich (Bilanzanalyse 1984):
Bilanzanalyse, 3. Auflage, Stuttgart 1984.

Lenz, Tobias (Überschuldungsstatus 1999):
Verbindlichkeiten mit Rangrücktritt im Überschuldungsstatus, in: GmbHR 90. Jg. (1999), S. 283-284.

Leutheusser-Schnarrenberger, Sabine (Rechtspolitik 1995):
Liberale Rechtspolitik in der 13. Legislaturperiode, in: ZRP 28. Jg. (1995), S. 81-85.

Limbach, Jutta (GmbH 1966):
Theorie und Wirklichkeit der GmbH, die empirischen Normaltypen der GmbH und ihr Verhältnis zum Postulat von Herrschaft und Haftung, Berlin 1966.

Livonius, Barbara (Rangrücktritt 1998):
Passivierung von Forderungen mit Rangrücktritt im Überschuldungsstatus nach der Insolvenzordnung, in: ZInsO 1. Jg. (1998), S. 309-311.

Luckan, Eberhard/ Schacht, Knut (Gläubigerschutz 1970):
Gläubigerschutz, Publizität und Haftung, dargestellt am Beispiel der Behandlung von Gesellschafterdarlehen im Referentenentwurf eines GmbH-Gesetzes, in: DB 23. Jg. (1970), S. 1449-1457.

Lutter, Marcus (Rechtsverhältnisse 1970):
Rechtsverhältnisse zwischen den Gesellschaftern und der Gesellschaft, in: Rechtsfragen der Handelsgesellschaften, herausgegeben in Verbindung mit der Centrale für Gesellschaften mbH Dr. Otto Schmidt, Probleme der GmbH-Reform, zugleich Bericht über die Arbeitstagung „GmbH-Reform" in Bonn vom 29.9. bis 1.10.1969, Köln 1970, S. 63-95.

Lutter, Marcus (GmbH-Novelle 1980):
Die GmbH-Novelle und ihre Bedeutung für die GmbH, die GmbH & Co. KG und die Aktiengesellschaft, in: DB 33. Jg. (1980), S. 1317-1326.

Lutter, Marcus (Gesellschafterdarlehen 1989):
Neues zum Gesellschafterdarlehen?, Zur Entscheidung „Hamburger Stahlwerke" (HSW) des BGH, in: ZIP 10. Jg. (1989), S. 477-484.

Lutter, Marcus/ Hommelhoff, Peter (Unterkapitalisierung 1979):
Nachrangiges Haftkapital und Unterkapitalisierung in der GmbH, in: ZGR 8. Jg. (1979), S. 31-66.

Lutter, Marcus/ Hommelhoff, Peter (GmbHG 1995):
GmbH-Gesetz, Kommentar, 14. Auflage, Köln 1995.

Mansch, H./ Stolberg, K./ Wysocki, K. v. (Kapitalflußrechnung 1995):
Die Kapitalflußrechnung als Ergänzung des Jahres- und Konzernabschlusses, Anmerkungen zur gemeinsamen Stellungnahme HFA 1/1995 des Hauptfachausschusses und der Schmalenbach-Gesellschaft, in: WPg 48. Jg. (1995), S. 185-203.

Marzen, Veneta (Bonitätsprüfung 1989):
Expertensystem für die Bonitätsprüfung und Beratung im Firmenkundengeschäft, in: Die Bank 29. Jg. (1989), S. 214-218.

Maser, Peter (Gesellschafterdarlehen 1995):
Gesellschafterdarlehen in der Krise der GmbH, in: ZIP 16. Jg. (1995), S. 1319-1322.

Matschke, Manfred Jürgen (Gläubigerschutz 1981):
Die Maßnahmen zur Verbesserung des Gläubigerschutzes bei der GmbH nach der GmbH-Novelle 1980, in: DBW 41. Jg. (1981), S. 553-570.

Maul, Karl-Heinz (Kapitalzuführung 1969):
Die durch die Sachlage gebotene Kapitalzuführung, ein neuer Versuch zur Interpretation des § 3 Abs. 1 des Kapitalverkehrsteuergesetzes, in: BB 24. Jg. (1969), S. 307-311.

Maus, Karl Heinz (GmbH 1999):
Die GmbH in Krise, Sanierung und Insolvenz, Gesellschaftsrecht, neues Insolvenzrecht, Steuerrecht, Arbeitsrecht, Bankrecht und Organisation bei Krisenvermeidung, Krisenbewältigung und Abwicklung, herausgegeben von Karsten Schmidt und Wilhelm Uhlenbruck, bearbeitet von Georg Crezelius, Karl Heinz Maus, Wilhelm Moll u.a., 2. Auflage, Köln 1999.

Mayer, Dieter (Handbuch 1994):
Handbuch des Gesellschafts- und Wirtschaftsrecht in Einzeldarstellungen, Band I, von Dieter Mayer und Manfred Wissmann unter Mitarbeit von Reinhard E. Ingerl, Düsseldorf 1994.

Meilicke, Wienand (Leistungen 1992):
Eigenkapitalersetzende Leistungen im Zivil- und Steuerrecht, Podiumsdiskussion, in: StbJb 1991/92, zugleich Bericht über den 43. Fachkongreß der Steuerberater, Köln, 8. und 9. Oktober 1991, herausgegeben im Auftrag des Fachinstituts der Steuerberater von Norbert Herzig, Rudolf Curtius-Hartung und Ursula Niemann, Köln 1992, S. 363-398.

Mellerowicz, Konrad (Betriebswirtschaftslehre 1947):
Allgemeine Betriebswirtschaftslehre, 3. Band, 5. Auflage, Berlin 1947.

Mellerowicz, Konrad/ Jonas, Hans (Kreditfähigkeit 1957):
Bestimmungsfaktoren der Kreditfähigkeit, 2. Auflage, Berlin 1957.

Michalski, Lutz/ Barth, Wolfgang (Anmerkung 1999):
Anmerkung zu dem Urteil des OLG Dresden vom 03.12.1998, 9 U 1087/98, in: NZG 2. Jg. (1999), S. 348-349.

Michalski, Lutz/ de Vries, K. (Eigenkapitalersatz 1999):
Eigenkapitalersatz, Unterkapitalisierung und Finanzplankredite, in: NZG 2. Jg. (1999), S. 181-185.

Möhlmann, Thomas (Zahlungsunfähigkeit 1998):
Der Nachweis eingetretener und drohender Zahlungsunfähigkeit im neuen Insolvenzverfahren - Anforderungen und Aufgaben für Steuerberater und Wirtschaftsprüfer, in: WPg 51. Jg. (1998), S. 947-961.

Möhlmann, Thomas (Überschuldungsprüfung 1998):
Die Überschuldungsprüfung nach der neuen Insolvenzordnung, in: DStR 36. Jg. (1998), S. 1843-1848.

Mönning, Rolf-Dieter (Nerlich-Römermann-InsO 1999):
Kommentar zu §§ 17-19 InsO, in: Insolvenzordnung (InsO), Kommentar, herausgegeben von Jörg Nerlich und Volker Römermann, bearbeitet von Thomas E. Abeltshauser, Dirk Andres, Helmut Balthasar u.a., München 1999.

Mohr, Friedrich/ Geuting, Marcus (GmbH-Recht 1997):
GmbH-Recht, Münster 1997.

Moser, Ulrich (Gesellschafterdarlehen 1989):
Kapitalersetzende Gesellschafterdarlehen bei der GmbH, zur Problematik der durch die GmbH-Novelle 1980 bezüglich der Behandlung von kapitalersetzenden Gesellschafterdarlehen eingeführten Vorschriften, Diss. Frankfurt am Main, Bern, New York u.a. 1989.

Mosthaf, Oliver (Reformen 1994):
Die Reformen des Rechts der Gesellschaften mit beschränkter Haftung, Entwürfe, Stellungnahmen und Diskussionen vom Referentenentwurf 1969 bis zur GmbH- Novelle 1980, Diss. Frankfurt am Main, Berlin, Bern u.a. 1994.

Moxter, Adolf (Kreditwürdigkeitsbeurteilung 1978):
Kreditwürdigkeitsbeurteilung und Eigenkapital, in: Die Bank 18. Jg. (1978), S. 321-324.

Müller, Andreas (Gesellschafterdarlehen 1987):
Regeln für eigenkapitalersetzende Gesellschafterdarlehen bei der GmbH und ihre Übertragbarkeit auf die AG, Diss. Frankfurt am Main, Bern, New York u.a. 1987.

Müller, Hans-Peter (Überschuldungsstatus 1997):
Bilanzierungsprobleme bei der Erstellung eines Überschuldungsstatus nach § 19 Abs. 2 InsO, in: Kölner Schrift zur Insolvenzordnung, das neue Insolvenzrecht in der Praxis, Arbeitskreis für Insolvenz- und Schiedsgerichtswesen e.V. Köln (Hrsg.), Herne und Berlin 1997, S. 97-114.

Müller, Klaus (Gesellschafterdarlehen 1982):
Der Tatbestand des kapitalersetzenden Gesellschafterdarlehens in § 32 a Abs. 1 GmbHG, in: GmbHR 73. Jg. (1982), S. 33-41.

Müller, Klaus (Gesellschafterdarlehen 1985):
Das kapitalersetzende Gesellschafterdarlehen, in: Jura 7. Jg. (1985), S. 337-341.

Müller, Klaus (Unterbilanz 1997):
Kapitalerhaltung und Bilanzierung: zur Ermittlung der Unterbilanz bei § 30 Abs. 1 GmbHG, in: DStR 35. Jg. (1997), S. 1577-1581.

Müller, Michael (Eigenkapitalersatz 1996):
Eigenkapitalersatz und Insolvenzdiagnose, die Kreditfähigkeit - Zahlungsfähigkeit - Überschuldung von Kapitalgesellschaften systematisch überprüfen und feststellen, Diss. Wien 1996.

Neflin, Hermann (Kapitalgesellschaft 1963):
Schutz des gutgläubigen Verkehrs vor einem schädigenden Verhalten der hinter einer Kapitalgesellschaft stehenden Kräfte, in: GmbHR 54. Jg. (1963), S. 41-46.

Nerlich, Jörg (Nerlich-Römermann-InsO 1999):
Kommentar zu §§ 135, 143 InsO, in: Insolvenzordnung (InsO), Kommentar, herausgegeben von Jörg Nerlich und Volker Römermann, bearbeitet von Thomas E. Abeltshauser, Dirk Andres, Helmut Balthasar u.a., München 1999.

Noack, Ulrich (Insolvenzrecht 1997):
Neues Insolvenzrecht - neues Kapitalersatzrecht ?, in: Festschrift für Carsten Peter Claussen zum 70. Geburtstag, herausgegeben von Klaus-Peter Martens, Harm Peter Westermann und Wolfgang Zöllner, Köln, Berlin, Bonn u.a. 1997, S. 307-318.

Noack, Ulrich (Gesellschaftsrecht 1999):
Gesellschaftsrecht, Sonderband 1 zu: InsO, Kommentar zur Insolvenzordnung, herausgegeben von Bruno M. Kübler und Hanns Prütting, Köln 1999.

Nonnenmacher, Rolf (Handbuch 1995):
Beck´sches Handbuch der GmbH: Gesellschaftsrecht - Steuerrecht, herausgegeben von Welf Müller und Burkhard Hense, bearbeitet von Björn Ahrenkiel, Michael Axhausen, Klaus Bigge u.a., München 1995, S. 981-1010.

Obermüller, Manfred (KonTraG 1998):
Änderungen des Rechts der kapitalersetzenden Darlehen durch KonTraG und KapAEG, in: ZInsO 1. Jg. (1998), S. 51-54.

Obermüller, Manfred/ Hess, Harald (InsO 1999):
InsO, eine systematische Darstellung des neuen Insolvenzrechts, 3. Auflage, Heidelberg 1999.

Olfert, Klaus (Finanzierung 1997):
Finanzierung, Kompendium der praktischen Betriebswirtschaft, 9. Auflage, Ludwigshafen 1997.

Oppenländer, Frank (Finanzplanüberlassung 1998):
Die Finanzplanüberlassung - eine Herausforderung für die Beratungspraxis, in: GmbHR 89. Jg. (1998), S. 505-511.

Oser, Peter (Kreditwürdigkeitsprüfung 1995):
Kreditwürdigkeitsprüfung, in: WISU 24. Jg. (1995), S. 784-788.

o.V. (Insolvenzstatistik 1997):
ZIP-Report, Insolvenzstatistik 1997, in: ZIP 19. Jg. (1998), S. 1981-1983.

Pape, Gerhard (Kübler-Prütting-InsO 1998):
Kommentar zu §§ 17-19 InsO, in: InsO, Kommentar zur Insolvenzordnung, herausgegeben von Bruno M. Kübler und Hanns Prütting, bearbeitet von Johannes Holzer, Jutta Kemper, Johannes Köndgen u.a., Band I, Köln 1998.

Pape, Gerhard/ Voigt, Joachim M. E. (Eigenkapitalersatzregeln 1996):
Einladung zur Umgehung der Eigenkapitalersatzregeln ?, in: DB 49. Jg. (1996), S. 2113-2118.

Paulus, Christoph (Kübler-Prütting-InsO 1998):
Kommentar zu §§ 135-146 InsO, in: InsO, Kommentar zur Insolvenzordnung, herausgegeben von Bruno M. Kübler und Hanns Prütting, bearbeitet von Johannes Holzer, Jutta Kemper, Johannes Köndgen u.a., Band I, Köln 1998.

Pentz, Andreas (Eigenkapitalersatzregeln 1997):
Zur Anwendbarkeit der GmbH- Eigenkapitalersatzregeln auf Leistungen geringfügig beteiligter Gesellschafter, in: BB 52. Jg. (1997), S. 1265-1269.

Pentz, Andreas (Kapitalersatzregeln 1999):
Die Änderungen und Ergänzungen der Kapitalersatzregeln im GmbH-Gesetz, in: GmbHR 90. Jg. (1999), S. 437-451.

Perridon, Louis/ Steiner, Manfred (Finanzwirtschaft 1997):
Finanzwirtschaft der Unternehmung, 9. Auflage, München 1997.

Pleyer, Klemens (Anmerkung 1960):
Anmerkung zu dem Urteil des BGH vom 14.12.1959, II ZR 187/57, NJW 1960, 285, in: GmbHR 51. Jg. (1960), S. 44-45.

Potthoff, Erich (Kreditwürdigkeitsprüfung 1975):
Kreditwürdigkeitsprüfung, in: Handwörterbuch der Betriebswirtschaft, herausgegeben von Erwin Grochla und Waldemar Wittmann, 4. Auflage, Stuttgart 1975, Sp. 2391-2396.

Priester, Hans-Joachim (Vorabausschüttungen 1973):
Vorabausschüttungen bei der GmbH, in: DB 26. Jg. (1973), S. 2382-2385.

Priester, Hans-Joachim (Gläubigerrücktritt 1977):
Gläubigerrücktritt zur Vermeidung der Überschuldung, in: DB 30. Jg. (1977), S. 2429-2434.

Priester, Hans-Joachim (Gesellschafterdarlehen 1988):
Die Erhöhung des Stammkapitals mit kapitalersetzenden Gesellschafterdarlehen, in: Handelsrecht und Steuerrecht, Festschrift für Georg Döllerer, herausgegeben von Brigitte Knobbe-Keuk, Franz Klein und Adolf Moxter, Düsseldorf 1988, S. 475-493.

Priester, Hans-Joachim (Eigenkapital 1991):
Sind eigenkapitalersetzende Gesellschafterdarlehen Eigenkapital?, in: DB 44. Jg. (1991), S. 1917-1924.

Putzo, Hans (Palandt-BGB 1999):
Kommentar zu §§ 607-610 BGB, in: Palandt - Bürgerliches Gesetzbuch, bearbeitet von Peter Bassenge, Uwe Diederichsen, Wolfgang Edenhofer u.a., 58. Auflage, München 1999.

Raiser, Thomas (Kapitalgesellschaften 1992):
Recht der Kapitalgesellschaften, ein Handbuch für Praxis und Wissenschaft, Aktiengesellschaft, Gesellschaft mit beschränkter Haftung, Kapitalgesellschaft & Co., Umwandlung, Verschmelzung, Spaltung, Konzernrecht, 2. Auflage, München 1992.

Raiser, Thomas (Hachenburg-GmbHG 1992):
Kommentar zu § 13 GmbHG, in: Hachenburg, Gesetz betreffend die Gesellschaften mit beschränkter Haftung (GmbHG), Großkommentar, 8. Auflage, Erster Band, herausgegeben von Peter Ulmer, Berlin und New York 1992.

Reich, Volker E. (Finanzwirtschaft 1994):
Finanzwirtschaft I, 1. Auflage, Wiesbaden 1994.

Reiner, Günter (Finanzierungsverantwortung 1996):
Der deliktische Charakter der „Finanzierungsverantwortung" des Gesellschafters: Zu den Ungereimtheiten der Lehre vom Eigenkapitalersatz, in: Verantwortung und Gestaltung, Festschrift für Karlheinz Boujong zum 65. Geburtstag, herausgegeben von Carsten Thomas Ebenroth, Dieter Hesselberger und Manfred Eberhard Rinne, München 1996, S. 415-455.

Remme, Werner/ Theile, Carsten (Auswirkungen 1998):
Die Auswirkungen von „KonTraG" und „KapAEG" auf die GmbH, in: GmbHR 89. Jg. (1998), S. 909-915.

Rexrodt, Dirk-Michael (Gesellschafterdarlehen 1978):
Die Behandlung des Gesellschafterdarlehens im Konkurs der GmbH unter Berücksichtigung der Finanzplanung, zugleich ein Beitrag zur Reform des GmbH-Rechts, Diss. Mainz 1978.

Röhrenbacher, Hans/ Fleischer, Werner (Kapitalflußrechnung 1989):
Von der Bilanz zur Kapitalflußrechnung, der Zusammenhang von Cash flow, Net working capital und Kapitalflußrechnung, Wien 1989.

Röhricht, Volker (Eigenkapitalersatz 1992):
Die Rechtsprechungs-Regeln zum Eigenkapitalersatz bei der GmbH und GmbH & Co. KG, Entwicklung und heutiger Stand, in: StbJb 1991/ 92, zugleich Bericht über den 43. Fachkongreß der Steuerberater, Köln, 8. und 9. Oktober 1991, herausgegeben im Auftrag des Fachinstituts der Steuerberater von Norbert Herzig, Rudolf Curtius-Hartung und Ursula Niemann, Köln 1992, S. 313-343.

Röhricht, Volker (Leistungen 1992):
Eigenkapitalersetzende Leistungen im Zivil- und Steuerrecht, Podiumsdiskussion, in: StbJb 1991/92, zugleich Bericht über den 43. Fachkongreß der Steuerberater, Köln, 8. und 9. Oktober 1991, herausgegeben im Auftrag des Fachinstituts der Steuerberater von Norbert Herzig, Rudolf Curtius-Hartung und Ursula Niemann, Köln 1992, S. 363-398.

Rösler, Peter (Kreditfinanzierung 1993):
Kreditfinanzierung über Intermediäre, in: Handbuch des Finanzmanagements, Instrumente und Märkte der Unternehmensfinanzierung, herausgegeben von Günther Gebhardt, Wolfgang Gerke und Manfred Steiner, München 1993, S. 401-428.

Rowedder, Heinz (GmbHG 1990):
Kommentar zu §§ 13-34 und §§ 63, 64 GmbHG, in: Gesetz betreffend die Gesellschaften mit beschränkter Haftung (GmbHG), Kommentar von Heinz Rowedder, Hans Fuhrmann, Hans-Georg Koppensteiner u.a., 2. Auflage, München 1990.

Rowedder, Heinz (GmbHG 1997):
Kommentar zu §§ 13-34 und §§ 63, 64 GmbHG, in: Gesetz betreffend die Gesellschaften mit beschränkter Haftung (GmbHG), Kommentar von Heinz Rowedder, Hans Fuhrmann, Hans-Georg Koppensteiner u.a., 3. Auflage, München 1997.

Rudolph, Bernd (Kreditsicherheiten 1984):
Kreditsicherheiten als Instrumente zur Umverteilung und Begrenzung von Kreditrisiken, in: ZfbF 36. Jg. (1984), S. 16-43.

Rümker, Dietrich (Finanzierungsverantwortung 1988):
Überlegungen zur gesellschafterlichen Finanzierungsverantwortung, Koreferat, in: ZGR 17. Jg. (1988), S. 494-515.

Rümker, Dietrich (Gesellschafterdarlehen 1996):
Kapitalersetzende Gesellschafterdarlehen, in: Münchner Handbuch des Gesellschaftsrechts, Band 3, Gesellschaft mit beschränkter Haftung, München 1996.

Schacht, Volker (Gesellschafterdarlehen 1988):
Gesellschafterdarlehen und Sachmittelüberlassungen als verdecktes Eigenkapital, Diss. Köln 1988.

Scheidl, Karl (Liquiditätsstatus 1976):
Liquiditätsstatus, in: Handwörterbuch der Finanzwirtschaft, herausgegeben von Hans E. Büschgen, unter Mitarbeit von zahlreichen Fachgelehrten und Experten aus Wissenschaft und Praxis, Stuttgart 1976, Sp. 1342-1346.

Schick, Werner/ Trapp, Christoph (Euro 1998):
Die Konsequenzen der Einführung des Euro für die GmbH, in: GmbHR 89. Jg. (1998), S. 209-215.

Schmerbach, Ulrich (Frankfurter Kommentar-InsO 1999):
Kommentar zu §§ 17-19 InsO, in: Frankfurter Kommentar zur Insolvenzordnung, herausgegeben von Klaus Wimmer, bearbeitet von Martin Ahrens, Michael App, Kurt Bartenbach u.a., Neuwied und Kriftel 1999.

Schmidt, Karsten (Anmerkung 1977):
Anmerkung zum Urteil des BGH vom 27.09.1976, II ZR 162/75, in: NJW 30. Jg. (1977), S. 107-108.

Schmidt, Karsten (Konkursgründe 1978):
Konkursgründe und präventiver Gläubigerschutz, ein Beitrag zur Diskussion um den Konkursgrund der Überschuldung, in: AG 23. Jg. (1978), S. 334-340.

Schmidt, Karsten (Abstimmungsprobleme 1980):
Fortschritte und Abstimmungsprobleme im Recht der kapitalersetzenden Gesellschafterdarlehen, Bemerkungen zur BGH-Praxis am Vorabend der GmbH-Novelle, in: ZGR 9. Jg. (1980), S. 567-582.

Schmidt, Karsten (GmbH-Novelle 1980):
Grundzüge der GmbH-Novelle, in: NJW 33. Jg. (1980), S. 1769-1776.

Schmidt, Karsten (Konkursrecht 1980):
Vom Konkursrecht der Gesellschaften zum Insolvenzrecht der Unternehmen, in: ZIP 1. Jg. (1980), S. 233-238.

Schmidt, Karsten (Gesellschafterdarlehen 1981):
Gesellschafterdarlehen als Insolvenzrechtsproblem, in: ZIP 2. Jg. (1981), S. 689-699.

Schmidt, Karsten (Gutachten 54. DJT 1982):
Möglichkeiten der Sanierung von Unternehmen durch Maßnahmen im Unternehmens-, Arbeits-, Sozial- und Insolvenzrecht, unternehmens- und insolvenzrechtlicher Teil, Gutachten für den 54. Deutschen Juristentag, in: Verhandlungen des vierundfünfzigsten Deutschen Juristentages, Nürnberg 1982, herausgegeben von der ständigen Deputation des Deutschen Juristentages, Band I (Gutachten) Teil D, München 1982, D 1-135.

Schmidt, Karsten (Überschuldungstatbestand 1982):
Sinnwandel und Funktion des Überschuldungstatbestandes, Rechtspolitische Perspektiven der Verfahrenseröffnung im Insolvenzrecht, in: JZ 37. Jg. (1982), S. 165-174.

Schmidt, Karsten (Bankkredite 1983):
Kapitalersetzende Bankkredite ?, in: ZHR 147. Bd. (1983), S. 165-194.

Schmidt, Karsten (Eigenkapitalausstattung 1984):
Die Eigenkapitalausstattung der Unternehmen als rechtspolitisches Problem, in: JZ 39. Jg. (1984), S. 771-786.

Schmidt, Karsten (Makulatur 1984):
Der Aufstand der Makulatur - oder: Da irrte Julius von Kirchmann !, in: JZ 39. Jg. (1984), S. 880-881.

Schmidt, Karsten (Quasi-Eigenkapital 1987):
Quasi- Eigenkapital als haftungsrechtliches und bilanzrechtliches Problem, in: Bilanz- und Konzernrecht, Festschrift zum 65. Geburtstag von Reinhard Goerdeler, herausgegeben von Hans Havermann, Düsseldorf 1987, S. 487-509.

Schmidt, Karsten (Urteilsanmerkung 1988):
Anmerkung zum Urteil des BGH vom 19.09.1988, II ZR 255/87, BGHZ 105, 168 ff., in: NJW 41. Jg. (1988), S. 3148- 3149.

Schmidt, Karsten (Eigenkapitalersatz 1990):
§ 32 a GmbHG: ein Allheilmittel gegen unerwünschten Eigenkapitalersatz ?, Unzeitgemäße Betrachtungen aus Anlaß des BGH-Urteils vom 16.10.1989 über kapitalersetzende Gebrauchsüberlassungen, in: ZIP 11. Jg. (1990), S. 69-79.

Schmidt, Karsten (Scholz-GmbHG 1993):
Kommentar zu §§ 32 a, 32 b GmbHG, in: Scholz, Kommentar zum GmbH-Gesetz mit Nebengesetzen und den Anhängen Konzernrecht sowie Umwandlung und Verschmelzung, bearbeitet von Georg Crezelius, Volker Emmerich, Hans-Joachim Priester u.a., 8. Auflage, I. Band, Köln 1993.

Schmidt, Karsten (Scholz-GmbHG 1995):
Kommentar zu §§ 63, 64 GmbHG, in: Scholz, Kommentar zum GmbH-Gesetz mit Nebengesetzen und dem Anhang Konzernrecht, bearbeitet von Georg Crezelius, Volker Emmerich, Hans-Joachim Priester u.a., 8. Auflage, II. Band, Köln 1995.

Schmidt, Karsten (Zwerganteile 1996):
Zwerganteile im GmbH-Kapitalersatzrecht, Bemerkungen zum Referentenentwurf zur Ergänzung des § 32 a Abs. 3 GmbHG, in: ZIP 17. Jg. (1996), S. 1586-1590.

Schmidt, Karsten (Insolvenzgesetze 1997):
Insolvenzgesetze, KO/ VglO/ GesO, von Karsten Schmidt, 17. Auflage der von Alois Böhle-Stamschräder begründeten und von Joachim Kilger bis zur 15. bzw. 11. Auflage fortgeführten Kommentare zur Konkursordnung (zuletzt 16. A.) und Vergleichsordnung (zuletzt 11. A.), München 1997.

Schmidt, Karsten (Unternehmensrecht 1997):
Insolvenzordnung und Unternehmensrecht - Was bringt die Reform ?, in: Kölner Schrift zur Insolvenzordnung, das neue Insolvenzrecht in der Praxis, Arbeitskreis für Insolvenz- und Schiedsgerichtswesen e.V. Köln (Hrsg.), Herne und Berlin 1997, S. 911-927.

Schmidt, Karsten (Gesellschaftsrecht 1997):
Gesellschaftsrecht, 3. Auflage, Köln, Berlin, Bonn u.a. 1997.

Schmidt, Karsten (GmbH 1997):
Die GmbH in Krise, Sanierung und Insolvenz, Gesellschaftsrecht, neues Insolvenzrecht, Steuerrecht, Arbeitsrecht, Bankrecht und Organisation bei Krisenvermeidung, Krisenbewältigung und Abwicklung, herausgegeben von Karsten Schmidt und Wilhelm Uhlenbruck, bearbeitet von Georg Crezelius, Karl Heinz Maus, Wilhelm Moll u.a., Köln 1997.

Schmidt, Karsten (Insolvenzordnung 1998):
Insolvenzordnung und Gesellschaftsrecht, in: ZGR 27. Jg. (1998), S. 633-671.

Schmidt, Karsten (GmbH 1999):
Die GmbH in Krise, Sanierung und Insolvenz, Gesellschaftsrecht, neues Insolvenzrecht, Steuerrecht, Arbeitsrecht, Bankrecht und Organisation bei Krisenvermeidung, Krisenbewältigung und Abwicklung, herausgegeben von Karsten Schmidt und Wilhelm Uhlenbruck, bearbeitet von Georg Crezelius, Karl Heinz Maus, Wilhelm Moll u.a., 2. Auflage, Köln 1999.

Schmidt, Karsten (Überschuldungsfeststellung 1999):
Eigenkapitalersatz und Überschuldungsfeststellung, ein Diskussionsbeitrag gegen Fehlschlüsse aus der Insolvenzordnung, in: GmbHR 90. Jg. (1999), S. 9-15.

Schubert, Werner (Entwurf 1985):
Entwurf des Reichsjustizministeriums zu einem Gesetz über Gesellschaften mit beschränkter Haftung von 1939, herausgegeben von Werner Schubert, Heidelberg 1985.

Schult, Eberhard (Bilanzanalyse 1997):
Bilanzanalyse, Möglichkeiten und Grenzen externer Unternehmensbeurteilung, 9. Auflage, Hamburg 1997.

Schulz, Hans-Werner (Frankfurter Kommentar-InsO 1999):
Kommentar zu § 39 InsO, in: Frankfurter Kommentar zur Insolvenzordnung, herausgegeben von Klaus Wimmer, bearbeitet von Martin Ahrens, Michael App, Kurt Bartenbach u.a., Neuwied und Kriftel 1999.

Schulze, Hans-Jürgen (GmbH-Recht 1998):
Kommentar zu §§ 63, 64 GmbHG, in: Heidelberger Kommentar zum GmbH-Recht, von Harald Bartl, Helmar Fichtelmann, Eberhard Schlarb und Hans-Jürgen Schulze, 4. Auflage, Heidelberg 1998.

Schulze-Osterloh, Joachim (Baumbach-Hueck-GmbHG 1996):
Kommentar zu §§ 63, 64 GmbHG, in: GmbH-Gesetz, Gesetz betreffend die Gesellschaften mit beschränkter Haftung, begründet von Adolf Baumbach, fortgeführt von Alfred Hueck, 16. Auflage, von Götz Hueck, Joachim Schulze-Osterloh und Wolfgang Zöllner, München 1996.

Schulze-Osterloh, Joachim (Rangrücktritt 1996):
Rangrücktritt, Besserungsschein, eigenkapitalersetzende Darlehen, Voraussetzungen, Rechtsfolgen, Bilanzierung, in: WPg 49. Jg. (1996), S. 97-106.

Schwarze, Jochen/ Rosenhagen, Klaus (Expertensysteme 1993):
Expertensysteme in der Kreditwürdigkeitsprüfung, in: WiSt 22. Jg. (1993), S. 291-295 und S. 306-310.

Seibert, Ulrich (Eigenkapitalersatz 1998):
Der Bundestag greift in die Diskussion zum Eigenkapitalersatz ein, in: GmbHR 89. Jg. (1998), S. 309-310.

Siegwart, Hans (Cash Flow 1994):
Der Cash-flow als finanz- und ertragswirtschaftliche Lenkungsgröße, 3. Auflage, Stuttgart und Zürich 1994.

Smid, Stefan (Insolvenzrecht 1999):
Grundzüge des neuen Insolvenzrechts, eine Einführung, begründet von Hans Heilmann, 3. Auflage, München 1999.

Smid, Stefan (Smid-InsO 1999):
Kommentar zu §§ 17-19 InsO und § 39 InsO, in: Insolvenzordnung (InsO) mit insolvenzrechtlicher Vergütungsverordnung (InsVV), Kommentar, herausgegeben von Stefan Smid, erläutert von Peter Depré, Norbert Fehl, Peter Krug u.a., Stuttgart, Berlin und Köln 1999.

Sonnenberger, Hans-Jürgen (Gesellschaftsfinanzierung 1969):
Das Darlehen des GmbH-Gesellschafters als Mittel der Gesellschaftsfinanzierung, in: NJW 22. Jg. (1969), S. 2033-2038.

Statistisches Bundesamt (Statistisches Jahrbuch 1998):
Statistisches Jahrbuch 1998 für die Bundesrepublik Deutschland, herausgegeben vom Statistischen Bundesamt, Wiesbaden 1998.

Steiner, Manfred (Cash Management 1995):
Cash Management, in: Handwörterbuch des Bank- und Finanzwesens, herausgegeben von Wolfgang Gerke und Manfred Steiner, unter Mitarbeit von zahlreichen Fachgelehrten und Experten aus Wissenschaft und Praxis, 2. Auflage, Stuttgart 1995, Sp. 386-399.

Stimpel, Walter (Rechtsprechung 1975):
Aus der Rechtsprechung des II. Zivilsenats (Gesellschafts-, Wertpapier-, Bank- und Schiffahrtsrecht), in: 25 Jahre Bundesgerichtshof am 1. Oktober 1975, herausgegeben von Gerda Krüger-Nieland, unter Mitwirkung von Mitgliedern des Bundesgerichtshofes, Beamten der Bundesanwaltschaft und Rechtsanwälten beim Bundesgerichtshof, München 1975, S. 13-31.

Stimpel, Walter (Durchgriffshaftung 1987):
„Durchgriffshaftung" bei der GmbH: Tatbestände, Verlustausgleich, Ausfallhaftung, in: Festschrift zum 65. Geburtstag von Reinhard Goerdeler, herausgegeben von Hans Havermann, Düsseldorf 1987, S. 601-621.

Stimpel, Walter (Auszahlungsverbot 1992):
Zum Auszahlungsverbot des § 30 Abs. 1 GmbHG, die Befreiung vom handelsbilanziellen Denken und die Unzulässigkeit von Vermögenszuwendungen an Gesellschafter gegen hinausgeschobene schuldrechtliche Ausgleichsverpflichtungen, in: Festschrift 100 Jahre GmbH-Gesetz, herausgegeben von Marcus Lutter, Peter Ulmer und Wolfgang Zöllner, Köln 1992, S. 335-361.

Strobel, Wilhelm (Gesellschafterdarlehen 1973):
Betriebswirtschaftliche Überlegungen zur Reform der Behandlung von GmbH-Gesellschafterdarlehen im Falle des Konkurses oder Vergleichs, in: DB 26. Jg. (1973), S. 1961-1963.

Stützel, Wolfgang (Liquidität 1975):
Liquidität, betriebliche, in: Handwörterbuch der Betriebswirtschaft, herausgegeben von Erwin Grochla und Waldemar Wittmann, 4. Auflage, Stuttgart 1975, Sp. 2515-2524.

Süchting, Joachim (Finanzmanagement 1995):
Finanzmanagement, Theorie und Politik der Unternehmensfinanzierung, 6. Auflage, Wiesbaden 1995.

Teller, Horst (Überschuldung 1995):
Rangrücktrittsvereinbarungen zur Vermeidung der Überschuldung bei der GmbH, 2. Auflage, Köln 1995.

Temme, Ulrich (Eröffnungsgründe 1997):
Die Eröffnungsgründe der Insolvenzordnung, Diss. Münster 1997.

Tewaag, Karl Wilhelm (Protokolle III 1937):
Akademie für Deutsches Recht, Ausschuß für GmbH-Recht, Bericht über die dritte Sitzung des Auschusses am 10. und 11. Dezember 1937 in der "Akademie für Deutsches Recht" in Berlin 1937.

Trautner, Richard/ Schacht, Guido (Bonitätsanalyse 1993):
Neue Verfahren der Bonitätsanalyse im Firmenkundengeschäft, in: Mitteilungen und Berichte, Institut für Bankwirtschaft und Bankrecht an der Universität zu Köln, Abteilung Bankwirtschaft, Hans E. Büschgen, 24. Jg. (1993), S. 11-33.

Uhlenbruck, Wilhelm (Insolvenzordnung 1995):
Die neue Insolvenzordnung, Auswirkungen auf das Recht der GmbH und GmbH & Co. KG, in: GmbHR 86. Jg. (1995), S. 81-87 und S. 195-211.

Uhlenbruck, Wilhelm (GmbH 1997):
Die GmbH in Krise, Sanierung und Insolvenz, Gesellschaftsrecht, neues Insolvenzrecht, Steuerrecht, Arbeitsrecht, Bankrecht und Organisation bei Krisenvermeidung, Krisenbewältigung und Abwicklung, herausgegeben von Karsten Schmidt und Wilhelm Uhlenbruck, bearbeitet von Georg Crezelius, Karl Heinz Maus, Wilhelm Moll u.a., Köln 1997.

Uhlenbruck, Wilhelm (Insolvenzgründe 1998):
Die Insolvenzgründe (Verfahrensauslöser) nach der Insolvenzordnung, drohende und eingetretene Zahlungsunfähigkeit sowie Überschuldung (§§ 17 bis 19 InsO), in: Beiträge zum neuen Insolvenzrecht, Vorträge und Diskussionen zum 13. Münsterischen Tagesgespräch des Münsteraner Gesprächskreises Rechnungslegung und Prüfung e.V. am 5. Juni 1997, herausgegeben von Jörg Baetge, Düsseldorf 1998, S. 17-41.

Uhlenbruck, Wilhelm (Beratungspraxis 1998):
Das neue Insolvenzrecht als Herausforderung für die Beratungspraxis, in: BB 53. Jg. (1998), S. 2009-2021.

Uhlenbruck, Wilhelm (GmbH 1999):
Die GmbH in Krise, Sanierung und Insolvenz, Gesellschaftsrecht, neues Insolvenzrecht, Steuerrecht, Arbeitsrecht, Bankrecht und Organisation bei Krisenvermeidung, Krisenbewältigung und Abwicklung, herausgegeben von Karsten Schmidt und Wilhelm Uhlenbruck, bearbeitet von Georg Crezelius, Karl Heinz Maus, Wilhelm Moll u.a., 2. Auflage, Köln 1999.

Uhlenbruck, Wilhelm (Insolvenzrecht 1999):
Die Bedeutung des neuen Insolvenzrechts für GmbH- Geschäftsführer, in: GmbHR 90. Jg. (1999), S. 313-327 und S. 390-400.

Ullrich, Hanns (Gesellschafterdarlehen 1983):
Gesellschafterdarlehen der Banken in der Finanzkrise der GmbH, in: GmbHR 74. Jg. (1983), S. 133-146.

Ulmer, Peter (Unterkapitalisierung 1977):
Gesellschafterdarlehen und Unterkapitalisierung bei GmbH und GmbH & CO KG, zehn Thesen, in: Festschrift für Konrad Duden zum 70. Geburtstag, herausgegeben von H.-M. Pawlowski, Günther Wiese und Günther Wüst, München 1977, S. 661-683.

Ulmer, Peter (Überschuldung 1981):
Konkursantragspflicht bei Überschuldung der GmbH und Haftungsrisiken bei Konkursverschleppung, in: KTS 42. Jg. (1981), S. 469-492.

Ulmer, Peter (Darlehen 1981):
Die neuen Vorschriften über kapitalersetzende Darlehen und eigene Geschäftsanteile der GmbH, in: Das neue GmbH-Recht in der Diskussion, zugleich Bericht über die Centrale- Arbeitstagung in Köln am 8.9.1980, herausgegeben von der Centrale für GmbH Dr. Otto Schmidt, mit Beiträgen von Karl-F. Deutler, Thomas Raiser, Peter Ulmer u.a., Köln 1981, S. 55-86.

Ulmer, Peter (Gesellschafterdarlehen 1984):
Umstrittene Fragen im Recht der Gesellschafterdarlehen (§ 32 a GmbHG), in: ZIP 5. Jg. (1984), S. 1163-1164 und S. 1166-1174.

Ulmer, Peter (Gläubigerschutz 1984):
Die GmbH und der Gläubigerschutz, in: GmbHR 75. Jg. (1984), S. 256-264.

Ulmer, Peter (Gesellschaftsrecht 1986):
Richterrechtliche Entwicklungen im Gesellschaftsrecht 1971-1985, Schwerpunkte, Entwicklungslinien und kritische Würdigung, Heidelberg 1986.

Ulmer, Peter (Gesellschafterhaftung 1992):
Gesellschafterhaftung gegenüber der GmbH bei Vorteilsgewährung unter Verstoß gegen § 30 Abs. 1 GmbHG, in: Festschrift 100 Jahre GmbH-Gesetz, herausgegeben von Marcus Lutter, Peter Ulmer und Wolfgang Zöllner, Köln 1992, S. 363-389.

Ulmer, Peter (Hachenburg-GmbHG 1992):
Kommentar zu Anh. § 30 und §§ 32 a, 32 b GmbHG, in: Hachenburg, Gesetz betreffend die Gesellschaften mit beschränkter Haftung (GmbHG), Großkommentar, 8. Auflage, Erster Band, herausgegeben von Peter Ulmer, Berlin und New York 1992.

Ulmer, Peter (Hachenburg-GmbHG 1997):
Kommentar zu §§ 63, 64 GmbHG, in: Hachenburg, Gesetz betreffend die Gesellschaften mit beschränkter Haftung (GmbHG), Großkommentar, 8. Auflage, Dritter Band, herausgegeben von Peter Ulmer, Berlin und New York 1997.

Veit, Klaus-Rüdiger (Konkursrechnungen 1982):
Konkursrechnungen in chronologischer Sicht, in: WiSt 11. Jg. (1982), S. 370-376.

Verhoeven, Thomas (Novellierung 1977):
Zur geplanten Novellierung des GmbH-Gesetzes, in: WM 31. Jg. (1977), S. 806-812.

Vodrazka, Karl (Finanzierungsregeln 1972):
Zur Aussagefähigkeit der horizontalen Finanzierungsregeln, ein Epilog zu § 3 KVStG, in: StuW 49. (2.) Jg. (1972), S. 333-347.

Vogelsang, Günter (Unternehmenskrisen 1988):
Unternehmenskrisen - Hauptursachen und Wege zu ihrer Überwindung, in: ZfbF 40. Jg. (1988), S. 100-111.

Vonnemann, Wolfgang (Gesellschafterdarlehen 1989):
Sinn und Zweck des § 32 a GmbHG und der Rechtsprechungsregeln zu den sog. eigenkapitalersetzenden Gesellschafterdarlehen, zugleich ein Beitrag zur Frage des Ausweises von „eigenkapitalersetzenden" Gesellschafterdarlehen in der Überschuldungsbilanz, in: GmbHR 80. Jg. (1989), S. 145-151.

Vonnemann, Wolfgang (Unterkapitalisierung 1991):
Haftung von GmbH-Gesellschaftern wegen materieller Unterkapitalisierung, Diss. Baden- Baden 1991.

Vormbaum, Herbert/ Rautenberg, Hans Günter (Liquidität 1993):
Liquidität, in: Handwörterbuch des Rechnungswesens, herausgegeben von Klaus Chmielewicz und Marcell Schweitzer, unter Mitarbeit von zahlreichen Fachgelehrten und Experten aus Wissenschaft und Praxis, 3. Auflage, Stuttgart 1993, Sp. 1354-1360.

Wagner, Jürgen (Cash Flow 1985):
Die Aussagefähigkeit von cash-flow-Ziffern für die Beurteilung der finanziellen Lage einer Unternehmung, in: DB 38. Jg. (1985), S. 1601-1607 und S. 1649-1653.

Wagner, Wolfgang (Insolvenzverfahren 1998):
Ansatz und Bewertung im Status - Rechnungslegung im Insolvenzverfahren, in: Beiträge zum neuen Insolvenzrecht, Vorträge und Diskussionen zum 13. Münsterischen Tagesgespräch des Münsteraner Gesprächskreises Rechnungslegung und Prüfung e.V. am 5. Juni 1997, herausgegeben von Jörg Baetge, Düsseldorf 1998, S. 43-70.

Wassermeyer, Franz (Leistungen I 1992):
Eigenkapitalersetzende Leistungen aus der Sicht des Steuerrechts, Hintergrundinformationen zu den BFH-Urteilen vom 5.2.1992, in: ZGR 21. Jg. (1992), S. 639-661.

Wassermeyer, Franz (Leistungen II 1992):
Eigenkapitalersetzende Leistungen im Steuerrecht, in: StbJb 1991/92, zugleich Bericht über den 43. Fachkongreß der Steuerberater, Köln, 8. und 9. Oktober 1991, herausgegeben im Auftrag des Fachinstituts der Steuerberater von Norbert Herzig, Rudolf Curtius-Hartung und Ursula Niemann, Köln 1992, S. 345-362.

Weisang, Andreas (Gesellschafterleistungen 1997):
Eigenkapitalersetzende Gesellschafterleistungen in der neueren Rechtsprechung, in: WM 51. Jg. (1997), S. 197-209 und S. 245-252.

Wellensiek, Jobst (GmbH 1999):
Die GmbH in Krise, Sanierung und Insolvenz, Gesellschaftsrecht, neues Insolvenzrecht, Steuerrecht, Arbeitsrecht, Bankrecht und Organisation bei Krisenvermeidung, Krisenbewältigung und Abwicklung, herausgegeben von Karsten Schmidt und Wilhelm Uhlenbruck, bearbeitet von Georg Crezelius, Karl Heinz Maus, Wilhelm Moll u.a., 2. Auflage, Köln 1999.

Westermann, Harm Peter (Gläubigerschutz 1971):
Gläubigerschutz bei der Neuordnung der GmbH, Fessel oder Heilmittel für eine Rechtsform ?, Tübingen 1971.

Westermann, Harm Peter (Kreditgeber 1982):
Banken als Kreditgeber und Gesellschafter, zur Entscheidungsfreiheit der Banken im Kreditgeschäft, in: ZIP 3. Jg. (1982), S. 379-391.

Westermann, Harm Peter (Scholz-GmbHG 1993):
Kommentar zu §§ 30, 31 GmbHG, in: Scholz, Kommentar zum GmbH-Gesetz mit Nebengesetzen und den Anhängen Konzernrecht sowie Umwandlung und Verschmelzung, bearbeitet von Georg Crezelius, Volker Emmerich, Hans-Joachim Priester u.a., 8. Auflage, I. Band, Köln 1993.

Wiedemann, Herbert (Gesellschaftsrecht 1980):
Gesellschaftsrecht, ein Lehrbuch des Unternehmens- und Verbandsrechts, Band I, Grundlagen, München 1980.

Wiedemann, Herbert (Eigenkapital 1993):
Eigenkapital und Fremdkapital, eine gesellschaftsrechtliche Zwischenbilanz, in: Festschrift für Karl Beusch zum 68. Geburtstag am 31. Oktober 1993, herausgegeben von Heinrich Beisse, Marcus Lutter und Heribald Närger, Berlin und New York 1993, S. 893-913.

Wienberg, Rüdiger/ Steinecke, Alexandra (Konkursordnung 1998):
Kommentar zu § 32 a KO, in: Kommentar zur Konkursordnung, von Harald Hess, 6. Auflage, Neuwied und Kriftel 1998.

Wiethölter, Rudolf (GmbH 1970):
Die GmbH in einem modernen Gesellschaftsrecht und der Referentenentwurf eines GmbH-Gesetzes, in: Rechtsfragen der Handelsgesellschaften, herausgegeben in Verbindung mit der Centrale für Gesellschaften mbH Dr. Otto Schmidt, Probleme der GmbH-Reform, zugleich Bericht über die Arbeitstagung „GmbH-Reform“ in Bonn vom 29.9. bis 1.10.1969, Köln 1970, S. 11-41.

Wilhelm, Jan (Unterkapitalisierung 1978):
Die Vermögensbindung bei der Aktiengesellschaft und der GmbH und das Problem der Unterkapitalisierung, in: Festschrift für Werner Flume zum 70. Geburtstag, 12. September 1978, in Gemeinschaft mit Kurt Ballerstedt und F.A. Mann, herausgegeben von Horst Heinrich Jakobs, Brigitte Knobbe-Keuk, Eduard Picker und Jan Wilhelm, Band II, Köln 1978, S. 337-397.

Winkler, Karl (Haftung 1969):
Die Haftung der Gesellschafter einer unterkapitalisierten GmbH, zugleich eine Stellungnahme zum Referentenentwurf des Bundesjustizministeriums, in: BB 24. Jg. (1969), S. 1202-1207.

Winter, Georg (Haftung 1973):
Die Haftung der Gesellschafter im Konkurs der unterkapitalisierten GmbH, Maßstab und dogmatische Konzeption der Haftung de lege lata und de lege ferenda unter besonderer Berücksichtigung des Regierungsentwurfs für ein neues GmbH-Gesetz, Diss. Frankfurt am Main 1973.

Winter, Stefan (Gläubigerschutz 1996):
Der Gläubigerschutz bei Fremdfinanzierung von Kapitalgesellschaften durch ihre Mitglieder, eine rechtsvergleichende Untersuchung, Diss. Bonn 1996.

Witte, Eberhard (Liquiditätspolitik 1976):
Liquiditätspolitik, in: Handwörterbuch der Finanzwirtschaft, herausgegeben von Hans E. Büschgen, unter Mitarbeit von zahlreichen Fachgelehrten und Experten aus Wissenschaft und Praxis, Stuttgart 1976, Sp. 1322-1337.

Witte, Eberhard (Liquiditätspolitik 1993):
Liquiditätspolitik, in: Handwörterbuch des Rechnungswesens, herausgegeben von Klaus Chmielewicz und Marcell Schweitzer, unter Mitarbeit von zahlreichen Fachgelehrten und Experten aus Wissenschaft und Praxis, 3. Auflage, Stuttgart 1993, Sp. 1369-1375.

Witte, Eberhard (Liquidität 1995):
Liquidität, in: Handwörterbuch des Bank- und Finanzwesens, herausgegeben von Wolfgang Gerke und Manfred Steiner, unter Mitarbeit von zahlreichen Fachgelehrten und Experten aus Wissenschaft und Praxis, 2. Auflage, Stuttgart 1995, Sp. 1381-1388.

Wittig, Arne (GmbH 1999):
Die GmbH in Krise, Sanierung und Insolvenz, Gesellschaftsrecht, neues Insolvenzrecht, Steuerrecht, Arbeitsrecht, Bankrecht und Organisation bei Krisenvermeidung, Krisenbewältigung und Abwicklung, herausgegeben von Karsten Schmidt und Wilhelm Uhlenbruck, bearbeitet von Georg Crezelius, Karl Heinz Maus, Wilhelm Moll u.a., 2. Auflage, Köln 1999.

Wöhe, Günter (Bilanzierung 1997):
Bilanzierung und Bilanzpolitik, Betriebswirtschaftlich- Handelsrechtlich-Steuerrechtlich, mit einer Einführung in die verrechnungstechnischen Grundlagen, unter Mitarbeit von Ulrich Döring, 9. Auflage, München 1997.

Wolf, Thomas (Gesellschafterdarlehen 1995):
Sind eigenkapitalersetzende Gesellschafterdarlehen ohne Rangrücktritt im Überschuldungsstatus zu passivieren ?, Zugleich eine Anmerkung zum Urteil des OLG München vom 8.7.1994 3 Ws 87/94, in: DB 48. Jg. (1995), S. 2277-2281.

Wozar, Stefan (Gesellschafterdarlehen 1992):
Gesellschafterdarlehen im Rahmen der Sanierung von Kapitalgesellschaften aus steuerlicher Sicht, Diss. Frankfurt am Main, Berlin, Bern u.a. 1992.

Würzberg, Guntram (Eigenkapitalersatz 1994):
Stehengelassene Kredite des GmbH-Gesellschafters als Eigenkapitalersatz, Diss. Aachen 1994.

Wüst, Günther (Gläubigerschutz 1966):
Gläubigerschutz bei der GmbH, Stuttgart, Berlin, Köln u.a. 1966.

Zeuner, Mark (Anfechtung 1999):
Die Anfechtung in der Insolvenz, ein Handbuch - unter Einbezug des AnfG 1999, München 1999.

Zeuner, Mark (Smid-InsO 1999):
Kommentar zu §§ 135, 143 InsO, in: Insolvenzordnung (InsO) mit insolvenzrechtlicher Vergütungsverordnung (InsVV), Kommentar, herausgegeben von Stefan Smid, erläutert von Peter Depré, Norbert Fehl, Peter Krug u.a., Stuttgart, Berlin und Köln 1999.

Zimmermann, Walter (Insolvenzrecht 1999):
Insolvenzrecht, 3. Auflage, Heidelberg 1999.

Zitzlaff, Franz (Protokolle III 1937):
Akademie für Deutsches Recht, Ausschuß für GmbH-Recht, Bericht über die dritte Sitzung des Auschusses am 10. und 11. Dezember 1937 in der "Akademie für Deutsches Recht" in Berlin 1937.

Verzeichnis der Rechtsquellen

A. Gesetze und Verordnungen

Aktiengesetz (AktG) vom 6. September 1965 (BGBl. I 1965, S. 1089).

Anfechtungsgesetz (AnfG): Gesetz, betreffend die Anfechtung von Rechtshandlungen eines Schuldners außerhalb des Konkursverfahrens vom 21. Juli 1879 in der Fassung der Bekanntmachung vom 20. Mai 1898 (RGBl. 1898, S. 709).

Anfechtungsgesetz (AnfG): Gesetz über die Anfechtung von Rechtshandlungen eines Schuldners außerhalb des Insolvenzverfahrens vom 5. Oktober 1994 (BGBl. I 1994, S. 2911) mit Wirkung vom 1. Januar 1999.

Bürgerliches Gesetzbuch (BGB) vom 18. August 1896 (RGBl. 1896, S. 195).

Einführungsgesetz zur Insolvenzordnung (EGInsO) vom 5. Oktober 1994 (BGBl. I 1994, S. 2911).

Gesetz betreffend die Erwerbs- und Wirtschaftsgenossenschaften (GenG) in der Fassung der Bekanntmachung vom 19. August 1994 (BGBl. I 1994, S. 2202).

Gesetz betreffend die Gesellschaften mit beschränkter Haftung (GmbHG) vom 20. April 1892 (RGBl. 1892, S. 477) in der Fassung der Bekanntmachung vom 20. Mai 1898 (RGBl. 1898, S. 846).

Gesetz über Kapitalanlagegesellschaften (KAGG) in der Fassung der Bekanntmachung vom 9. September 1998 (BGBl. I 1998, S. 2726).

Gesetz zur Einführung des Euro (EuroEG) vom 9. Juni 1998 (BGBl. I 1998, S. 1242) mit Wirkung vom 1. Januar 1999.

Gesetz zur Kontrolle und Transparenz im Unternehmensbereich (KonTraG) vom 27. April 1998 (BGBl. I 1998, S. 786).

GmbH-Novelle: Gesetz zur Änderung des Gesetzes betreffend die Gesellschaften mit beschränkter Haftung und anderer handelsrechtlicher Vorschriften vom 4. Juli 1980 (BGBl. I 1980, S. 836).

Handelsgesetzbuch (HGB) vom 10. Mai 1897 (RGBl. 1897, S. 219).

Hypothekenbankgesetz (HypBankG) in der Fassung der Bekanntmachung vom 9. September 1998 (BGBl. I 1998, S. 2674).

Insolvenzordnung (InsO) vom 5. Oktober 1994 (BGBl. I 1994, S. 2866) mit Wirkung vom 1. Januar 1999.

Kapitalaufnahmeerleichterungsgesetz (KapAEG): Gesetz zur Verbesserung der Wettbewerbsfähigkeit deutscher Konzerne an Kapitalmärkten und zur Erleichterung der Aufnahme von Gesellschafterdarlehen vom 20. April 1998 (BGBl. I 1998, S. 707).

Kapitalverkehrsteueränderungsgesetz (KVStÄndG): Gesetz zur Änderung des Kapitalverkehrsteuergesetzes und anderer Gesetze vom 23. Dezember 1971 (BGBl. I 1971, S. 2134).

Kapitalverkehrsteuergesetz (KVStG) vom 16. Oktober 1934 (RStBl. 1934, S. 1314); in der Fassung vom 22. September 1955 (BStBl. I 1955, S. 559); in der Fassung vom 24. Juli 1959 (BStBl. I 1959, S. 597).

Konkursordnung (KO) vom 10. Februar 1877 (RGBl. 1877, S. 351) in der Fassung der Bekanntmachung vom 20. Mai 1898 (RGBl. 1898, S. 612).

Kreditwesengesetz (KWG): Gesetz über das Kreditwesen in der Fassung der Bekanntmachung vom 9. September 1998 (BGBl. I 1998, S. 2776).

Strafgesetzbuch (StGB) in der Fassung der Bekanntmachung vom 13. November 1998 (BGBl. I 1998, S. 3322).

Vergleichsordnung (VerglO) vom 26. Februar 1935 (RGBl. I 1935, S. 321, ber. S. 356).

Versicherungsaufsichtsgesetz (VAG): Gesetz über die Beaufsichtigung der Versicherungsunternehmen in der Fassung der Bekanntmachung vom 17. Dezember 1992 (BGBl. I 1993, S. 2).

B. Entscheidungen

I. Reichsgericht in Zivilsachen

Gericht	Datum	Aktenzeichen	Fundstelle
RG	17.12.1901	VII 386/01	RGZ 50, 39
RG	28.09.1920	VII 93/20	RGZ 100, 62
RG	22.04.1932	II 349/31	RGZ 136, 260
RG	16.11.1937	II 70/37	JW 1938, 862
RG	22.10.1938	II 58/38	RGZ 158, 302
RG	03.12.1938	II 84/38	JW 1939, 355
RG	13.01.1941	II 88/40	RGZ 166, 51
RG	15.12.1941	II 103/41	RGZ 168, 292

II. Bundesgerichtshof in Zivilsachen

Gericht	Datum	Aktenzeichen	Fundstelle
BGH	24.03.1954	II ZR 23/53	BGHZ 13, 49
BGH	30.06.1958	II ZR 213/56	BGHZ 28, 77
BGH	30.04.1959	VIII ZR 179/58	WM 1959, 891
BGH	14.12.1959	II ZR 187/57	BGHZ 31, 258
BGH	11.10.1961	VIII ZR 113/60	NJW 1962, 102
BGH	15.11.1962	II ZR 134/61	WM 1963, 121
BGH	02.12.1968	II ZR 144/67	BGHZ 51, 157
BGH	29.11.1971	II ZR 121/69	WM 1972, 74
BGH	29.03.1973	II ZR 25/70	BGHZ 60, 324

BGH	27.09.1976	II ZR 162/75	BGHZ 67, 171
BGH	04.05.1977	VIII ZR 298/75	BGHZ 68, 312
BGH	29.09.1977	II ZR 157/76	BGHZ 69, 274
BGH	26.11.1979	II ZR 104/77	BGHZ 75, 334
BGH	24.03.1980	II ZR 213/77	BGHZ 76, 326
BGH	13.07.1981	II ZR 256/79	BGHZ 81, 252
BGH	21.09.1981	II ZR 104/80	BGHZ 81, 311
BGH	28.09.1981	II ZR 223/80	BGHZ 81, 365
BGH	08.03.1982	II ZR 86/81	ZIP 1982, 563
BGH	20.09.1982	II ZR 236/81	ZIP 1982, 1320
BGH	27.10.1982	VIII ZR 187/81	ZIP 1982, 1435
BGH	26.03.1984	II ZR 14/84	BGHZ 90, 370
BGH	26.03.1984	II ZR 171/83	BGHZ 90, 381
BGH	19.11.1984	II ZR 84/84	ZIP 1985, 158
BGH	06.05.1985	II ZR 132/84	ZIP 1985, 1075
BGH	08.07.1985	II ZR 269/84	BGHZ 95, 188
BGH	25.11.1985	II ZR 93/85	GmbHR 1986, 226
BGH	09.10.1986	II ZR 58/86	WM 1986, 1554
BGH	01.12.1986	II ZR 306/85	ZIP 1987, 575
BGH	12.01.1987	II ZR 63/86	WM 1987, 284
BGH	09.02.1987	II ZR 104/86	WM 1987, 468
BGH	11.05.1987	II ZR 226/86	DB 1987, 1781
BGH	28.09.1987	II ZR 28/87	WM 1987, 1488
BGH	21.03.1988	II ZR 238/87	BGHZ 104, 33
BGH	19.09.1988	II ZR 255/87	BGHZ 105, 168

BGH	07.11.1988	II ZR 46/88	BGHZ 106, 7
BGH	14.11.1988	II ZR 115/88	ZIP 1989, 93
BGH	12.12.1988	II ZR 378/87	ZIP 1989, 161
BGH	24.04.1989	II ZR 207/88	WM 1989, 1166
BGH	16.10.1989	II ZR 307/88	BGHZ 109, 55
BGH	27.11.1989	II ZR 43/89	ZIP 1990, 98
BGH	27.11.1989	II ZR 310/88	ZIP 1990, 95
BGH	11.12.1989	II ZR 78/89	BGHZ 109, 334
BGH	05.02.1990	II ZR 114/89	NJW 1990, 1730
BGH	02.04.1990	II ZR 149/89	ZIP 1990, 642
BGH	24.09.1990	II ZR 174/89	WM 1990, 2041
BGH	22.10.1990	II ZR 238/89	NJW 1991, 1057
BGH	18.02.1991	II ZR 259/89	WM 1991, 678
BGH	18.11.1991	II ZR 258/90	ZIP 1992, 177
BGH	16.12.1991	II ZR 294/90	WM 1992, 270
BGH	17.02.1992	II ZR 154/91	ZIP 1992, 618
BGH	09.03.1992	II ZR 168/91	WM 1992, 816
BGH	13.07.1992	II ZR 251/91	BGHZ 119, 191
BGH	13.07.1992	II ZR 269/91	BGHZ 119, 201
BGH (Bes.)	07.12.1992	II ZR 125/90	DStR 1993, 175
BGH	14.12.1992	II ZR 298/91	BGHZ 121, 31
BGH	10.05.1993	II ZR 74/92	BGHZ 122, 333
BGH	14.06.1993	II ZR 252/92	ZIP 1993, 1072
BGH	20.09.1993	II ZR 151/92	BGHZ 123, 289
BGH	21.02.1994	II ZR 60/93	GmbHR 1994, 394

BGH	06.06.1994	II ZR 292/91	BGHZ 126, 181
BGH	11.07.1994	II ZR 146/92	BGHZ 127, 1
BGH	11.07.1994	II ZR 162/92	BGHZ 127, 17
BGH	07.11.1994	II ZR 270/93	BGHZ 127, 336
BGH	28.11.1994	II ZR 77/93	GmbHR 1995, 35
BGH	19.12.1994	II ZR 10/94	GmbHR 1995, 219
BGH	06.02.1995	II ZR 41/94	GmbHR 1995, 381
BGH	20.03.1995	II ZR 205/94	BGHZ 129, 136
BGH	27.03.1995	II ZR 30/94	GmbHR 1995, 442
BGH	04.12.1995	II ZR 281/94	ZIP 1996, 275
BGH	11.12.1995	II ZR 128/94	ZIP 1996, 273
BGH	15.02.1996	IX ZR 245/94	GmbHR 1996, 285
BGH	19.09.1996	IX ZR 249/95	GmbHR 1996, 844
BGH	02.12.1996	II ZR 243/95	GmbHR 1997, 501
BGH	02.06.1997	II ZR 211/95	DStR 1997, 1581
BGH	16.06.1997	II ZR 154/96	GmbHR 1997, 793
BGH	23.06.1997	II ZR 220/95	KTS 1998, 95
BGH	17.11.1997	II ZR 224/96	ZIP 1998, 243
BGH	30.03.1998	II ZR 146/96	BGHZ 138, 211
BGH	15.06.1998	II ZR 17/97	ZIP 1998, 1352
BGH	06.07.1998	II ZR 284/94	ZIP 1998, 1437
BGH (Bes.)	01.03.1999	II ZR 362/97	DStR 1999, 553

III. Oberlandesgerichte

Gericht	Datum	Aktenzeichen	Fundstelle
OLG Hamburg	24.07.1987	11 U 182/86	DB 1987, 1778
OLG Karlsruhe	16.12.1988	14 U 26/86	ZIP 1989, 588
OLG Düsseldorf	02.03.1989	12 U 74/88	ZIP 1989, 586
OLG München	13.03.1992	14 U 840/91	GmbHR 1993, 439
OLG München	05.03.1993	23 U 4873/92	ZIP 1993, 504
OLG Hamm	03.05.1993	8 U 184/92	GmbHR 1994, 184
OLG Karlsruhe	17.06.1994	15 U 90/94	WM 1994, 1983
OLG Düsseldorf	19.01.1995	6 U 272/93	GmbHR 1996, 616
OLG Karlsruhe	29.03.1996	15 U 39/95	ZIP 1996, 918
OLG Karlsruhe	25.07.1997	15 U 131/96	GmbHR 1998, 235
OLG Rostock	03.09.1997	6 U 557/96	GmbHR 1998, 329
OLG Stuttgart	05.11.1997	20 U 74/97	GmbHR 1998, 235
OLG Dresden	03.12.1998	9 U 1087/98	NZG 1999, 347

IV. Bundesfinanzhof

Gericht	Datum	Aktenzeichen	Fundstelle
BFH	07.05.1952	II 56/52 S	BStBl. III 1952, 181
BFH	15.05.1953	III 103/52 S	BFHE 57, 541
BFH	30.08.1962	II 207/57 U	BFHE 75, 489
BFH	03.12.1969	II 162/65	BStBl. II 1970, 279
BFH	03.12.1969	II R 2/68	BStBl. II 1970, 289
BFH	05.02.1992	I R 127/90	BFHE 166, 356

V. Bundesverfassungsgericht

Gericht	Datum	Aktenzeichen	Fundstelle
BVerfG (Bes.)	10.10.1961	2 BvL 1/59	BVerfGE 13, 153

VI. Österreichischer Verfassungsgerichtshof

Gericht	Datum	Aktenzeichen	Fundstelle
ÖStVerfGH	27.06.1969	G 17/68	ÖStVerfGHE 34, 420

C. Gesetzesmaterialien

Entwurf GmbH-Gesetz (GmbHG-E. 1892):
Entwurf eines Gesetzes, betreffend die Gesellschaften mit beschränkter Haftung nebst Begründung und Anlagen, RT-Drucksache Aktenstück Nr. 660 vom 11.02.1892, in: Stenographische Berichte über die Verhandlungen des Reichstages, 8. Legislaturperiode, I. Session 1890/92, Drucksachen, 5. Anlageband, Berlin 1892, S. 3715-3770.

Erste Beratung (GmbHG-E. 1892):
Erste Beratung des Entwurfs eines Gesetzes, betreffend die Gesellschaften mit beschränkter Haftung (Nr. 660 der Drucksachen) am 19.02.1892, in: Stenographische Berichte über die Verhandlungen des Reichstages, 8. Legislaturperiode, I. Session 1890/92, 6. Band, Berlin 1892, S. 4303-4307.

Akademie für Deutsches Recht (Protokolle I 1937):
Akademie für Deutsches Recht, Ausschuß für GmbH-Recht, Bericht über die erste Sitzung des Auschusses vom 8. und 9. Juni 1937 im Bürgersaal des Römers und in der Johann Wolfgang Goethe- Universität zu Frankfurt am Main 1937.

Akademie für Deutsches Recht (Protokolle II 1937):
Akademie für Deutsches Recht, Ausschuß für GmbH-Recht, Bericht über die Besprechung mit Vertretern von Familiengesellschaften am 24. September 1937 in der Johann Wolfgang Goethe- Universität zu Frankfurt am Main 1937.

Akademie für Deutsches Recht (Protokolle III 1937):
Akademie für Deutsches Recht, Ausschuß für GmbH-Recht, Bericht über die dritte Sitzung des Auschusses am 10. und 11. Dezember 1937 in der "Akademie für Deutsches Recht" in Berlin 1937.

Akademie für Deutsches Recht (Protokolle IV 1938):
Akademie für Deutsches Recht, Ausschuß für GmbH-Recht, Bericht über die vierte Sitzung des Auschusses am 25. und 26. Februar 1938 in den Räumen der Bayerischen Versicherungsbank in München 1938.

Entwurf GmbH-Gesetz (GmbHG-E. 1939):
Entwurf eines Gesetzes über Gesellschaften mit beschränkter Haftung, Akte des Reichsjustizministeriums im ZStA Potsdam, Nr. 10657, Juli 1939, abgedruckt bei Werner Schubert (Hrsg.), Entwurf des Reichsjustizministeriums zu einem Gesetz über Gesellschaften mit beschränkter Haftung von 1939, Heidelberg 1985.

Referentenentwurf GmbH-Gesetz (RefE 1969):
Referentenentwurf eines Gesetzes über Gesellschaften mit beschränkter Haftung, herausgegeben vom Bundesministerium der Justiz, Köln 1969.

Regierungsentwurf GmbH-Gesetz (RegE 1971):
Entwürfe a) eines Gesetzes über Gesellschaften mit beschränkter Haftung (GmbH), b) eines Einführungsgesetzes zum Gesetz über Gesellschaften mit beschränkter Haftung (Gesetzentwürfe der Bundesregierung), BT-Drucksache 6/3088 vom 31.01.1972, in: Verhandlungen des Deutschen Bundestages, 6. Wahlperiode, Drucksachen, Band 157, Bonn 1972 (entspricht BR-Drucksache 595/71 vom 05.11.1971).

Regierungsentwurf GmbH-Gesetz (RegE 1973):
Gesetzentwurf der Bundesregierung: Entwurf eines Gesetzes über Gesellschaften mit beschränkter Haftung (GmbHG) und Entwurf eines Einführungsgesetzes zum Gesetz über Gesellschaften mit beschränkter Haftung, BT-Drucksache 7/253 vom 26.02.1973, in: Verhandlungen des Deutschen Bundestages, 7. Wahlperiode, Drucksachen, Band 172, Bonn 1973.

Regierungsentwurf GmbH-Gesetz (RegE 1977):
Gesetzentwurf der Bundesregierung: Entwurf eines Gesetzes zur Änderung des Gesetzes betreffend die Gesellschaften mit beschränkter Haftung und anderer handelsrechtlicher Vorschriften, BT-Drucksache 8/1347 vom 15.12.1977, in: Verhandlungen des Deutschen Bundestages, 8. Wahlperiode, Drucksachen, Band 239, Bonn 1977/78.

Rechtsausschuß (RegE 1977):

Beschlußempfehlung und Bericht des Rechtsausschusses (6. Ausschuß) zu dem von der Bundesregierung eingebrachten Entwurf eines Gesetzes zur Änderung des Gesetzes betreffend die Gesellschaften mit beschränkter Haftung und anderer handelsrechtlicher Vorschriften (Drucksache 8/1347), BT-Drucksache 8/3908 vom 16.04.1980, in: Verhandlungen des Deutschen Bundestages, 8. Wahlperiode, Drucksachen, Band 262, Bonn 1980.

Arbeitsgruppe GmbH-Reform (Protokoll 1979):

Stenographisches Protokoll über die 3. Sitzung der Arbeitsgruppe GmbH-Reform am 07.02.1979, Nichtöffentliche Anhörung zu dem Entwurf eines Gesetzes zur Änderung des Gesetzes betreffend die Gesellschaften mit beschränkter Haftung und anderer handelsrechtlicher Vorschriften (Drucksache 8/1347), Deutscher Bundestag, 8. Wahlperiode 1976, 6. Ausschuß, 722- 2450.

Regierungsentwurf Insolvenzordnung (RegE InsO 1992):

Gesetzentwurf der Bundesregierung: Entwurf einer Insolvenzordnung (InsO), BT-Drucksache 12/2443 vom 15.04.1992, in: Verhandlungen des Deutschen Bundestages, 12. Wahlperiode, Drucksachen, Band 445, Bonn 1992.

Rechtsausschuß (RegE InsO 1994):

Beschlußempfehlung und Bericht des Rechtsausschusses (6. Ausschuß) zu dem Gesetzentwurf der Bundesregierung (Drucksache 12/2443), Entwurf einer Insolvenzordnung (InsO), BT-Drucksache 12/7302 vom 19.04. 1994, in: Verhandlungen des Deutschen Bundestages, 12. Wahlperiode, Drucksachen, Band 496, Bonn 1994.

Referentenentwurf (RefE KapAEG 1996):

Referentenentwurf zur Änderung des GmbH-Kapitalersatzrechts, herausgegeben vom Bundesministerium der Justiz, in: ZIP 17. Jg. (1996), S. 1362-1363.

Regierungsentwurf (RegE KapAEG 1997):
Gesetzentwurf der Bundesregierung: Entwurf eines Gesetzes zur Verbesserung der Wettbewerbsfähigkeit deutscher Konzerne an internationalen Kapitalmärkten und zur Erleichterung der Aufnahme von Gesellschafterdarlehen (Kapitalaufnahmeerleichterungsgesetz - KapAEG), BT-Drucksache 13/7141 vom 06.03.1997, in: Verhandlungen des Deutschen Bundestages, 13. Wahlperiode, Drucksachen, Band 576, Bonn 1997.

Antrag Land Hessen (KapAEG 1998):
Antrag des Landes Hessen: Gesetz zur Verbesserung der Wettbewerbsfähigkeit deutscher Konzerne an Kapitalmärkten und zur Erleichterung der Aufnahme von Gesellschafterdarlehen (Kapitalaufnahmeerleichterungsgesetz-KapAEG), BR-Drucksache 137/1/98 vom 04.03.1998, Bonn 1998.

Vermittlungsausschuß (KapAEG 1998):
Anrufung des Vermittlungsausschusses durch den Bundesrat: Gesetz zur Verbesserung der Wettbewerbsfähigkeit deutscher Konzerne an Kapitalmärkten und zur Erleichterung der Aufnahme von Gesellschafterdarlehen (Kapitalaufnahmeerleichterungsgesetz-KapAEG), BR-Drucksache 137/98 (Beschluß) vom 06.03.1998, Bonn 1998.

Regierungsentwurf (RegE KonTraG 1998):
Gesetzentwurf der Bundesregierung: Entwurf eines Gesetzes zur Kontrolle und Transparenz im Unternehmensbereich (KonTraG), BT-Drucksache 13/9712 vom 28.01.1998, in: Verhandlungen des Deutschen Bundestages, 13. Wahlperiode, Drucksachen, Band 598, Bonn 1998.

Rechtsausschuß (RegE KonTraG 1998):
Beschlußempfehlung und Bericht des Rechtsausschusses (6. Ausschuß): a) zu dem Gesetzentwurf der Bundesregierung (Drucksache 13/9712), Entwurf eines Gesetzes zur Kontrolle und Transparenz im Unternehmensbereich (KonTraG), BT-Drucksache 13/10038 vom 04.03.1998, in: Verhandlungen des Deutschen Bundestages, 13. Wahlperiode, Drucksachen, Band 601, Bonn 1998.

Abbildungs- und Tabellenverzeichnis

FSC
www.fsc.org
MIX
Papier | Fördert
gute Waldnutzung
FSC® C083411

Kolibri 360 GmbH
Ferdinand-Jühlke-Straße 7
99095 Erfurt, Deutschland
produktsicherheit@kolibri360.de

Druck:
CPI Druckdienstleistungen GmbH
im Auftrag der
Kolibri 360 GmbH
Ferdinand-Jühlke-Str. 7
99095 Erfurt